ESG, 더 나은 미래를 향한 우리의 약속!
사회, 사람을 위한 약속 그리고 우리의 미래

ESG, 더 나은 미래를 향한 우리의 약속!
사회, 사람을 위한 약속 그리고 우리의 미래

초판 1쇄 인쇄 2025년 10월 31일
초판 1쇄 발행 2025년 11월 07일

지은이 이은학 박종희 이은경 이은하 임차섭 안혜경 박승호 성시웅 이선우 유재열
펴낸이 김헌준
편 집 류석균
디자인 전영진
펴낸곳 소금나무
　　　주소 (07314) 서울시 영등포구 신길로 214, B 101-1호 ㈜시간팩토리
　　　전화 02-720-9696 팩스 070-7756-2000
　　　메일 sogeumnamu@naver.com
　　　출판등록 제2025-000036호.(2025. 03. 11.)

ISBN 979-11-989090-7-7 03300

이 책의 저작권은 지은이에게 있으며, 무단 전재와 복제를 금합니다.
잘못된 책은 구입하신 곳에서 교환해 드립니다. 책값은 뒤표지에 있습니다.

소금나무는 ㈜시간팩토리의 출판 브랜드입니다.

사회,
사람을 위한 약속
그리고 우리의 미래

ESG, 더 나은 미래를 향한 우리의 약속!

이은학 박종희 이은경 이은하 임차섭 안혜경 박승호 성시웅 이선우 유재열

한국ESG경영인증원

소금나무

발간사

유재열 한국기계전기전자시험연구원(KTC) 부원장

　코로나19 팬데믹과 잇따른 이상기후로 기후위기의 심각성에 대한 인식이 크게 높아지면서 최근 환경과 사회적 책임 문제에 대한 관심과 논의가 사회 전반에 확대되고 있습니다. 투자와 금융 부문에서 시작된 ESG는 이제 기업 경영을 넘어 사회 전반의 화두로 자리 잡았습니다. 아울러 환경이나 사회와 같은 비재무적 가치가 지속 가능한 미래의 핵심 요인으로 인식되고 있습니다.

　이러한 흐름 속에서 우리 한국ESG경영인증원은 ESG 3부작 시리즈를 기획하였습니다. 먼저 첫 번째 책으로 2025년 8월에 환경(E) 분야를 다룬 교양서를 펴낸 바 있으며, 이제 두 번째 책으로 사회(S)를 주제로 한 책을 독자 여러분께 선보이게 되었습니다. 이 책은 한국ESG경영인증원 소속 10명의 전문가들이 본업의 바쁜 업무 틈틈이 뜻을 모아 공동 집필하였으며, 향후 지배구조(G)를 다룰 세 번째 책도 이어질 예정입니다.

　ESG의 가치는 기업에만 국한되지 않습니다. 진정한 지속가능성은 기업, 시민, 공공기관 등 사회 모든 주체가 각자의 자리에서 ESG를 실천할 때 비로소 달성될 수 있습니다. 기업은 지속 가능한 경영과 사회에 대한 책임을 다하고, 시민은 생활 속 작은 실천으로 동참하며, 공공기관은 정책과 제도를 통해 이를 지원해야 할 것입니다.

　이번 책에서는 ESG 중에서도 '사회(S)' 영역을 조명하며, 사회적 책임, 공동체, 상생과 같은 핵심 가치를 다루고 있습니다. 사회는 ESG에서 사람과 공동체에 관한 부분으로서 환경(E)만큼이나 지속 가능한 미래에 중요한 축입니다. 기업의 공정한 노동문화 구축, 지역사회에 대한 기여, 이웃과의 상생 노력 등 사회적 가치는 우리의 일상과도 맞닿아 있습니다. 이 책을 통해 이러한 가치들이 우리 사회와 삶에 어떤 의미를 지니는지 함께 생각해보고자 합니다.

지속 가능한 사회를 만들어가는 일은 그야말로 임중도원(任重道遠)의 과제입니다. 그러나 기업과 시민, 공공 부문 모두가 책임있는 자세로 힘을 모은다면, 각자의 작은 노력이 모여 큰 변화를 일구어낼 수 있을 것이라 믿습니다. 저희 집필진 모두 이러한 노력이 지속 가능한 사회를 위한 작은 밑거름이 되기를 바라고 있습니다. 아울러 일반 독자 여러분께서도 부담 없이 읽으실 수 있도록 전문용어 사용을 줄이고 내용을 쉽게 풀어 쓰는 데에도 심혈을 기울였습니다.

이 책이 ESG라는 개념이 어렵게 느껴졌던 독자 여러분께도 친숙하게 다가가 우리 주변에서 지속가능성을 실천하는 작은 출발점이 되기를 바랍니다. 함께 읽고 생각하는 과정을 통해 기업과 시민이 함께 지속 가능한 미래를 만들어 갈 수 있다는 공감대가 확산되기를 기대합니다.

2025년 11월 한국ESG경영인증원 공저자를 대표하여...

추천사
박노준 우석대학교 총장

사람이 중심이 되는 지속가능한 미래를 위하여…

대학 총장으로서 나는 언제나 '사람'이 가장 중요하다고 믿어왔다. 조직의 변화도, 사회의 발전도 결국 사람으로부터 시작되기 때문이다.

이 책을 받아든 순간, ESG의 'S(사회)'가 바로 그 '사람'을 중심에 둔 이야기라는 것을 알 수 있었다.

한국ESG경영인증원 소속 전문가들이 함께 집필한 이 책은 ESG를 어려운 이론이 아닌 우리 일상의 현장 이야기로 풀어낸다는 점에서 특별하다. K-콘텐츠 제작 현장의 노동자, 관광지에서 밀려난 지역 주민, 건설 현장에서 안전을 지키는 이들, 디지털 격차 속에서 소외된 사람들까지 저자들은 우리 사회 곳곳에서 목소리를 내지 못했던 이들의 이야기에 귀를 기울인다.

특히 이 책이 돋보이는 점은 문제를 지적하는 데 그치지 않고 '함께 만드는 해법'을 제시한다는 것이다. 사회적기업과 협동조합을 통한 지역 발전, 공정무역을 선택하는 소비자의 힘, 직장 내 괴롭힘을 예방하는 조직문화, 헌혈과 사회공헌으로 이어지는 공동체 회복까지 각 장은 개인의 작은 실천에서 시작해 사회 전체의 변화로 이어지는 구체적인 경로를 보여준다.

프로야구 선수 시절부터 교육자로서의 삶까지 나는 늘 현장에서 사람들과 함께 땀 흘리며 배워왔다. 그 경험을 통해 배운 것은 진정한 변화는

ESG

위에서 아래로 내려오는 것이 아니라 현장에서 함께 만들어가는 것이라는 점이다. 이 책 역시 그런 현장의 목소리를 담고 있으며, 각 분야의 전문가들이 제시하는 해법은 이론이 아닌 경험에서 우러나온 실천적 지혜다.

무엇보다 이 책의 진정한 힘은 ESG의 사회적 책임을 거창한 담론이 아닌 우리 일상에서 만날 수 있는 사람들의 이야기로 풀어냈다는 데 있다. 관광 산업 속 노동의 현실, 디지털 경제의 불평등, 윤리적 소비의 선택, 건설 현장의 안전과 공정한 보상, 이웃과 나누는 공동체의 가치는 모두 '사람'이라는 중심축으로 연결되며, 독자들에게 '나도 변화의 일부가 될 수 있다'라는 용기를 줄 것이다.

ESG의 사회적 책임이 무엇인지 알고 싶은 분, 더 공정하고 포용적인 사회를 만드는 데 동참하고 싶은 모든 분께 이 책을 강력히 권한다.

열 명의 전문가가 현장에서 길어 올린 이 통찰과 함께 사람이 중심이 되는 지속 가능한 미래를 향한 의미 있는 여정을 시작해 보길 바란다.

2025년 11월 우석대학교 교정을 바라보며...

목차

발간사 ... 004

추천사 ... 006

CHAPTER 01 이은학

대한민국 콘텐츠의 힘 _ ESG로 열어 가는 사회적 책임

책임 있는 K-콘텐츠의 현재와 과제 ... 016
- 세계가 사랑하는 K-콘텐츠의 힘과 성장의 이면 ... 017
- 사람을 존중하는 제작 현장의 현실과 변화 ... 018
- 성공에서 '책임'으로, 새로운 기준과 공정한 거버넌스 ... 024

모두가 주인공이 되는 다양성과 포용성 ... 028
- 사회적 약자의 이야기가 주는 울림 ... 029
- 한국 사회와 콘텐츠 산업의 도전과 기회 ... 030
- 다양성을 존중하는 인력 고용과 스토리텔링 원칙 ... 032

지속 가능한 미래와 K-콘텐츠의 비전 ... 034
- 미래 세대를 위한 이야기와 제작 환경 ... 035
- 디지털 사회 책임과 K-콘텐츠 모델 ... 037
- 가장 한국적인 것에서 '가장 책임 있는 것'으로 ... 039

CHAPTER 02 박종희

사람이 행복한 여행 _ 지속 가능한 관광 이야기

관광이 지역을 바꾼다는 것 ... 042
- 관광지가 된 동네, 주민들은 어디로 갔을까? ... 043

관광 수익이 지역에 남기는 진짜 의미 ... 045
지역과 상생하는 관광의 조건 ... 047

여행을 만드는 사람들 ... 050
관광 서비스 뒤에 숨은 노동의 현실 ... 050
노동자를 존중하는 관광 기업들 ... 052

모든 사람에게 열린 여행의 꿈 ... 056
여행에서 소외되는 사람들이 있다면? ... 056
누구나 떠날 수 있는 관광 환경 만들기 ... 059
차별 없는 여행 문화를 위한 우리의 역할 ... 063

CHAPTER 03

이은경

사람을 위한 기술 _ 디지털 전환의 사회적 책임

디지털 전환과 사회적 격차 ... 068
디지털 격차의 현실 ... 069
기술 접근성과 포용성 ... 071
데이터 경제와 불평등 ... 074

사람 중심의 디지털 사회 ... 077
기술과 인간 존엄성 ... 078
디지털 복지와 공공 서비스 ... 081
디지털 리터러시 교육 ... 083

지속 가능한 디지털 책임 ... 087
ESG와 디지털 전환 ... 088
포용적 혁신과 협력 모델 ... 090
미래를 위한 디지털 윤리 ... 092

CHAPTER 04

이은하

공정무역 _ 모두가 함께 성장하는 길

소비자의 윤리적 선택이 만드는 변화 ... 096
  가격 뒤에 숨은 이야기 ... 096
  당신의 장바구니가 시장을 바꾼다 ... 099
  작은 선택의 큰 파급효과 ... 103

협동조합과 지역사회가 함께하는 성장 ... 105
  협동조합의 힘 ... 105
  사회적기업과 지역 발전 ... 108
  거래가 아니라 연대를 선택한다 ... 111

공정무역 공감 확산과 일상 속 작은 실천 ... 114
  대화에서 시작되는 공감 ... 114
  일상 속 습관으로 만드는 변화 ... 116
  작은 실천이 만드는 큰 울림 ... 118

CHAPTER 05

임차섭

지역사회로 향하는 발걸음 _ 사회적 책임을 향하여

생활 속에서 발견하는 ESG의 시작 ... 122
  일상에서 발견하는 ESG의 가치 ... 122
  작은 행동이 만드는 큰 변화 ... 123

지역사회가 만들어내는 지속가능성의 힘 ... 126
  생활 속 약속에서 시작되는 변화 ... 126
  국내외에서 배우는 지속가능성의 길 ... 127
  진천에서 시작하는 작은 약속 ... 129
  모두를 포용하는 지역사회의 책임 ... 131

편리함을 넘어서는 선택, 사회적 책임으로 ... 133
- 편리함이 남긴 불편한 진실 ... 133
- 쓰레기가 비추는 윤리의 거울 ... 134
- 개인의 선택에서 사회적 책임으로 ... 136

지역의 선택이 제도를 바꾼다 ... 137
- 작은 실천이 만드는 지역의 변화 ... 137
- 책임을 공유하는 공동체의 힘 ... 138
- 작은 실천에서 제도적 변화로 ... 140
- 고령화 사회의 도전과 지역사회의 해답 ... 141

세대를 잇는 약속, 우리가 함께 설계할 미래 ... 143
- 오늘의 선택이 내일을 만든다 ... 143
- 세대와 세대를 잇는 약속 ... 144
- 우리의 약속, 내일의 길이 되다 ... 145

CHAPTER 06　　　　　　　　　　　　　　안혜경

ESG 시대의 마케팅 전략
_소비자 심리에서 지속 가능한 브랜드까지

소비자 심리와 ESG 마케팅의 변화 ... 148
- 가치소비와 MZ 세대의 부상 ... 150
- ESG가 브랜드 신뢰에 미치는 영향 ... 152
- 소비자의 그린워싱 인식과 위험 요소 ... 154

사회적 책임, 협력 그리고 기회 ... 156
- 스토리텔링과 진정성 있는 브랜드 메시지 ... 157
- 소비자 참여형 ESG 캠페인 ... 159
- 디지털 플랫폼과 데이터 기반 마케팅 ... 161

ESG 실천 가이드와 지속 가능한 경영의 길 ... 164
- 글로벌 규제와 ESG 공시 의무화의 영향 ... 165
- ESG 마케팅의 차별화와 경쟁 우위 ... 167
- 진정성·투명성을 바탕으로 지속 가능한 브랜드 구축 ... 169

CHAPTER 07

박승호

미래를 짓는 건설 _ 건전한 사회를 세우는 ESG

삶의 터전을 세우는 건설, 사람을 지키는 가치 ... 172
- 주거를 넘어 공동체를 세우는 공간 ... 173
- 건설의 사회적 책임과 공공성 ... 174
- 기술과 안전이 만드는 인간 중심 도시 ... 176

안전 수칙, 작은 실천이 만드는 큰 변화 ... 179
- 현장의 안전, 모두의 기본권 ... 179
- 작은 주의가 막는 큰 사고 ... 180
- 안전 문화 정착을 위한 교육과 참여 ... 182

신뢰받는 기업, 존중받는 일터 ... 184
- 공정한 보상이 만드는 건강한 관계 ... 184
- 함께 만드는 우리의 약속 ... 187
- 구성원의 목소리가 키우는 사회적 신뢰 ... 189

지역과 함께 짓는 건전한 사회, ESG의 나아갈 길 ... 191
- 지역사회와 공존하는 건설 ... 191
- 친환경 기술과 효율적인 자원 활용 ... 193
- ESG가 여는 건전한 사회적 연대 ... 194

CHAPTER 08

성시웅

환경 그리고 노무 _ 사람 중심의 경영과 사회적 책임

노무, 지속 가능한 경영의 핵심 ... 198
- 노무 경영의 정의와 사회적 책임 ... 199
- 글로벌 및 한국 기업의 노무 사례 ... 201
- 노무 경영의 도전 과제와 미래 방향 ... 203

갈등 없는 일터, 성희롱과 괴롭힘 예방 ... 205
   직장 내 성희롱 사례와 대응 ... 206
   직장 내 괴롭힘 사례와 제도적 과제 ... 209
   갈등 예방과 조직문화 혁신 전략 ... 211

ESG와 노무의 통합적 실천 과제 ... 214
   환경과 노무의 시너지 ... 215
   정책적·제도적 지원 방향 ... 216
   지속 가능한 노무 경영을 위한 제언 ... 218

CHAPTER 09

이선우

세 가지 약속, 하나의 미래 _ 헌혈·건강한 언론·사회 공헌

새로운 시대, 우리가 직면한 질문들 ... 222
   인류 공동체가 마주한 새로운 과제 ... 223
   개인과 사회가 함께 지켜야 할 책임의 길 ... 224
   이 글이 시작하는 질문과 여정 ... 225

헌혈, 생명을 이어 가는 작은 실천 ... 227
   헌혈의 역사와 그 속에 담긴 의미 ... 227
   헌혈에 나선 사람들의 이야기와 감동의 순간 ... 228
   헌혈 문화를 오래 이어 가기 위한 노력 ... 231

신뢰가 흔들리는 시대, 언론의 역할 ... 233
   언론이 본래 해야 하는 일 ... 233
   거짓 뉴스가 남기는 상처와 사회적 불신 ... 234
   미래 세대를 위한 언론의 책임 있는 역할 ... 236

사회 공헌, 나눔을 이어 가는 공동체 ... 237
   기업·시민사회·개인이 함께 만드는 참여의 장 ... 237
   사회 공헌이 남긴 빛과 그림자 ... 238
   책임 있는 참여가 열어 가는 공동체의 미래 ... 240

앞으로 함께 걸어갈 길	... 242
헌혈·언론·사회 공헌을 잇는 하나의 고리	... 242
더 나은 사회를 위한 작은 제안	... 243
우리가 함께 그리고 싶은 미래	... 244

CHAPTER 10

유재열

이웃과 나눈 한걸음 _ 함께라서 가능한 꿈

사라지는 이웃과 사회적 고립	... 248
개인주의 확산에 따른 단절된 이웃 관계	... 250
공동체 부재가 초래한 사회적 고립	... 250
약해진 사회 안전망	... 253
함께 살아가는 공동체의 의미	... 255
개인의 삶의 질과 행복감 향상	... 256
지역사회의 문제 해결과 지속가능성	... 256
사회적 신뢰와 연결망 구축	... 257
다양한 주체가 만들어가는 상생의 현장	... 259
기업의 지역사회 공헌 사례	... 259
지역 문제 해결을 위한 파트너십 사례	... 262
주민 주도의 지역공동체 회복 사례	... 264
해외에서 배우는 지역공동체 성공 사례	... 265
지속 가능한 지역공동체를 위하여	... 267
개인과 지역 주민 차원의 실천 방안	... 267
기업과 단체 차원의 역할과 프로그램	... 270
정부의 정책적 지원과 제도 개선	... 272
우리의 이야기, 여운처럼 남기를	... 277

CHAPTER 01

대한민국 콘텐츠의 힘
_ ESG로 열어 가는
사회적 책임

이은학

대전정보문화산업진흥원 원장
지역SW산업발전협의회 이사

현재 대전정보문화산업진흥원 원장으로 재직 중이며, 대전의 IT·SW·AI·데이터 등 디지털 산업과 게임, 영화, 음악, 웹툰, e스포츠 등 콘텐츠 산업에 대한 지원육성 및 인력양성 사업을 주관하고 있다. 원장 재직 전, 34년간 공직자로서 중앙부처와 대전시 및 동구 등에서 정책기획관, 부구청장 등 다양한 직책을 거쳤으며, 정책 기획 및 조직·인사, 문화관광 등 많은 경험을 바탕으로 시정 발전과 시민의 복지증진을 위해 매진해 왔고, 대학과 기업 등을 대상으로 디지털과 문화, 행정과 산업의 융합 및 대응전략을 주제로 강의 및 컨설팅을 수행하고 있다.
충남대학교에서 행정학 석사학위를 취득하였고 현재 대전대학교 박사과정에 재학 중이다. 디지털과 문화가 연결되는 시대, 지역이 중심이 되는 혁신 생태계 구축을 통해 미래 산업의 지속 가능한 성장을 견인하는 것을 비전으로 삼고 있으며, 변화는 현장에서 시작된다는 믿음으로 실용 중심의 전략을 추구하고 있다.

ESG

책임 있는 K-콘텐츠의 현재와 과제

대한민국 콘텐츠는 세계가 주목하는 문화적 자산이다. K-팝, K-드라마, K-영화, K-웹툰 등은 국경을 넘어 보편적 감동을 전하며 대한민국의 글로벌 위상을 높이고 있다. 그러나 성과 뒤에는 해결해야 할 과제가 존재한다. 제작 현장은 장시간의 노동과 불안정한 고용 구조에 놓여 있고, 계약은 여전히 불투명하며, 수익 배분은 공정하지 않다. 창작자는 정당한 권리를 보장받지 못하고 있으며, 대형 플랫폼 중심의 구조는 중소 제작사와 독립 창작자의 생존을 위협한다. 사회적 약자의 이야기는 충분히 반영되지 못하고 있는 것이다.

한국 콘텐츠는 이제 단순한 성공에만 머물 수 없다. 노동을 존중하고 권리를 보장하는 제도가 필요하다. 투명성과 공정성을 강화해야 하고, 협력적 거버넌스를 구축해야 한다. 책임 있는 성장이 콘텐츠 산업의 지속 가능성을 보장하고, '성공에서 책임으로'의 전환이야말로 한국 콘텐츠가 세계 속에서 신뢰와 사랑을 이어 갈 길이다.

세계가 사랑하는 K-콘텐츠의 힘과 성장의 이면

오늘날 대한민국은 세계가 사랑하는 콘텐츠 강국으로 자리매김했다. 한국콘텐츠진흥원의 '2024년 콘텐츠 산업 동향분석'에 따르면, 2024년 국내 콘텐츠 산업의 매출액은 약 157조 5,970억 원으로 전년 대비 2.2% 성장했다. 특히 K-팝, K-드라마, K-영화는 전 세계 문화 지형을 바꾸며 영향력을 확대하고 있다. BTS의 음악은 대중가요를 넘어 청년 세대의 목소리를 대변하며 UN 무대에서 전 세계인에게 울림을 주었다.

영화 〈기생충〉은 아카데미 시상식에서 작품상을 수상하며 한국 영화의 저력을 보여주었고, 드라마 〈오징어 게임〉은 글로벌 OTT를 통해 신드롬을 일으키며 불평등과 생존 경쟁이라는 인류 보편의 문제를 전 세계 시청자와 공유했다. 웹툰 역시 아시아를 넘어 유럽과 북미 시장까지 진출하며 새로운 스토리텔링의 표준으로 자리 잡았다.

이처럼 K-콘텐츠는 단순한 오락이 아니라 시대와 사회의 문제를 이야기하고, 세계 시민과 공감하는 보편적 언어로 기능하고 있으며, 이젠 부분적인 콘텐츠의 영역을 넘어 점차 다양한 분야로 확산하고 있다.

한국 콘텐츠 산업은 세계적인 흥행과 수출 증가, 팬덤 문화의 확산 등을 통해 눈부신 성장을 이뤄내며 K-콘텐츠의 위상을 높이고 있다. 이는 창의성과 기술력, 끊임없는 도전이 만들어낸 값진 성과로, 한국 문화의 세계화에 크게 기여하고 있다. 그러나 이러한 찬란한 성취의 이면에는 여전히 해결해야 할 여러 과제가 존재한다. 제작 현장의 긴 노동 시간과 불안정한 고용, 불투명한 계약 관행과 정당한 보상 체계의 부재는 창작자들의 지속적인 창작 활동을 어렵게 하고 있으며, 대형 플랫폼과 제작사 중심의 구조는 중소 제작사와 독립 창작자들의 생존을 위협하고 있다.

다양성과 포용성이 강조되는 사회적 흐름 속에서도 장애인, 이주민 등 사회적 약자의 이야기는 콘텐츠 안에서 여전히 소외되어 있다. 콘텐츠 산업이 점차 디지털 플랫폼 경제화로 전환됨에 따라 콘텐츠 IP 비지니스 성공 사례는 급증하는 반면, 원작 저작권을 제작하는 창작자들은 플랫폼 기업에 고용된 내부 직원이 아닌 프리랜서로서 유통 플랫폼 또는 제작사와의 계약에 있어 낮은 거래 지위, 수익 배분 측면에서 경제적으로 종속되어 있다.

지금은 산업의 급속한 발전에 따른 역기능으로서 고용이 아닌 계약 관계의 '플랫폼 외부 경제 종사자' 증가에 따른 대책이 필요한 상황이다. 따라서 산업의 성과가 지속 가능하려면 단기적인 성공에 안주하기보다 더 튼튼한 제도적 기반과 공정한 구조, 사회적 책임에 대한 고민이 병행되어야 한다.

사람을 존중하는 제작 현장의 현실과 변화

한국 콘텐츠 산업의 특징은 빠른 제작 시스템에 있다. 촬영과 방영이 동시에 이루어지는 시스템은 한국 드라마의 특색이자 경쟁력이다. 해외에서는 드라마의 시즌 전체를 사전에 완성해 배급하는 경우가 많지만, 한국은 방송 편성에 맞추어 제작을 이어 가는 방식이 일반적이다. 이는 시청자 반응을 즉시 반영할 수 있다는 장점이 있지만, 제작진에게는 과중한 부담으로 작용할 수밖에 없다.

또 다른 특징은 제작비 구조다. 드라마 한 편의 평균 제작비는 수십억 원에 이르지만, 그중 상당 부분이 배우 캐스팅 비용이나 마케팅에 집중되는 경우가 많다. 따라서 인건비가 충분히 반영되지 못해 현장 스태프의 처우가 열악해지는 악순환이 반복된다. 특히 중소 제작사는 자본력 부족으로 인건비 절감에 의존할 수밖에 없어 제작 노동환경 개선이 더욱 어려운 실정이다.

여기에 플랫폼 중심의 산업 재편이 더해지고 있다. 넷플릭스, 디즈니+, 웨이브 등 글로벌 및 국내 OTT 플랫폼이 시장을 장악하면서 제작사는 플랫폼의 요구에 맞춰 더 빠른 제작 속도와 더 높은 완성도를 동시에 추구해야 하는 상황에 놓였다. 이 과정에서 가장 큰 부담을 떠안는 사람은 결국 현장의 창작자들이다.

한국 콘텐츠 산업의 눈부신 성장은 그 이면에 있는 수많은 창작자의 노력과 희생을 바탕으로 이루어졌다. 드라마와 영화 촬영 현장은 오랫동안 살인적인 스케줄이라는 말로 불릴 만큼 장시간 노동이 일상화되어 왔다. 스태프들은 하루 평균 12시간 가까이 일하고, 세 명 중 한 명은 13시간 이상을 일한다. 주 단위로 따지면 64시간 안팎의 노동이 이어지는 것이다. 하지만 초과근무에 대한 명확한 절차는 마련되어 있지 않아 대부분 별도 절차 없이 그냥 일했다고 답했다.

이러한 장시간 노동은 과로는 물론 안전 문제와도 직결된다. 실제로 많은 스태프가 수면 부족을 가장 큰 위험 요인으로 꼽았고, 더위와 추위, 무거운 장비 등을 반복해서 옮기는 일 역시 건강을 위협한다. 그럼에도 불구하고 실제 산업재해가 발생했을 때 산재보험이 적용된 경우는 열 명 중 두 명도 되지 않았다. 사고가 일어나도 보호받기 어렵다는 현실은 현장에 만연한 불안감을 고스란히 보여준다.

더 큰 문제는 고용 구조의 불안정성이다. 콘텐츠 제작 현장의 스태프 다수는 프리랜서로 분류되어 4대 보험이나 퇴직금 혜택을 제대로 받지 못하는 상황이다. 고용 안정성이 보장되지 않다 보니 프로젝트가 끝나면 곧바로 실업 상태에 놓이는 경우가 많다. 이는 장기적으로 볼 때 숙련된 인력을 유지하기 어렵게 만들며, 산업의 안정적인 발전을 저해하는 요인이 되고 있다.

노동환경 못지않게 심각한 문제는 계약의 불공정성이다. 제작 현장에서는 아직도 구두 계약이나 불완전한 계약 관행이 남아 있어 스태프나 신진 창작자에게 더욱 불리하게 작용한다.

아울러 저작권이나 2차 판권 수익에서 스태프와 신진 창작자가 배제되는 사례는 흔하다. 동일한 노동을 하고도 임금이 다르게 책정되는 경우도 많다. 임금 체불 문제는 예전보다 줄었다고 하지만 여전히 남아 있는 문제다. 평균적으로 스태프 한 명이 3년 동안 한 편 이상에서 임금 체불을 경험했고, 그 금액은 수백만 원에 달했다.

더 심각한 것은 경쟁력을 유지하기 위해 불리한 조건을 감수해야 하는 구조다. 절반이 넘는 스태프가 저임금, 직급 하향을 받아들이면서도 작품 활동에 참여했다고 답했다. 이는 단순한 불공정이 아니라 결국 산업 전체의 인력 유출로 이어질 수 있는 심각한 문제이다. 이러한 불균형은 창작의 지속가능성을 위협한다. 스태프와 배우, 작가가 정당한 대우를 받지 못한다면 장기적으로 콘텐츠의 품질이 떨어질 수밖에 없다. 권리균형의 회복은 윤리적 과제뿐만 아니라 산업 경쟁력의 핵심이다.

그래도 한국 콘텐츠는 세계적 성공을 거두고 있으며, 제작 현장의 노동환경 역시 점차 변화를 맞이하고 있다. 과거에는 긴 촬영 일정과 불투명한 계약, 안전 사각지대가 일상처럼 여겨졌지만, 이제는 그러한 문제들이 공론화되고 사회적 관심을 받는 과정에서 개선의 움직임이 본격적으로 시작되고 있다.

최근 드라마 〈폭싹 속았수다〉 촬영 과정에서 제기된 노동환경 논란은 현장의 문제를 다시금 드러내는 계기가 되었다. 하지만 과거와 달리 이번에는 플랫폼과 제작사가 빠르게 입장을 내고 재발 방지 대책을 마련하겠다고 약속했다. 예전 같으면 그냥 묻히고 말았을 문제들이 이제는 공개적으로 다뤄지고 제도 개선 논의로 이어진다는 점에서 중요한 변화라 할 수 있다.

이와 함께 방송사와 제작사 차원에서도 작은 변화들이 나타나고 있다. 일부 방송사는 주 52시간 노동제 준수를 시범적으로 운영하고, 일부 OTT 플랫폼은 안전과 복지 가이드라인을 계약 조건에 포함하기 시작했다. 현장에서는 노동 시간 전산 관리 시스템을 도입하거나 안전 전담 인력을 배치하는 사례도 늘고 있다.

물론 이러한 변화가 업계 전반으로 확산하기까지는 많은 시간이 필요하다. 하지만 분명한 것은 한국 콘텐츠 제작 현장이 과거와 달리 바뀌어야 한다는 인식이 공유되고 있고, 실제 변화가 시도되고 있다는 사실이다. 산업이 성장하면서 자연스럽게 따라오는 인권과 안전에 대한 목소리가 이제는 더 이상 외면할 수 없는 현실이 되었기 때문이다.

지금의 한국 콘텐츠 제작 환경을 한마디로 요약한다면, "갈 길은 멀지만, 변화는 이미 시작되었다"라고 말할 수 있다. 앞으로 K-콘텐츠가 세계 무대에서 오래도록 사랑받기 위해 반드시 거쳐야 할 필요한 과정이며, 긍정적인 전환의 신호탄이라고 할 수 있다.

한국 콘텐츠는 빠른 성장 속에서도 여전히 노동환경과 권리 보장 문제라는 과제를 안고 있다. 그래도 긍정적인 점은 변화의 필요성이 업계 전반에서 공유되고 있다는 사실이다. 이제 중요한 것은 그 흐름을 제도와 문화로 굳건히 하고, 산업 전반에 걸쳐 확산시키는 일이다.

표준근로계약은 이미 업계에 도입되어 제도적으로는 자리를 잡았다. 그러나 계약서 작성률은 2022년 73.2%에서 2024년 50.5%로 오히려 하락하여 현장에서는 아직도 형식적으로 머물러 있음을 보여준다. 많은 스태프가 여전히 프리랜서나 용역 계약으로 일하며 '근로자'로서의 정당한 권리를 보장받지 못하고 있다. 따라서 앞으로는 단순히 제도를 마련하는 것을 넘어 현장에서 실제로 작성하고 이행되도록 관리와 감독을 더욱 강화해야 한다. 그래야만 계약서가 권리를 보장하는 진짜 안전장치로 기능할 수 있다.

장시간 노동은 더 이상 '어쩔 수 없는 현실'이 되어서는 안 된다. 촬영 시간을 사전 기획 단계에서부터 합리적으로 조정하고, 초과근무에는 반드시 보상이 따르도록 해야 한다. 주 52시간 준수와 같은 제도는 현장에서 더 적극적으로 자리 잡아야 한다. 충분한 휴식은 창작자의 건강을 지키는 동시에 안전을 담보하고 작품의 완성도를 높이는 길이기도 하다.

콘텐츠 산업의 지속 가능한 성장을 위해서는 창작자들이 안심하고 활동할 수 있는 기반이 필요하다. 프리랜서 스태프에게도 사회보험을 확대 적용하고, 프로젝트 종료 후 일정 기간 최소한의 소득을 보장하는 '창작 안정 기금'을 마련해야 한다. 일본 애니메이션 업계처럼 신진 인력에게 국가 차원의 생활 보조금을 지급하는 모델도 참고할 수 있다. 이러한 장치들은 복지뿐만 아니라 창작자들이 안정적으로 작품 활동을 이어 가도록 만드는 산업 경쟁력의 핵심 조건이라 할 수 있다.

또한 동일 노동에는 동일한 보수가 지급되어야 한다. 더 나아가 저작권이나 2차 판권 수익에서도 창작자와 스태프가 정당한 몫을 보장받아야 한다. 수익 구조의 투명성을 높이는 일은 산업의 신뢰를 쌓고 인재 유출을 막는 핵심적인 장치다.

제도만으로는 충분하지 않다. 결국 '사람을 존중하는 제작 환경이 곧 경쟁력'이라는 인식이 업계 전반에 자리 잡아야 한다. 제작사, 방송사, 플랫폼 그리고 시청자까지 모두가 콘텐츠의 가치를 만든 사람들의 권리를 함께 존중해야 한국 콘텐츠는 더 오래, 더 넓게 세계 속에서 빛날 수 있다.

지속 가능한 K-콘텐츠를 위하여

한국 콘텐츠 산업은 이미 세계적 성과를 거두었다. 그 성취가 지속 가능하기 위해서는 무엇보다 사람을 존중하는 제작 현장이 필요하다. 장시간 노동과 불안정 고용, 불공정 계약이라는 고질적 문제를 해결하지 못한다면 한국 콘텐츠의 미래는 불투명하다. 이제는 산업 전체가 노동과 권리를 존중하는 구조로 전환해야 한다.

사람을 존중하는 현장은 단순한 도덕적 요구가 아니다. 그것은 지속 가능한 창작을 위한 필수 조건이며, K-콘텐츠가 진정한 세계적 신뢰와 사랑을 얻는 기반이다.

사회 전반에서 공정함에 대한 열망이 매우 중요해지고 있다. 가사노동이 구성원 전원에 분배되고, 학생들은 주관식보다는 객관식 시험을, 직장에서는 서포트 역할보다 주도적으로 성과를 내기 원하며, 회사 대표와 막내 직원이 격식 없이 소통한다. 콘텐츠 분야도 예외가 아닌데, 무엇보다 콘텐츠 산업은 창의성과 자본이 만나는 영역이다. 그러나 이 과정에서 불투명한 의사결정과 수익 배분 문제는 적지 않은 갈등을 낳아왔다. 작품이 성공해도 정작 창작자와 스태프에게 돌아가는 몫은 미미한 경우가 많다. 특히 저작권과 2차 판권 수익에서 작가나 스태프가 배제되는 사례는 빈번하다.

대표적인 사례로, 드라마 작가가 원작 대본의 저작권을 보유하지 못해 해외 판권 수익에서 제대로 보상을 받지 못하는 일이 반복되고 있다. 반면 해외에서는 저작권 보호가 강력하다. 미국의 시나리오 작가는 전미작가조합(WGA)를 통해 강력한 권리를 보장받고, 집단교섭과 크레딧 보호 및 판권 수익의 일정 비율을 받는다.

한국이 글로벌 시장에서 신뢰를 얻기 위해서는 보다 투명하고 공정한 계약 체계 확립이 절실하다. 투자 의사결정 역시 투명성을 필요로 한다. 특정 플랫폼이나 제작사가 자본 논리에 따라 작품을 좌지우지하면 창작의 자율성이 위축된다. 공정성은 단순히 윤리적 문제가 아니라 창작의 다양성을 보장하는 기본적 전제조건이다.

성공에서 '책임'으로, 새로운 기준과 공정한 거버넌스

이제 세계는 콘텐츠의 성공 그 자체보다 책임 있는 성공을 요구하고 있다. ESG가 기업과 사회의 새로운 기준이 된 것처럼 콘텐츠 산업 역시 책임 있는 문화적 패러다임으로 나아가야 한다. 노동을 존중하고 다양성을 담으면서 공정성과 협력 속에서 신뢰를 쌓고 미래 세대를 위한 가치를 만드는 것이야말로 한국 콘텐츠가 세계 속에서 지속 가능한 영향력을 발휘할 수 있는 길이다. '성공에서 책임으로', 이것이 바로 한국 콘텐츠가 맞이한 새로운 시대의 과제다.

오늘날 기업은 사회적 책임(CSR)과 ESG 경영을 요구받고 있다. 콘텐츠 기업도 예외가 아니다. 대형 플랫폼과 제작사가 사회적 책임을 다할 때 산업 전반에 대한 신뢰가 쌓인다. 예컨대 넷플릭스는 매년 '다양성 보고서'를 발간하며 여성과 소수자에 관한 콘텐츠 제작에 투자한 성과를 공개한다. 디즈니 역시 ESG 전략을 수립하고 콘텐츠 제작 과정에서 환경·노동·윤리 기준을 적용한다.

한국에서도 CJ ENM('오펜' 신인 창작자 발굴 공모전), 카카오엔터테인먼트(카카오 창작재단), 네이버웹툰(PPS 수익 배분 공시 프로그램) 등은 점차 ESG 경영을 도입하고 있다. 이러한 콘텐츠 기업의 ESG 활동은 외부 투자자들의 신뢰도를 제고하고, 주가 및 기업 가치에도 긍정적인 영향을 준다. 특히 콘텐츠 분야는 노동력 투입 중심의 산업이기 때문에 사회(social) 측면에서 창작자들을 지원하고 복지를 증진하며, 공정거래 문화를 통해 창작자의 권익을 보호하는 것이 가장 중요하다고 할 수 있다.

네이버웹툰 PPS(Page Profit Share)는 프로그램 작품에서 발생한 수익 현황을 창작자에게 제공하고 있다. 이는 플랫폼이 창작자들에게 안정적인 수익모델을 제공하고 함께 성장하는 환경을 조성함으로써 우수한 콘텐츠를 생산하고, 창작자 경제 '크리에이터 이코노미'를 활성화하면서 산업 전체의 지속가능성을 높이는 데 기여한 대표적 사례라고 할 수 있다. 앞으로 한국 콘텐츠 기업이 글로벌 시장에서 더 큰 신뢰를 얻으려면 CSR 활동 수준을 넘어 투명한 경영과 이해관계자의 참여를 제도화해야 한다.

지금 한국 콘텐츠 산업은 플랫폼 중심의 구조로 재편되고 있다. 넷플릭스, 디즈니+, 웨이브, 티빙 등 OTT 플랫폼은 제작비를 투자하고 배급을 담당하면서 절대적 권한을 행사한다. 이 과정에서 제작사와 창작자는 상대적으로 협상력이 약하다.

수익 구조 역시 플랫폼에 편중되어 있다. 드라마가 해외에서 흥행해도 대부분의 수익은 플랫폼 기업이 가져가고, 제작사는 고정 제작비 외에는 별도의 수익을 얻지 못하는 경우가 많다. 이러한 구조는 장기적으로 산업 생태계의 불균형을 심화시킨다.

따라서 필요한 것은 협력적 거버넌스다. 플랫폼과 제작사, 창작자와 시민사회가 함께 목소리를 내고 합리적 기준을 만들어야 한다. 공정성과 협력은 산업의 지속성을 담보하는 핵심 요소이기 때문이다.

거버넌스는 더 이상 기업 내부만의 문제가 아니다. 시민사회와 소비자, 팬덤은 콘텐츠 생태계의 중요한 주체다. 작품이 성공하는 데 있어 팬덤의 힘은 절대적이며, 시민사회의 감시와 참여가 콘텐츠 기업의 신뢰를 지탱하게 한다.

서울시의 '민주주의 서울'과 광명시의 '주민참여예산제'는 좋은 참고 사례다. 시민이 직접 플랫폼에서 제안과 토론, 투표를 통해 정책에 참여할 수 있도록 한 이 제도는 투명성과 협력적 거버넌스의 모델을 보여준다. 콘텐츠 산업에도 이를 적용할 수 있다. 플랫폼과 제작사, 시민이 함께 참여하는 협력적 거버넌스를 통해 가이드라인을 만들면 수익 구조나 창작 방향에서 더 큰 공정성과 신뢰를 확보할 수 있다. 결국 콘텐츠 산업의 지속가능성은 시민의 참여와 신뢰 위에서 가능하다.

모니터링 제도도 중요하다. 방송통신위원회가 운영하는 방송 모니터링 시스템처럼 시민이 직접 콘텐츠의 윤리성과 다양성을 평가하고, 그 결과가 기업 경영에 반영된다면 신뢰는 크게 높아질 것이다.

콘텐츠 산업의 성장 이익이 수도권 대기업에만 집중되는 것은 지역사회에 불균형을 초래하게 되고, 지역 중소기업과 로컬 크리에이터는 자본과 네트워크 부족으로 소외되기 쉽다. 따라서 지역사회와 상생하는 모델 구축이 필요하다.

예를 들어 대전, 부산, 광주 등은 지역 기반의 콘텐츠 클러스터를 조성하여 지역 크리에이터가 활동할 수 있는 환경을 마련하고 있다. 이러한 시도는 중앙과 대기업 중심의 산업 구조에 균형을 가져오는 역할을 한다.

대전정보문화산업진흥원에서는 콘텐츠코리아랩과 콘텐츠기업지원센터를 운영하면서 센터 간 교육과 지원 프로그램을 연계하므로써 단계적인 성장지원시스템을 효율적으로 운영하고 있다.

시민 역시 매우 중요한 파트너이다. 지역 주민이 참여하는 영화제, 지역 기업과 협업하는 웹툰 프로젝트, 대학생과 장애인 및 중·고교생 대상 e스포츠 리그전 등은 콘텐츠가 지역문화 발전의 동력이 될 수 있음을 보여주는 사례라 할 수 있다.

지속 가능한 K-콘텐츠를 위하여

공정성과 협력은 콘텐츠 산업이 세계적 신뢰를 얻을 수 있는 핵심 기반이다. 불투명한 수익 구조와 불균형한 권력 관계를 해소하고, 시민과 지역사회가 함께하는 거버넌스를 구축할 때 한국 콘텐츠는 흥행을 넘어 지속 가능한 영향력을 갖출 수 있다.

'신뢰'는 산업의 자산이다. 공정성과 협력 위에서 자라는 신뢰는 한국 콘텐츠가 글로벌 무대에서 더욱 오래, 더욱 넓게 빛날 수 있게 하는 힘이 될 것이다.

ESG

모두가 주인공이 되는 다양성과 포용성

콘텐츠의 본질은 이야기이다. 이야기가 힘을 가지려면 다양한 삶과 목소리를 담아야 한다. 장애인, 이주민, 성소수자, 노인 등 사회적 약자의 이야기는 종종 주변부에 머물렀다. 그러나 이들의 이야기가 작품 속에서 진정성 있게 표현될 때 사회적 울림은 커진다. 드라마 〈이상한 변호사 우영우〉는 편견을 넘어서는 시선을 제시했고, 영화 〈미나리〉는 이민자의 삶을 보편적 서사로 확장했다. 이러한 작품은 한국 콘텐츠가 글로벌 공감대를 형성할 수 있음을 보여준다. 그러나 여전히 제작 현장은 특정 성별과 연령, 배경에 편중되어 있다. 이는 다양성이 충분히 반영되지 못하게 한다.

이제 콘텐츠 산업은 포용성을 스토리텔링 원칙에 내재화해야 한다. 다양한 인력이 제작 과정에 참여할 수 있는 구조를 마련해야 한다. 사회적 약자의 이야기를 존중하는 것은 도덕적 요청이 아니다. 글로벌 경쟁력을 확보하기 위한 필수 조건이며, 모두가 주인공이 되는 서사는 콘텐츠의 미래를 여는 열쇠이다.

사회적 약자의 이야기가 주는 울림

콘텐츠의 본질은 '이야기(storytelling)'에 있다. 그리고 그 이야기가 힘을 갖기 위해서는 다양한 사람들의 삶을 담아내야 하며, 그때 더 큰 울림을 준다. 우리 사회는 이미 단일 민족사회를 넘어 외국인 노동자 및 다문화 가정의 증가로 다문화사회로 변화하고 있다. 이제 포용성은 단순한 사회적 미덕이 아니라 일반적인 현상으로 바라봐야 하며, 콘텐츠 또한 공감과 확산의 힘을 얻는 원천이 되고 있다.

특히 사회적 약자의 이야기는 강한 메시지를 전한다. 권력이나 자본의 중심에서 배제된 사람들의 삶을 드러내는 콘텐츠는 시청자에게 새로운 시각을 열어주고, 기존의 고정관념을 깨뜨리면서 사회를 더 건강하게 만드는 데 기여한다. 장애인의 일상이나 성소수자의 목소리, 이주민의 경험은 종종 주변화되거나 왜곡되었지만, 콘텐츠 속에서 진정성 있게 다뤄질 때 사회 전반에 긍정적 변화를 촉발한다.

드라마 〈이상한 변호사 우영우〉는 그 대표적 사례다. 자폐 스펙트럼을 가진 변호사가 사회적 편견과 제약을 극복하며 성장하는 이야기는 시청자에게 감동을 주었을 뿐 아니라 장애에 대한 사회적 인식을 새롭게 하는 계기가 되었다. 이 드라마는 감동과 더불어 포용성이 가진 서사의 힘을 보여준 사례라 할 수 있다.

한국 콘텐츠 산업은 그동안 장애인과 이주민 등 사회적 소수자를 주인공으로 내세우는 데 다소 소극적이었다. 가끔 등장하더라도 고정된 이미지나 희화화된 방식으로 그려지는 경우가 많았다.

그러나 2000년대 들어서 변화가 나타나고 있다. 앞서 언급한 '우영우' 뿐 아니라 영화 〈말아톤〉(2005)은 발달장애를 가진 주인공의 삶을 섬세하게 다루며 대중에게 큰 반향을 일으켰다. 김려령 작가의 원작 소설을 영화로 제작한 〈완득이〉(2011)도 다문화 가정, 빈곤층, 장애인과 교육 문제를 다룬 작품이고, 버려진 생명과 가족의 의미를 둘러싼 여정을 그린 영화 〈브로커〉(2022)나 독립영화 〈후회하지 않아〉(2006)는 본격 퀴어 멜로를 표방하며 사회적 금기를 넘어 진정성 있는 시선을 제시했다.

이주민을 다룬 사례로는 영화 〈미나리〉(2020)가 있다. 한국계 미국인 가족이 낯선 땅에서 살아가는 과정을 담은 이 작품은 아카데미 시상식에서 여우조연상 수상과 작품상 후보에 오르며 세계적으로 주목받았다. 한국적 이주민 서사가 미국 사회뿐 아니라 전 세계 관객에게 보편적인 울림을 줄 수 있음을 보여준 것이다.

하지만 여전히 갈 길은 멀다. 장애인의 서사는 주로 '극복의 드라마'로 소비되고, 성소수자의 이야기는 특정 장르에 한정되는 경우가 많다. 이주민은 종종 범죄자나 불법 체류자 같은 부정적 이미지로 재현되기도 한다. 진정성 있는 표현은 더 다양한 주체의 목소리를 반영하고, 당사자의 참여를 통해 이루어져야 한다. 시청률을 위한 장치가 아니라 사회적 책임을 다하는 스토리텔링이 필요하다.

한국 사회와 콘텐츠 산업의 도전과 기회

한국 사회는 여전히 단일민족 신화, 가족 중심 문화, 성별 고정관념 등이 강하게 작동하는 사회다. 따라서 콘텐츠 산업에서 다양성과 포용성을 구현하는 것은 결코 쉽지 않은 도전이다.

제작 현장의 구조적 문제도 있다. 대다수 제작진이 특정 성별과 연령,

배경에 편중되어 있어 다양한 시각을 반영하는 데 한계가 있다. 예를 들어 여성 감독이나 여성 작가의 비율은 여전히 낮고, 이주민이나 성소수자가 제작 과정에 참여하는 사례는 드물다. 콘텐츠가 다양성을 담으려면 제작 현장에서부터 다양한 인적 구성이 필요하다.

하지만 동시에 이는 기회이기도 하다. 글로벌 시장은 이미 다양성을 중요한 가치로 삼고 있다. 미국, 유럽의 OTT 플랫폼들은 다양성을 기업 전략의 핵심으로 내세우고 있으며, 아시아에서도 일본, 대만 등은 소수자 서사를 적극적으로 발굴하고 있다. 한국 콘텐츠가 이 흐름에 발맞춘다면 국내를 넘어 글로벌 공감대를 형성하는 콘텐츠로 도약할 수 있다.

앞서 언급한 〈이상한 변호사 우영우〉는 한국 콘텐츠 역사에서 중요한 전환점이다. 자폐 스펙트럼 캐릭터를 단순한 장애인이 아니라 능력과 개성을 가진 입체적 인물로 그려낸 점이 세계적 호평을 받았다. 넷플릭스를 통해 해외에 소개되면서 한국 사회의 포용성 담론이 글로벌 무대에서도 공감을 얻을 수 있음을 보여주었다.

〈미나리〉는 한국계 미국인 가족의 삶을 사실적으로 그려내며 아시아계 이민자에 대한 새로운 서사를 제시했다. 기존 할리우드 영화에서 아시아계가 조연이나 고정된 이미지로 등장했던 것과 달리 주체적이고 보편적인 서사로 그려냈다는 점에서 주목받았다.

글로벌 OTT의 전략은 더 나아가 있다. 넷플릭스는 '다양성과 포용성'을 기업 가치로 명시하면서 여성과 성소수자 감독의 작품을 적극 지원한다. 디즈니+ 역시 최근 라인업에서 성소수자 캐릭터를 등장시켜 사회적 책임을 실천하고 있다.

이러한 글로벌 전략은 한국 콘텐츠 산업에도 시사점을 준다. 기존 트랜드와 유행에 부합하여 일반 대중의 눈높이에 맞는 보편적인 작품

(dominant design)이 아닌, 앞서 설명한 〈이상한 변호사 우영우〉와 〈미나리〉 사례와 같이 다양성 장르의 신규 작품들이 지속적으로 제작된다면 기존 작품과의 차별화를 통해 시장에서의 흥행과 경쟁우위 모두를 확보할 수 있을 것이다. 즉 다양성과 포용성을 단순한 사회적 요구가 아니라 글로벌 시장에서의 필수 경쟁력으로 인식해야 한다.

다양성을 존중하는 인력 고용과 스토리텔링 원칙

앞으로 한국 콘텐츠 산업이 나아가야 할 방향은 명확하다. 다양성을 존중하는 인력 고용과 스토리텔링이다.

첫째, 제작 현장에서부터 다양성을 반영해야 한다. 여성과 장애인, 이주민과 성소수자 등 다양한 배경을 가진 창작자가 참여할 수 있는 구조를 만들어야 한다. 이는 단순히 형식적인 비율 맞추기가 아닌 실제 콘텐츠에 새로운 시각을 불어넣는 동력이 된다.

둘째, 스토리텔링 원칙에서 포용성을 내재화해야 한다. 소수자를 등장시키는 데 그치지 않고, 그들의 삶을 진정성 있게 입체적으로 그려야 한다. 이를 위해 당사자의 목소리를 반영하고, 제작 과정에서 자문과 협력을 더욱 강화하는 것이 필요하다.

셋째, 정책적 지원도 뒷받침되어야 한다. 문화체육관광부와 영화진흥위원회 등은 다양성과 포용성을 실현하는 작품에 인센티브를 제공하거나 관련 프로젝트를 지원해야 한다. 실제로 영국 BBC는 공영방송 콘텐츠에서 장애인과 소수자의 출연 비율을 목표치로 설정하고 달성 여부를 평가하고 있다. 한국도 이와 같은 제도적 장치를 마련할 필요가 있다.

넷째, 관객의 역할도 중요하다. 다양성을 담은 콘텐츠가 지속하려면 시청자들이 이를 소비하고 지지해야 한다. '우영우'의 성공은 포용적 서사에 대한 사회적 수요가 충분히 존재한다는 사실을 증명했다.

다양성과 포용성 주제는 아직 발굴되지 않은 새로운 아이템 또는 미개척된 영역으로 볼 수 있고, 기존 시청자에게 기존과 다른 신선한 콘텐츠로 인식될 수 있다. 이에 정부는 K-콘텐츠 산업의 경쟁력 우위를 위해 다양한 주제, 장르 등 창작자의 자유로운 아이디어 실현과 차별화된 작품 제작이 가능하도록 정책적으로 지원하는 것이 필요하다.

다양성 및 포용성 현황	개선 방향
고정관념적 재현(소수자를 희화화하거나 극복 대상으로만 그림)	진정성 있는 스토리텔링(당사자의 목소리 반영, 입체적인 캐릭터 구축)
제작 현장의 인력 편중(특정 성별·연령·배경에 치우침)	제작 인력의 다양성 확대(여성, 장애인 등 다양한 배경의 창작자 고용)
소수자 서사 부재(장르적 한계, 상업적 이유로 소극적)	정책적 지원(다양성 콘텐츠 제작 지원 및 인센티브 제공)

지속 가능한 K-콘텐츠를 위하여

"모두가 주인공이 되는 서사"는 단순한 구호가 아니다. 그것은 한국 콘텐츠가 글로벌 무대에서 지속적으로 영향력을 발휘하기 위해 반드시 실현해야 할 가치이고 지향점이다.

장애인, 성소수자, 이주민, 청년, 노인 등 사회의 다양한 주체가 콘텐츠 속에서 존중받고 자신의 이야기를 풀어낼 수 있을 때, K-콘텐츠는 비로소 세계인 모두의 콘텐츠로 거듭날 것이다.

ESG

지속 가능한 미래와 K-콘텐츠의 비전

콘텐츠는 단순한 오락이 아니라 사회적 가치와 미래 비전을 담는 거울이다. 아동과 청년은 주요 수용자이자 미래의 창작 주체이다. 따라서 이들의 눈높이에 맞는 건전하고 창의적인 이야기를 제공해야 한다. 청소년과 아동이 안전하게 제작 과정에 참여할 수 있는 환경도 필요하다. 디지털 전환은 새로운 기회를 제공하지만 동시에 윤리적 과제를 던진다. 개인정보 보호, 인공지능 활용, 디지털 포용성은 더 이상 선택이 아니다. 책임 있는 대응이 요구된다.

    ESG 원칙과 디지털 혁신이 결합할 때 한국 콘텐츠는 미래 세대와 함께 성장할 수 있다. 성공이 아닌 '책임'을 중심에 둔 모델이 필요하다. 윤리적이고 포용적인 콘텐츠는 글로벌 기준이 된다. 한국 콘텐츠는 가장 한국적인 것이자 가장 책임 있는 것으로 발전해야 한다. 지속 가능한 비전은 한국 콘텐츠가 세계 속에서 신뢰와 존중을 얻는 힘이다.

미래 세대를 위한 이야기와 제작 환경

콘텐츠는 사회의 가치와 미래 비전을 담는 그릇이다. 특히 아동과 청소년, 청년 세대는 콘텐츠의 주요 수용자이자 미래의 창작 주체이기도 하다. 따라서 이들의 눈높이에 맞추어 건전하면서도 창의적인 이야기를 만들고 제공하는 것은 사회적 책임의 핵심이라 할 수 있다.

예를 들어 아동용 애니메이션은 단순히 재미를 주는 데 그치지 않고, 환경보호, 인권 존중, 다양성과 같은 메시지를 담을 수 있다. '뽀로로'는 일반적인 캐릭터를 넘어 전 세계 어린이들에게 협력과 우정의 가치를 전했고, '라바'는 언어 장벽을 넘어 글로벌 시장에서 유머와 창의적 사고의 힘을 증명했다.

청소년을 위한 콘텐츠는 더욱 더 중요하다. 넷플릭스 드라마 〈13가지 이유〉는 청소년 자살 문제를 다루며 사회적 파장을 일으켰다. 한국에서도 드라마 〈학교〉 시리즈, 영화 〈한공주〉 등이 청소년의 현실을 정면으로 다루며 사회적 성찰을 불러일으켰다. 미래 세대를 위한 제작 환경은 단순히 청소년 관객을 위한 콘텐츠를 제작하는 것에 그치지 않고, 아동과 청소년이 안전한 환경에서 제작 과정에 참여할 수 있는 시스템을 구축하는 것을 포함한다.

교육적 가치가 담긴 콘텐츠는 미래 세대에게 깊은 영향을 미친다. 과거 우리나라에서도 방송된 〈세서미 스트리트〉가 미국에서 교육용 프로그램으로써 사회적 효과를 거둔 것처럼 콘텐츠는 학습과 사고를 자극하는 강력한 도구다.

한국에서는 EBS가 대표적인 사례다. 〈딩동댕 유치원〉, 〈EBS 다큐프라임〉 같은 프로그램은 아동과 청소년의 발달에 맞는 메시지를 전달하고,

학부모와 교사들에게도 교육적 지침을 제공해 왔다. 최근에는 유튜브와 OTT에서도 교육형 콘텐츠가 활발히 제작되고 있으며, 이는 미래 세대의 학습 방식을 변화시키고 있다.

예컨대 기후위기, 인권, 성소수자 문제를 다룬 다큐멘터리나 드라마는 지식 전달뿐만 아니라 시청자가 스스로 질문을 던지고 사회적 책임을 고민하게 만든다. 이런 의미에서 교육과 콘텐츠의 접목은 사회적 성찰과 변화를 이끄는 중요한 축이다.

미래 세대를 위한 콘텐츠는 미래 세대 자신이 수요자 입장에서 나아가 제작에 직접 참여할 수 있을 때 더욱 힘을 가질 수 있다. 하지만 한국의 청년 창작자들이 콘텐츠 산업에 진입하기는 여전히 쉽지는 않아 보인다. 자본과 네트워크 및 경험 부족 등으로 인해 첫발을 내딛는 것조차 큰 장벽이 된다.

이를 극복하기 위해 정부와 지자체, 기업은 다양한 지원 제도를 마련하고 있다. 예를 들어 한국콘텐츠진흥원은 매년 청년 창작자들을 위한 창작 지원금을 제공하고, 멘토링 프로그램을 운영한다. 대전과 부산, 전주 등 각 지역에서는 웹툰 창작센터, 영화학교, 게임 인큐베이터 등을 통해 지역 청년들의 도전 기회를 확대하고 있고, 각급 지자체에서도 다양한 콘텐츠를 위한 교육과 인재 양성 프로그램 등을 운영하고 있다.

그러나 이러한 지원은 여전히 프로젝트 단위에 머무르는 경우가 많다. 청년 창작자들이 장기적으로 안정적인 환경에서 활동할 수 있도록 사회적 보호망이 필요하다. 프리랜서 창작자에게 사회보험을 적용하거나 창작 초기 단계에서 생활비를 지원하는 기본소득형 창작 지원 제도도 논의할 필요가 있다.

디지털 사회 책임과 K-콘텐츠 모델

미래 세대를 위한 콘텐츠에서 빼놓을 수 없는 주제는 바로 디지털 사회 책임이다. 디지털 전환은 콘텐츠 산업에 새로운 기회를 주지만, 동시에 심각한 윤리적 문제도 안겨주고 있다.

첫째, 개인정보 보호 문제다. 아동과 청소년 이용자가 급증하면서 개인정보와 시청 데이터가 상업적으로 남용되는 위험이 커지고 있다. 이는 보안 문제를 넘어 인권 문제로까지 비화될 수 있다.

둘째, AI 윤리 문제다. 인공지능을 활용한 딥페이크 영상은 창작의 가능성을 확장하기도 하지만, 동시에 초상권 침해, 허위 정보 확산, 성범죄에 악용될 수 있는 점 등 심각한 사회적 위험을 초래한다. 특히 청소년과 여성의 얼굴을 합성한 불법 영상은 사회적 트라우마를 낳고 있다. 이에 대비한 윤리와 보안 및 법적·제도적 장치 마련도 고민해야 한다.

셋째, 디지털 포용성이다. 고령자, 장애인, 저소득층은 디지털 접근에 어려움을 겪고 있으며, 이는 문화 격차로 이어진다. 배리어프리 영상(자막·수어·음성 해설) 제작, 기기 대여와 교육 프로그램은 단순한 서비스가 아니라 ESG의 핵심적 실천이다.

결국 콘텐츠 산업은 단순히 흥행작을 만드는 것을 넘어 디지털 시대의 사회적 책임을 다해야 한다.

대한민국이 미래 세대와 함께하는 콘텐츠 강국으로 나아가기 위해서는 ESG와 디지털 전환의 접목이 필요하다. 특히 디지털 전환은 AI, 메타버스, 블록체인 등 새로운 기술과 결합하면서 콘텐츠의 미래를 바꾸고 있다. 하지만 사회적 가치와 책임을 내재화하지 않는다면 디지털 혁신은 새로운 불평등만 키울 위험이 있다. 따라서 한국은 기술 혁신과 사회적 책임을 동시에 실현하는 모델을 구축해야 한다.

E (환경)	기후위기 대응을 주제로 한 콘텐츠 제작, 친환경 제작 시스템 도입
S (사회)	아동·청년 친화적 콘텐츠 제작 환경, 청년 창작자 보호 제도 마련
G (거버넌스)	기업의 투명한 수익 구조, 시민과의 협력 플랫폼 구축

미래 세대를 위한 콘텐츠 전략은 단순한 유행이 아니라 한국 콘텐츠의 지속가능성을 담보하는 길이다. 이를 위해 다음과 같은 제언을 할 수 있다.

첫째, 아동·청년 친화적 제작 환경을 제도화한다.
둘째, 청년 창작자 지원 정책을 장기적·안정적으로 운영한다.
셋째, 디지털 사회책임 기준을 마련해 개인정보·AI 윤리·디지털 포용을 강화한다.
넷째, 국제기구와의 협력 모델을 통해 글로벌 사회적 가치에 기여한다.
다섯째, 성공이 아니라 '책임'을 중심에 둔 한국형 ESG 콘텐츠 모델을 확립한다.

지속 가능한 K-콘텐츠를 위하여

콘텐츠는 단순한 즐거움이 아니라 현 시대의 삶을 조명하고 다음 세대의 삶을 비추는 거울이다. 아동과 청년이 안전하게 참여하고, 교육적 메시지를 담으며, 디지털 책임을 실천하는 콘텐츠야말로 K-콘텐츠의 미래 경쟁력을 결정짓는다. K-콘텐츠 모델이 사회적 책임을 품을 때 우리는 콘텐츠 강국을 넘어 책임 강국으로 도약할 수 있을 것이다.

가장 한국적인 것에서 '가장 책임 있는 것'으로

K-콘텐츠는 오랫동안 '가장 한국적인 것'을 세계에 알리는 강력한 힘이었다. 전통과 현대가 어우러진 음악, 한국적 정서를 담은 드라마와 영화 그리고 독창적 상상력이 살아 있는 웹툰은 세계인에게 신선한 매력으로 다가갔다. 그러나 이제 글로벌 무대는 단순히 새롭고 독창적인 것을 넘어 '얼마나 책임 있는 콘텐츠'인가를 묻고 있다.

기후위기, 사회적 불평등, 다양성과 포용성 같은 화두는 특정 국가에 국한되지 않는다. 전 세계 관객은 오락적 즐거움과 함께 더 나은 세상을 향한 메시지를 콘텐츠에서 기대한다. 한국 콘텐츠가 성공보다 '책임'의 가치를 담을 때 그것은 세계 시민의 공감과 존중을 받는 보편적 언어가 될 것이다. 결국 가장 한국적인 것은 이제 '가장 책임 있는 것'으로 확장되어야 한다.

책임 있는 콘텐츠는 무엇보다 윤리와 포용성을 기반으로 한다. 제작 현장에서 노동을 존중하고, 사회적 약자의 목소리를 담으며, 공정한 수익 배분 구조를 만드는 것은 선택이 아니라 필수다.

윤리적 콘텐츠는 문제가 없는 콘텐츠가 아니다. 그것은 사회적 성찰과 책임을 담은 콘텐츠를 뜻한다. 예컨대 여성과 장애인, 이주민과 성소수자 등의 삶을 왜곡하지 않고 진정성 있게 표현하는 작품, 개인정보 보호와 AI 윤리를 준수하는 디지털 콘텐츠, 아동과 청소년의 권익을 존중하는 교육적 콘텐츠는 모두 글로벌 무대에서 높이 평가된다.

앞으로 세계 시장은 점점 더 ESG 기준을 요구할 것이다. 기업의 재무제표만이 아니라 사회적 책임 보고서 및 ESG 실적이 투자와 파트너십의 기준이 되듯, 콘텐츠 산업에서도 윤리와 포용성은 글로벌 스탠더드로 자리 잡을 것이다. 한국 콘텐츠가 이 흐름을 선도한다면 문화강국을 넘어 책임 강국이라는 새로운 이름을 얻을 수 있을 것이다.

콘텐츠는 언제나 사회를 비추는 거울이었다. 한 시대의 고민과 갈등, 기쁨과 희망은 콘텐츠 속에 담겨 후대에 전해졌다. 동시에 콘텐츠는 과거를 반영하는 데 그치지 않고, 미래를 열어 가는 힘을 가진다.

한 편의 드라마가 장애에 대한 사회적 편견을 무너뜨리고, 한 편의 영화가 기후위기 대응에 대한 시민의식을 일깨우며, 한 편의 웹툰이 청년들에게 희망과 용기를 줄 수 있다. 바로 이러한 힘 때문에 콘텐츠는 산업을 넘어 공공재적 성격을 띤다고 할 수 있다.

앞으로 한국 콘텐츠가 걸어가야 할 길은 분명하다. 성공에 취하기보다 책임을 내재화한 서사와 제작 방식을 통해 사회적 신뢰를 쌓고, 세계와 함께 더 나은 미래를 열어야 한다. 그것이야말로 콘텐츠 강국 한국의 새로운 도약이며, K-콘텐츠가 인류의 보편적 가치에 기여하는 길이다.

지속 가능한 K-콘텐츠를 위하여

이제 K-콘텐츠는 세계를 향해 새로운 길을 열어 가고 있다. 책임 있는 콘텐츠는 사람을 존중하고, 사회를 성찰하며, 미래 세대에게 희망을 남긴다.

"콘텐츠는 사회적 거울이자 미래를 여는 열쇠"라는 말처럼 한국 콘텐츠가 책임을 품을 때 우리는 문화강국을 넘어 지속 가능한 인류 공동체의 동반자로 우뚝 설 수 있을 것이다.

CHAPTER 02

사람이 행복한 여행
_ 지속 가능한 관광 이야기

박종희

티엔에스(TOUR & SNS) 컨설팅 대표
소상공인시장진흥공단 경영컨설턴트

수원대학교에서 관광경영학 석사를 마치고 현재 대전대학교 융합컨설팅학과 박사과정에 있다. 이론과 실무를 아우르는 전문가로서, 관광 및 ESG, 디지털 마케팅 분야에서 강의 및 컨설팅 등 폭넓게 활동하고 있다.
한국ESG경영인증원 수석전문위원이자 네이버 여행 인플루언서로도 활발히 활동 중이며, 건국대학교 여행작가 교육과정 전문강사로 제주 여행 및 블로그 강의를 담당하고 있다.
학문적 깊이와 현장의 생생한 경험을 바탕으로 관광 산업과 ESG의 접점을 탐구해왔으며, 이 책을 통해 지속 가능한 관광과 기업 경영의 방향을 제시하고자 한다. 디지털 시대에 걸맞은 새로운 관광의 가치를 만들어가는 일에 힘쓰고 있다.

ESG

관광이 지역을 바꾼다는 것

코로나19 팬데믹이 끝나면서 전 세계는 다시 여행의 시대로 접어들었다. 억눌려 있던 여행 욕구가 터져 나오면서 관광지는 활기를 되찾고 있지만, 그 이면에는 우리가 놓치고 있는 이야기들이 있다. 화려한 여행지 뒤에는 관광 개발로 터전을 잃은 지역 주민의 삶이 있고, 관광 서비스 뒤에는 열악한 환경에서 일하는 노동자의 현실이 있으며, 여행의 기회 앞에는 사회적 불평등이 존재한다.

관광 산업이 세계 경제의 거대한 축이 된 오늘날, 우리는 묻지 않을 수 없다. 과연 지금까지의 여행 방식이 지속 가능한가. 지속할 수 있는 관광이 되려면 환경보호를 넘어 사회적 가치를 실현해야 한다. 관광지는 화려해지지만 정작 그곳에 살던 사람들이 밀려나고, 관광 일자리는 늘어나지만 대부분 불안정한 저임금 노동인 현실을 바꿔야 한다. 지역 주민이 관광 개발의 수혜자가 되고, 모든 사람이 여행할 권리를 누리며, 관광 산업에 종사하는 이들이 존중받는 환경을 만드는 것이 바로 사회적 지속가능성의 핵심이다.

이 장에서는 이러한 문제들을 외면하지 않으면서도 여행의 즐거움을 포기하지 않는 방법을 제시한다. 여행자와 지역 주민, 관광 종사자 모두가 행복할 수 있는 관광의 모습을 그려 보고, 우리 각자가 실천할 수 있는 구체적인 방법들을 함께 찾아보고자 한다.

관광지가 된 동네, 주민들은 어디로 갔을까?

우리가 즐겨 찾는 관광지를 떠올려보자. 예쁜 카페와 세련된 상점들이 줄지어 서 있고, 인스타그램에 올릴 만한 멋진 풍경이 펼쳐진다. 하지만 이 화려한 모습 뒤에 우리가 놓치는 이야기가 있다. 이곳은 원래 누군가의 일상이 살아 숨 쉬던 동네였다는 사실 말이다. 그렇다면 그 일상의 주인들은 지금 어디에 있을까?

관광지 개발은 '젠트리피케이션'이라는 현실을 동반한다. 젠트리피케이션은 낙후된 지역이 개발되면서 임대료가 급등하고, 기존 주민들이 경제적 압박으로 떠나는 과정에서 흥미로운 역설이 일어난다. 동네가 주목받는 이유는 그곳만의 고유한 매력 때문인데, 정작 그 매력을 만든 사람들은 동네가 유명해지면서 더 이상 그곳에 살 수 없게 된다.

관광객이 늘수록 땅값과 임대료는 천정부지로 치솟는다. 그 결과 수십 년간 터전을 지켜온 주민들은 하나둘씩 떠날 수밖에 없다. 처음에는 예술가들과 소상공인들이 만든 독특한 분위기에 사람들이 몰려오지만, 인기가 높아지면서 대형 프랜차이즈와 투기 자본이 들어온다. 결국 그 매력을 만든 당사자들은 정작 그곳에서 살 수 없게 되는 아이러니가 발생한다.

부산 감천문화마을이 대표적 사례다. 한국전쟁 이후 피란민들이 정착한 이 산비탈 달동네는 2009년 마을미술 프로젝트를 통해 알록달록한 벽화마을로 변했다. '한국의 마추픽추'라는 별명을 얻으며 연간 250만 명 이상이 찾는 명소가 되었다.

하지만 관광객이 늘면서 원주민들의 삶은 점점 더 어려워졌다. 좁은 골목에는 하루 종일 관광버스가 들어서고, 집 앞마당까지 관광객들이 몰려들면서 사생활 침해가 심각해졌다. 밤늦게까지 이어지는 소음, 쓰레기 문제가 일상이 되었다. 젊은 세대는 경제적 기회를 찾아 떠나고, 고령 주민들만 남았다. 지역 공동체는 해체되고, 마을 고유의 정취는 관광 상품으로 포장되면서 사라져갔다.

이런 변화는 단순히 경제적 차원에 머물지 않는다. 오랫동안 형성된 공동체가 해체되고, 주민들 간의 관계가 사라진다. 동네 슈퍼는 편의점으로, 오래된 식당은 체인점으로 대체된다. 지역의 고유한 정체성은 상품이 되거나 사라지고, 획일적인 관광 상품이 그 자리를 차지한다. 홍대, 이태원, 경리단길 그리고 성수동까지 독특한 문화로 사람들을 끌어모은 동네들이 하나같이 비슷한 운명을 맞고 있다.

더욱 안타까운 것은 이런 현실이 관광객들에게는 잘 보이지 않는다는 사실이다. 우리는 예쁜 카페에서 커피를 마시고 기념품을 사면서 즐거운 추억을 만든다. 하지만 그 뒤편에서 일어나는 원주민들의 고통과 공동체 해체는 관광객의 눈에 띄지 않는다. 관광지 마케팅은 화려함만을 강조할 뿐 밀려난 사람들의 이야기는 침묵 속에 묻힌다.

관광은 분명 지역 경제 활성화와 일자리 창출이라는 긍정적 효과를 가져온다. 하지만 동시에 주민들의 생활 터전을 위협하고 공동체를 해체하는 부작용도 낳는다. 문제는 이 두 가지 측면이 함께 고려되지 않고 경제적 이익만 강조된다는 점이다.

　그렇다면 우리가 여행을 떠날 때 기억해야 할 것은 무엇일까? 그곳이 단순한 관광지가 아니라 누군가의 삶의 터전이라는 사실이다. 우리가 손님으로 방문할 때는 세심한 배려가 필요하다.

　주민들이 떠난 자리에 들어선 새로운 가게들, 화려하게 바뀐 거리에서 발생하는 관광 수익은 과연 누구에게 돌아가고 있을까? 연간 수백만 명의 관광객이 지갑을 여는 그 돈은 정말 지역에 남아 있을까? 관광지가 번창하는데도 정작 주민들의 삶이 나아지지 않는 이유를 이해하려면 관광 수익의 흐름을 따라가 봐야 한다.

관광 수익이 지역에 남기는 진짜 의미

화려해진 관광지, 북적이는 골목, 높아진 매출. 겉으로 보면 성공한 것 같다. 하지만 한 가지를 놓치고 있다. 그 돈이 정말 지역에 남아 주민들의 삶을 바꾸고 있을까? 아니면 보이지 않는 통로로 빠져나가고 있는 것은 아닐까?

　국내 주요 관광지에서 공통 현상이 나타난다. 관광객이 급증한 지역에서는 대형 업체나 프랜차이즈가 기존 지역 상권을 대체한다. 임대료가 상승하면서 기존 주민들은 경제적 부담을 느끼고, 관광 수익이 늘어남에도 그 혜택이 지역사회에 고르게 분배되지 않는다. 이를 '관광 수익의 누수(leakage)'라고 한다. 관광객이 지출한 돈이 그 지역에 머물지 않고 외부로 빠져나가는 현상이다.

　북촌한옥마을의 변화가 이를 잘 보여준다. 2001년 북촌 가꾸기 사업

이후 서울의 대표 한옥 관광지로 자리 잡았다. 하지만 관광객이 몰리면서 지가가 급등했고, 이는 대기업 진출로 이어졌다. 신세계는 수백억 원 규모로 북촌한옥마을 부동산을 매입했고, 아모레퍼시픽은 설화수와 오설록 체험판매장을 운영한다.

넷플릭스 애니메이션 '케데헌'의 배경지로 알려지면서 외국 관광객까지 급증했다. 하지만 임대료 상승으로 기존 상인들은 경제적 부담을 견디지 못했다. 북촌 상가번영회 조사에 따르면, 2015년부터 2020년까지 소상공인의 40% 이상이 임대료 부담으로 다른 지역으로 이전했다. 대기업 매장은 높은 임대료를 감당하지만, 개인 상점들은 경쟁에서 밀려났다.

북촌은 연간 수백만 명이 방문하지만 수익의 상당 부분은 대기업 본사나 프랜차이즈 본부로 흘러간다. 지역 주민이 운영하던 전통 찻집은 사라지고 대기업 체험 매장이 그 자리를 차지했다. 관광 수익은 늘었지만 정작 지역에 남는 돈은 줄어드는 역설이 벌어졌다.

제주도의 대형 크루즈 관광은 이 문제를 더욱 극명하게 드러낸다. 외국 자본으로 운영되는 크루즈는 관광객들이 자국 자본이 투자한 호텔, 식당, 쇼핑센터만 이용하는 '폐쇄형 관광' 패턴을 보인다. 제주특별자치도 조사에 따르면, 크루즈 관광객 1인당 지역 내 소비액은 일반 개별 관광객의 15% 수준에 불과하다.

수익 분배의 불공정성은 지역 고용에서도 드러난다. 관광지에 새로 생기는 일자리 대부분은 청소, 서빙, 객실 정리 같은 저임금 서비스직이다. 반면 관광 상품 기획, 마케팅 전략 수립, 경영 의사결정 등 고부가가치 업무는 본사가 있는 대도시나 해외에서 이루어진다. 지역 주민들은 자신들의 터전이 관광지가 되어도 주변적 역할에만 머문다.

이탈리아 베니스는 더욱 극단적이다. 연간 3천만 명의 관광객이 방문

하지만 실제 거주 인구는 5만 명 남짓이다. 관광객 수가 주민 수의 600배가 넘는다. 일상생활에 필요한 상점들은 사라지고 관광객을 위한 기념품점과 레스토랑만 남았다. 젊은 세대들은 높은 생활비를 감당하지 못해 본토로 떠나고, 베니스는 '살아 있는 박물관'이 되어 가고 있다.

문제의 핵심은 명확하다. 관광 수익이 늘어나도 그 돈이 지역에 뿌리내리지 못하고 외부로 흘러나간다면 지역 주민들의 삶은 나아지지 않는다. 오히려 생활비는 오르고, 일자리는 불안정해지며, 공동체는 해체된다. 관광이 지역 발전이 아니라 지역 파괴의 원인이 되는 것이다.

이런 구조를 바꾸지 않는 한 관광은 지속 가능하지 않다. 주민들의 반발은 커질 것이고, 결국 관광지로서의 매력마저 잃게 될 것이다. 그렇다면 어떻게 해야 관광 수익이 정말로 지역에 남고, 주민들의 삶을 개선할 수 있을까? 다행히 세계 곳곳에서 이런 문제를 해결하려는 시도들이 나타나고 있다.

지역과 상생하는 관광의 조건

우리가 여행에서 찾는 '그 지역만의 특별함'은 그 땅에서 오랫동안 살아온 사람들의 삶과 문화에서 비롯된다. 하지만 아이러니하게도 관광객들이 매력을 느끼는 바로 그것들이 관광 개발 과정에서 사라지는 경우가 많다.

진정한 상생 관광은 관광객의 지출이 지역 안에서 순환되고, 지역 주민들이 직접 관광업에 종사하며 이익을 얻을 수 있는 구조를 만드는 것이다. 동시에 지역 고유의 문화와 전통이 관광 상품화 과정에서 왜곡되지 않고 본래 모습을 유지할 수 있어야 한다.

스페인 산티아고 순례길은 지역 상생 관광의 대표적 사례다. 이 길을 걷는 순례자들은 대형 호텔 체인이 아닌 작은 마을의 민박집에 머문다. 지역 농민이 기른 식재료로 만든 음식을 먹고, 마을 주민들과 이야기를 나눈다. 순례길의 숙박업과 음식점은 대부분 마을 주민이 직접 운영한다.

　갈리시아 지방 정부 조사에 따르면, 순례길 관련 수익의 83% 이상이 지역 내 소상공인들에게 돌아간다. 순례자들이 지출하는 돈의 대부분이 지역 민박, 작은 식당, 개인 상점에서 소비되기 때문이다.

　순례길의 성공 요인은 '느림'에 있다. 순례자들은 걸어서 여행하기 때문에 각 마을에서 충분한 시간을 보낸다. 이는 지역 주민들과 깊이 있는 교류를 가능하게 하고, 단순한 소비를 넘어선 문화적 경험을 제공한다. 또한 순례길은 천 년 이상의 역사를 가진 전통 여행 경로이기 때문에 지역 정체성과 자연스럽게 결합되어 있다.

　국내에서도 주목할 만한 사례가 있다. 충주시 신니면 내포긴들마을은 지역 농민들이 만든 협동조합이 직접 관광 사업을 운영한다. 사과 농장 체험과 함께 사과 팝콘 만들기, 전통 농가 체험 등 다양한 프로그램을 제공한다. 마을 주민들이 직접 관광객을 맞이하고 체험 프로그램을 진행하며, 수익은 참여 농가 전체에 공정하게 분배된다. 관광 수익이 외부로 빠져나가지 않고 온전히 마을에 남아 주민들의 생계를 지탱한다.

　이러한 성공 사례들에서 보듯, 로컬 비즈니스 이용은 지역 상생 관광의 핵심이다. 미국 시빅 이코노믹스 연구에 따르면, 지역 독립 사업체에 지출한 관광비는 해당 지역 내에서 평균 3.2배의 경제적 파급 효과를 만들어낸다. 지역 사업체 구매액의 약 53%가 지역 내에서 재순환되는 반면, 대형 체인점 지출액은 14% 정도만 지역에 머문다. 같은 10만 원을 쓰더라도 어디에 쓰느냐에 따라 그 지역에 미치는 영향은 3배 이상 차이가 난다.

문화 원형을 지키는 관광도 중요하다. 페루의 마추픽추는 1일 입장객을 2,500명으로 엄격히 제한한다. 더 많은 관광객을 받으면 단기적으로는 수익이 늘어나겠지만, 유적이 훼손되면 장기적으로는 관광 자원 자체를 잃게 된다는 판단에서다. 입장료 수익의 일정 부분은 지역 주민들을 위한 교육과 인프라 개선에 사용되어 지역 발전에도 기여한다.

우리가 조금만 관점을 바꾼다면 충분히 실천할 수 있는 일들이 있다. 숙소 예약할 때 대형 호텔 체인 대신 지역 주민이 운영하는 게스트하우스나 민박을 검색해 보자. 식당 선택할 때 프랜차이즈 대신 그 지역에서 나는 재료로 만든 향토 음식점을 찾아보자. 기념품 구매할 때 대형 면세점 대신 그 지역에서만 만드는 수공예품이나 특산품을 선택하자.

지역과 상생하는 관광은 관광객 개인의 작은 선택들이 모여 만들어진다. 우리가 어떤 숙소에서 자고, 어떤 음식을 먹으며, 어떤 기념품을 사느냐에 따라 그 지역의 미래가 달라진다. 여행은 단순히 소비하고 오는 활동이 아니다. 나의 소비가 그 지역 발전에 도움이 되는 중요한 경제 성장의 원동력이자 함께 상생하는 이유가 되어야 한다.

내가 오늘 바꿀 수 있는 한 가지

여행을 계획할 때 숙소 하나만 다르게 선택해 보자. 대형 호텔 체인 대신 지역 주민이 운영하는 게스트하우스나 민박을 찾아보자. 단 한 번의 클릭만으로도 우리의 여행비가 그 지역에 남아 주민들의 생계에 도움이 된다.

여행지에서는 프랜차이즈 대신 동네 가게를 이용하고, 그곳이 누군가의 삶터임을 기억하며, 이웃의 마음으로 머물자. 작은 선택이 모여 지속 가능한 관광을 만든다.

ESG

여행을 만드는 사람들

관광 서비스 뒤에 숨은 노동의 현실

우리가 여행지에서 만나는 친절한 미소, 깨끗한 객실, 맛있는 음식 뒤에는 누군가의 노동이 있다. 하지만 우리는 그들의 삶에 대해 얼마나 알고 있을까? 호텔 객실을 정리하는 사람, 관광버스를 운전하는 사람, 식당에서 서빙하는 사람. 이들은 우리의 여행을 가능하게 하지만, 정작 그들의 노동환경은 여전히 열악하다.

관광업은 전통적으로 저임금, 장시간 노동, 불안정 고용이 만연한 산업이다. 통계청 자료에 따르면, 숙박음식업은 비정규직 비중이 높은 대표적 산업이다. 특히 관광지 서비스직 노동자들은 성수기와 비수기가 뚜렷해 고용 불안정 문제가 심각하다. 여름 3개월만 일하고 나머지 기간은 일자리를 찾아 떠도는 리조트 직원, 관광 성수기에만 단기 계약으로 채용되는 가이드의 현실이다.

호텔 객실 청소원의 노동 환경은 특히 열악하다. 하루에 20개가 넘는 객실을 청소해야 하는 경우도 많고, 허리와 무릎에 무리가 가는 작업을 반복한다. 많은 호텔이 객실 청소를 외주화하면서 노동자들은 정규직이 아닌 용역업체 소속으로 일한다. 최저임금 수준의 급여를 받으면서도 호텔의 명성을 유지하는 핵심 역할을 담당한다. 객실이 깨끗하지 않으면 고객은 불만을 제기하지만, 정작 청소하는 사람의 노고는 보이지 않는다.

관광 가이드의 처우도 문제다. 많은 여행사가 가이드에게 고정 급여를 지급하지 않고 수수료나 팁에 의존하게 만든다. 가이드는 관광객을 특정 쇼핑센터나 식당으로 데려가 판매 수수료를 받아야 생계를 유지할 수 있다. 여행사가 제대로 된 급여를 주지 않기 때문에 어쩔 수 없이 선택하는 방식이다. 결국 관광객도 불편하고 가이드도 존중받지 못하는 악순환이 반복된다.

여성 노동자들은 추가적인 어려움에 직면한다. 관광업에는 여성 종사자 비율이 높지만, 성희롱이나 성차별 문제가 여전히 존재한다. 객실 청소원이 투숙객으로부터 성희롱을 당하거나 식당 서빙 직원이 고객의 부적절한 언행에 시달리기도 한다. 하지만 고용이 불안정한 상황에서 이를 문제 삼기는 어렵다.

코로나19 팬데믹은 관광업 노동자들의 취약성을 극명하게 드러냈다. 관광객이 끊기자 수많은 노동자가 하루아침에 일자리를 잃었다. 정규직이 아닌 비정규직, 일용직, 프리랜서로 일하던 사람들은 고용보험이나 실업급여 혜택도 제대로 받지 못했다. 관광 산업이 회복된 지금도 이들의 고용 조건은 크게 나아지지 않았다.

직업에 대한 사회적 편견도 문제다. 관광 서비스직은 '누구나 할 수 있는 단순 노동'으로 평가절하되는 경우가 많다. 하지만 실제로는 고객 응대 능력, 문화적 이해, 위기 대응 능력 등 다양한 전문성이 필요한 직업이다. 이런 편견은 관광업 종사자들에게 정당한 대우와 보상이 주어지지 않는 구조를 정당화한다.

일부 국가와 기업에서는 이런 문제를 개선하려는 움직임이 나타나고 있다. 북유럽 국가들은 관광업 노동자에게도 다른 산업과 동일한 수준의 노동권을 보장하고, 일부 호텔 체인은 객실 청소를 직접 고용으로 전환하고 있다. 하지만 여전히 대부분의 관광 산업에서는 노동자의 권익이 제대로 보호받지 못하고 있다.

지속 가능한 관광을 원한다면 환경만이 아니라 사람도 지속 가능해야 한다. 여행을 가능하게 하는 노동자들이 존중받고 정당한 대우를 받을 때 관광은 비로소 모두에게 의미 있는 산업이 될 수 있다. 우리가 즐기는 여행 뒤에 누군가의 노동이 있다는 사실을 기억하는 것, 그것이 책임 있는 여행자의 첫걸음이다.

하지만 절망만 할 필요는 없다. 이미 세계 곳곳에서는 노동자를 단순한 비용이 아니라 파트너로, 착취의 대상이 아니라 존중의 대상으로 바라보는 기업들이 등장하고 있다. 변화는 이미 시작되었다.

노동자를 존중하는 관광 기업들

세상에는 다른 방식으로 관광업을 운영하는 사람들이 있다. 이들은 최저 비용으로 최대 이익을 뽑아내는 대신 함께 일하는 사람들의 삶을 먼저 생각한다. 단기 수익보다 장기적 신뢰를 선택하고, 노동자를 소모품이 아닌 동료로 대한다.

멕시코시티의 푸드 투어 회사 'Eat Like a Local'은 특별한 원칙으로 운영된다. 모든 가이드가 여성이고, 업계 최고 수준의 임금을 받는다. 창업자 로시오는 2015년 터키 이스탄불에서 노숙자들과 우연히 어울리며 진짜 도시를 경험했다. 생선 샌드위치, 홍합, 블루 모스크 밖에서 마시는 맥주. 그 순간 그녀는 깨달았다. 이런 경험을 여행자들에게 선물하고 싶다고.

로시오는 광고회사 디렉터 직장을 그만두고 회사를 창업했다. 8년이 지난 지금 그녀는 "이 일을 시작하면서 살아있다고, 행복하다고 느꼈다. 마침내 내 소명을 찾은 순간의 흥분을 기억한다"라고 말하고 있다.

하지만 그녀가 여성만 고용하기로 결심한 데는 더 깊은 이유가 있다. 회사를 시작하던 2015년부터 2017년 사이 로시오는 학대적인 관계에 갇혀 있었다. 마지막 남자친구는 가장 폭력적이었고, 그녀는 목숨을 걸고 도망쳐야 했다. 위험 신호를 알았지만 무시했다. 이유는 단순했다. 회사가 막 시작했고, 저축도 없었으며, 갈 곳도 없었기 때문이다.

이 경험은 깨달음을 주었다. '나는 돈이 없어서 그곳에 머물렀다. 여성이 나쁜 상황에서 도망칠 수 있는 건 경제적 독립이 있을 때다' 그래서 결심했다. '만약 내 회사가 성장한다면, 여성만 고용하고 최고의 임금을 주겠다. 경제적 독립은 여성의 생존 문제다'

Eat Like a Local은 단순히 좋은 임금을 주는 것에 그치지 않는다. 80IQ라는 프로그램을 운영하며 지역 소녀들에게 영어 교육과 멘토링을 제공한다. 핵심 철학은 '동정이 아닌 자부심'이다. 로시오는 소녀들이 스스로를 도움이 필요한 불쌍한 사람이 아닌 '멋진 전사들'로 인식하게 만들고 싶었다. 그리고 그들이 더 나은 미래를 만들 수 있도록 도구를 제공하는 것, 그것이 이 회사의 방식이다.

회사를 운영하며 로시오는 계속 여행했다. 베트남에서 350달러짜리 4일 투어를 경험한 후 충격을 받았다. 어떻게 이 가격에 이윤을 남길 수 있을까? 답은 간단했다. 가이드들에게 임금을 주지 않고 팁으로만 생존하게 하는 것이었다.

그 후 그녀는 책임 있는 관광을 연구하고 GSTC(국제지속가능관광위원회)로부터 지속가능관광 인증을 받았다. 그녀는 말한다.

"오늘날 여행은 너무 쉬워졌다. 우리가 더 나은 여행자가 되지 않는다면 우리는 세상을 망칠 것이다."

인도네시아 숨바섬의 럭셔리 리조트 'Nihi Sumba'는 '진짜 럭셔리는 직원 복지'라는 철학으로 운영된다. 직원 90% 이상이 현지 주민이며, 그들은 단순한 노동자가 아니라 '가족'으로 대우받는다.

Nihi Sumba가 운영하는 숨바 호스피탈리티 재단은 공생과 지속가능성을 핵심 가치로 삼는다. 지역 주민들에게 교육을 제공하고, 관광 산업에 필요한 환대 기술을 가르친다. 주민들은 인턴십을 통해 실무 능력을 키우고, 이후 리조트에 정식으로 근무한다. 전문성을 갖춘 관광 인력으로 성장할 수 있도록 체계적으로 지원하는 것이다.

리조트의 이익은 기부금으로 전환되어 지역사회 발전에 사용된다. 학교와 병원 건립, 전통문화 보존 활동 등 지역사회가 진정으로 필요로 하는 곳에 투자된다. 경영진은 말한다. "직원들이 행복해야 손님도 행복합니다"

이 두 기업은 특별한 예외가 아니다. 전 세계적으로 공정여행 인증 제도(Fair Trade Tourism)가 확산하고, B-Corp 인증을 받은 관광 기업이 늘어나고 있다. 국내에서도 이러한 인식을 가진 여행자가 많아지고 있다. 노동자를 존중하는 기업을 선택하려는 사람이 늘어날 때 국내 관광업계에도 변화가 일어날 것이다.

여행자만 즐거운 것이 아니라 여행을 준비하는 사람, 여행을 운영하는 사람도 함께 행복한 여행. 그것이 진정한 지속 가능한 여행이다. 여행자도 즐겁고, 여행을 만드는 사람들도 존중받으며, 지역 주민도 함께 성장하는 사회. 모두가 행복한 여행이 가능한 세상이야말로 우리가 만들어가야 할 지속 가능한 여행이다.

그렇다면 우리는 어떤 기업을 선택해야 할까? 책임감 있는 여행자로서 우리가 실천할 수 있는 구체적인 방법은 무엇일까?

내가 오늘 바꿀 수 있는 한 가지

여행을 계획할 때 대형 프랜차이즈 대신 로컬 식당을 찾아보고, 로컬 가이드와 함께하는 투어를 선택해 보자. 우리의 작은 선택이 그들의 삶을 지탱하는 힘이 된다.

여행은 단순히 즐기고 오는 것이 아니라 우리의 선택을 통해 더 나은 세상을 만드는 과정이다.

ESG

모든 사람에게 열린 여행의 꿈

여행에서 소외되는 사람들이 있다면?

우리는 여행을 자유와 행복의 상징으로 여긴다. 새로운 곳을 탐험하고 일상을 벗어나는 경험은 누구에게나 소중한 권리처럼 느껴진다. 하지만 정말 모든 사람이 여행을 떠날 수 있을까? 휠체어를 탄 사람이 계단만 있는 관광지에서 느끼는 답답함, 최저임금으로 생활하는 가정에서 여행비를 마련하기 어려운 현실 그리고 사회적 편견 때문에 여행지에서 환대받지 못하는 사람들의 경험을 떠올려본 적 있는가?

여행의 불평등은 우리 사회의 다양한 격차를 고스란히 반영한다. 신체적 조건, 경제적 여건, 사회적 정체성에 따라 여행의 기회와 질이 달라진다. 이는 여행이 단순한 개인의 취향이 아니라 사회적 권리와 접근성의 문제임을 보여준다.

장애인에게 여행은 종종 도전 그 자체가 된다. 국내 주요 관광지 상당

수가 아직 장애인의 접근성을 충분히 고려하지 못하고 있다. 계단 대신 경사로가 있는지, 장애인 화장실이 있는지, 시각장애인을 위한 안내 시설이 있는지 사전에 확인해야 한다. 예약 사이트에서 '장애인 접근 가능'이라고 표시된 숙소도 실제로는 문턱이 높거나 엘리베이터가 없는 경우가 적지 않다.

이런 상황에서 여행은 자유로운 경험이 아니라 철저한 사전 계획과 타협이 필요한 일이 된다. 많은 장애인 가정에서는 여행지 선택의 폭이 현저히 제한되어 있다. 특히 지방 관광지일수록 접근성 시설이 부족한 경우가 많아 수도권 중심의 여행에 머물 수밖에 없다.

시각장애인의 경우 상황은 더욱 복잡하다. 점자 안내판이나 음성 안내 시스템이 갖춰진 관광지는 여전히 소수에 불과하다. 대부분의 관광 정보는 시각적 자료에 의존하고 있어 사전 정보 수집부터 어려움을 겪는다. 청각장애인 역시 마찬가지다. 가이드 투어나 문화 해설 프로그램 대부분이 음성 중심으로 진행되어 수어 통역이나 자막 서비스 없이는 충분한 정보를 얻기 어렵다.

경제적 격차 역시 여행 기회를 결정하는 중요한 요소다. 소득 격차에 따라 여행비 지출에도 상당한 차이가 나타나 저소득층의 여행 기회는 제한적이다. 한 달 생활비도 빠듯한 상황에서 여행은 사치처럼 여겨진다. 특히 한부모 가정이나 조손 가정의 경우 여행비뿐만 아니라 여행 중 아이를 돌볼 인력도 부족해 이중고를 겪는다.

통계청의 가계동향조사에 따르면, 소득 하위 계층과 상위 계층 간의 오락·문화비 지출 격차는 매우 크며, 이는 여행 기회의 불평등으로 이어진다. 이는 단순히 지출 규모의 차이를 넘어 여행 경험 자체의 유무를 결정하는 격차다. 저소득 가정의 아이들은 수학여행이나 가족여행을 통해 자연스럽게 쌓이는 문화적 경험과 사회적 자본에서 소외될 가능성이 높다.

사회적 차별과 편견도 여행에서 소외를 만드는 원인이다. 다문화 가정이나 성소수자, 특정 종교를 믿는 사람들은 여행지에서 따가운 시선이나 서비스 거부를 경험하기도 한다. 이런 경험은 여행의 즐거움을 반감시키고, 점차 여행 자체를 포기하게 만든다.

성소수자들은 안전에 대한 우려로 인해 여행지 선택이 제한되는 경우가 많다. 일부 지역에서는 성소수자에 대한 이해나 포용성이 부족해 편견이나 차별을 경험할 위험이 있기 때문이다. 이들은 여행을 계획할 때 관광지의 매력뿐만 아니라 해당 지역의 성소수자에 대한 인식과 수용성까지 고려해야 하는 부담을 안고 있다.

고령자들도 여행에서 소외되기 쉬운 계층이다. 신체적 불편함과 함께 디지털 정보 격차로 인해 여행 계획 수립 자체가 어려운 경우가 많다. 대부분의 여행 정보와 예약 시스템이 온라인 중심으로 이뤄지면서 디지털 활용에 익숙하지 않은 고령자들은 정보 접근에서부터 어려움을 겪는다.

문제는 이런 소외가 단순히 개인의 불편함에 그치지 않는다는 점이다. 여행 기회의 불평등은 사회적 자본, 즉 사람들 간의 신뢰와 네트워크를 통해 얻는 보이지 않는 자산의 격차로 이어진다. 여행을 통해 쌓이는 경험과 문화적 감수성은 개인의 성장과 사회적 성공에 큰 영향을 미친다. 어린 시절부터 다양한 여행 경험을 쌓은 사람과 그렇지 못한 사람 사이의 격차는 성인이 되어서도 지속된다.

최근 여행산업도 이런 현실을 인식하기 시작했다. 일부 관광지와 숙박 업체는 '유니버설 디자인(나이, 장애, 성별과 관계없이 누구나 쉽게 이용할 수 있도록 설계하는 것)'을 도입하고, 저소득층을 위한 할인 프로그램을 운영한다. 하지만 여전히 근본적인 변화는 부족하다. 접근성 개선을 위한 투자는 비용으로 여겨지고, 소외계층을 위한 프로그램은 일회성 이벤트에 그치는 경우가 많다.

정부 차원에서도 다양한 정책이 시도되고 있지만 아직 충분하지 않다. 장애인 관광 활성화를 위한 지원 사업이나 저소득층 여행비 지원 정책 등이 있지만, 대상자나 예산 규모가 제한적이어서 실질적인 효과는 미미하다. 무엇보다 여행을 사치가 아닌 기본적인 여가 권리로 보는 사회적 인식의 전환이 필요한 상황이다.

결국 여행에서의 소외는 우리 사회의 불평등을 그대로 반영하는 거울이다. 모든 사람이 여행을 통해 행복을 추구할 권리가 있다면, 우리는 누구도 배제되지 않는 여행 환경을 만들어야 한다. 이는 단순히 시설을 개선하는 문제가 아니라 여행이 특권이 아닌 기본적 권리라는 인식의 전환에서 시작된다. 진정한 지속 가능한 관광은 환경뿐만 아니라 사회적 포용성까지 고려할 때 완성된다.

그렇다면 이런 장벽들을 어떻게 허물 수 있을까? 세계 곳곳에서는 이미 다양한 시도들이 이루어지고 있다.

누구나 떠날 수 있는 관광 환경 만들기

모든 사람이 여행의 기쁨을 누릴 수 있으려면 어떤 변화가 필요할까? 포용적 관광 환경을 만드는 것은 단순히 몇 가지 시설을 개선하는 차원을 넘어선다. 사회 전체가 다양성을 인정하고 모든 사람의 여행 권리를 보장하려는 의지와 시스템이 필요하다.

'배리어프리' 관광은 물리적, 사회적 장벽을 허무는 것에서 시작된다.

계단 대신 경사로를 설치하는 차원을 넘어 시각장애인을 위한 점자 안내판, 청각장애인을 위한 수어 서비스, 발달장애인을 위한 쉬운 정보 제공까지 포함하는 포괄적 접근이다. 이런 변화는 특정 집단만을 위한 것이 아니라 모든 사람이 더 편리하게 이용할 수 있는 환경을 만드는 것이다.

국제적으로 배리어프리 관광에 대한 관심이 높아지고 있다. 유엔은 2006년 장애인권리협약을 통해 장애인의 여가와 관광 권리를 명시했고, 많은 국가가 이를 실현하기 위한 정책을 추진하고 있다.

일본은 2020 도쿄올림픽을 계기로 '배리어프리법'을 강화해 주요 역사와 관광시설에 엘리베이터 설치를 의무화했다. 유니버설 디자인의 철학은 특정 집단만을 위한 설계가 아니라 모든 사람이 편리하게 이용할 수 있는 공간을 만드는 것이다. 경사로는 휠체어 이용자뿐 아니라 유모차를 끄는 부모, 무거운 캐리어를 끄는 여행자 모두에게 도움이 된다.

사회적 관광 정책 또한 여행의 평등을 실현하는 중요한 수단이다. 여행을 특권이 아닌 기본적 권리로 보고, 이를 보장하려는 정책적 노력이 필요하다. 유럽의 여러 국가들은 이런 관점에서 다양한 사회적 관광 정책을 실시하고 있다.

프랑스는 1982년부터 체크바캉스(chèques vacances) 제도를 운영하면서 저소득층과 소외계층의 여가 불평등을 줄이고 있다. 근로자와 기업이 적립금을 분담해 쿠폰 형태로 지급하는 이 제도는 상당수의 근로자가 혜택을 받으며 프랑스 여행 문화에 깊이 뿌리를 내렸다. 이 쿠폰은 숙박, 교통, 문화 활동 등 다양한 여행 관련 서비스에 사용할 수 있어 실질적인 여행비 부담 완화 효과를 거두고 있다.

체크바캉스 제도의 핵심은 여행을 개인의 사치가 아닌 사회적 권리로 인식한다는 점이다. 프랑스 정부는 모든 시민이 휴식과 여가를 통해 삶의 질을 향상시킬 권리가 있다고 보고, 경제적 여건이 이를 가로막아서는 안 된다는 철학을 바탕으로 이 제도를 운영하고 있다.

독일에서도 비슷한 취지의 사회적 관광 정책들이 있다. 연방정부와 주정부는 저소득층과 장애인, 고령자를 위한 다양한 여행 지원 프로그램을 운영하고 있다. 특히 장애인을 위한 배리어프리 숙박시설과 관광 프로그램에 대한 정보를 체계적으로 제공하고 이용 비용을 지원하는 정책을 시행하고 있다.

다문화 배려는 글로벌 시대 관광의 필수 요소가 되었다. 종교와 문화적 배경이 다른 여행자들을 배려하는 것은 상호 존중과 이해를 바탕으로 한 진정한 환대의 표현이다. 할랄 음식을 제공하는 레스토랑, 기도실이 마련된 공항과 호텔, 다양한 언어로 제공되는 관광 정보는 환대의 메시지를 전한다.

말레이시아는 무슬림 친화적 관광지로 자리매김하면서 중동과 동남아시아 관광객들의 큰 호응을 얻고 있다. 쿠알라룸푸르 국제공항에는 무슬림 여행객을 위한 기도실과 할랄 인증 음식점들이 곳곳에 마련되어 있고, 주요 호텔들도 할랄 음식 서비스와 기도 시간을 고려한 서비스를 제공한다.

성평등 실현 역시 포용적 관광의 중요한 축이다. 혼자 여행하는 여성을 위한 안전한 숙박시설, 성희롱 신고 시스템, 여성 전용 교통편 등은 여성 여행자의 안전과 편의를 보장한다. 아이슬란드는 지속해서 세계 성평등 지수에서 상위권을 차지하며 높은 치안 수준을 자랑해 여성들이 안전하게 여행할 수 있는 목적지로 주목받고 있다.

국내에서도 변화의 움직임이 나타나고 있다. 제주도는 배리어프리 관광지 조성 사업을 통해 장애인도 편리하게 이용할 수 있는 관광 코스를 개발했고, 서울시는 다문화가족을 위한 맞춤형 관광 프로그램을 운영하고 있다. 경기도는 저소득층 가정을 위한 여행비 지원 사업을 시범 운영하고 있으며, 부산시는 고령자 친화적 관광 인프라 구축에 나서고 있다.

하지만 여전히 갈 길이 멀다. 대부분의 관광지는 계단이 많고, 외국어 안내가 부족하며, 경제적 부담을 덜어주는 지원 제도는 제한적이다. 특히 지방의 중소 관광지일수록 접근성 개선이나 다양성 배려가 부족한 경우가 많다.

그럼에도 변화는 계속되고 있다. 시민사회의 요구와 정부의 정책 의지, 관광업계의 인식 변화가 맞물려 조금씩이나마 개선이 이뤄지고 있다. 중요한 것은 이런 변화가 일회성 이벤트가 아니라 지속적이고 체계적인 노력으로 이어져야 한다는 점이다.

누구나 떠날 수 있는 관광 환경을 만들기 위해서는 정부, 관광업계, 시민사회의 협력이 필요하다. 관광지와 숙박시설의 접근성 개선, 다양한 계층을 고려한 관광 상품 개발, 관광 종사자의 인식 개선 교육이 함께 이루어져야 한다. 무엇보다 여행이 모든 사람의 권리라는 사회적 합의가 선행되어야 한다.

결국 포용적 관광은 '다름'을 인정하고 '배려'를 실천하는 것에서 출발한다. 우리가 만드는 여행 환경이 누군가에게는 꿈을 현실로 바꾸는 기회가 될 수 있다. 모든 사람이 자유롭게 떠날 수 있는 세상, 그것이 진정한 관광의 가치다.

하지만 이런 제도와 시설만으로는 충분하지 않다. 우리 각자의 마음과 태도가 바뀔 때 비로소 차별 없는 여행 문화가 완성된다.

차별 없는 여행 문화를 위한 우리의 역할

여행은 모든 사람에게 열려 있어야 하는 권리지만 현실에서는 여전히 많은 장벽이 존재한다. 우리가 당연하게 여기는 여행의 기회가 누군가에게는 넘기 어려운 벽이 될 수 있다는 사실을 인식하는 것에서부터 진정한 포용적 여행 문화는 시작된다. 차별 없는 여행 문화를 만드는 일은 정부나 기업만의 몫이 아니라 여행하는 모든 사람이 함께 만들어가야 할 공동의 과제다.

이런 변화는 거창한 구호나 정책에서만 시작되는 것이 아니다. 여행지에서 만나는 일상적인 상황에서 보이는 작은 배려와 이해 그리고 서로 다른 사람들을 향한 존중의 마음에서 출발한다. 차별 없는 여행 문화는 제도와 시설의 개선만으로는 완성되지 않는다. 사람들의 마음과 태도가 바뀔 때 비로소 실현될 수 있다.

가장 먼저 필요한 것은 다양성에 대한 인식의 전환이다. 여행에서 소외되는 사람들이 누구인지, 왜 소외되는지를 이해해야 한다. 휠체어를 이용하는 장애인이 접근할 수 없는 관광지, 경제적 여건으로 인해 여행을 포기해야 하는 가정, 출신 지역이나 피부색에 따라 다른 대우를 받는 관광객들의 현실을 우리는 얼마나 알고 있을까?

이런 인식의 전환은 교육과 경험을 통해 이뤄진다. 학교에서는 다양성과 포용성에 대한 교육을 강화해야 하고, 미디어는 다양한 배경의 사람들이 여행하는 모습을 자연스럽게 보여줘야 한다. 무엇보다 우리가 여행에서 만나는 다양한 사람을 편견 없이 바라보려는 노력이 필요하다.

캐나다의 토론토는 '모든 사람을 위한 도시(City for All)'라는 슬로건 아래 다양한 정책을 추진하고 있다. 시내 주요 관광지에는 다양한 언어로

된 안내판이 설치되어 있고, 장애인을 위한 접근로가 체계적으로 마련되어 있다. 무엇보다 시민들의 다양성에 대한 인식이 높아 외국인이나 장애인 관광객도 편안하게 여행할 수 있는 분위기가 조성되어 있다.

스페인 바르셀로나는 해변에 휠체어용 접근로를 설치하고, 시각장애인을 위한 촉각 지도를 곳곳에 배치했다. 네덜란드 암스테르담은 저소득층을 위한 무료 박물관 입장권 제도를 운영하면서 모든 시민이 문화를 누릴 권리를 보장하고 있다. 이러한 사례들은 의지와 노력만 있다면 누구나 여행할 수 있는 환경을 만들 수 있음을 보여준다.

하지만 이런 정책들이 성공하기 위해서는 무엇보다 시민들의 자발적인 참여와 협력이 필요하다. 아무리 좋은 시설과 제도가 있어도 사람들의 마음에 배려와 이해가 없다면 진정한 포용적 관광은 실현되기 어렵다.

포용적 여행 문화를 만들기 위해서는 여행을 계획하는 단계부터 다양성을 고려해야 한다. 여행지를 선택할 때 접근성을 확인하고, 함께 여행하는 사람들의 필요를 미리 파악하는 것이 중요하다. 또한 여행 중에는 다른 문화권 사람들을 존중하고, 소외될 수 있는 사람들에게 관심을 기울이는 배려가 필요하다.

구체적으로는 여행 계획을 세울 때 동행자 중에 특별한 도움이 필요한 사람이 있는지 확인하고, 그에 맞는 준비를 하는 것이다. 휠체어를 이용하는 사람이 있다면 접근 가능한 숙소와 관광지를 미리 알아보고, 시각장애인이 있다면 촉각적 체험이 가능한 프로그램을 찾아보는 것이다.

관광업 종사자들의 인식 개선도 절실하다. 호텔 직원이 외국인 투숙객을 차별하거나 여행 가이드가 장애인 관광객을 배려하지 않는 사례가 여전히 발생하고 있다. 이는 서비스 문제가 아니라 인권과 존엄성의 문제다. 관광업 종사자들을 위한 다양성 교육과 인권 감수성 교육이 체계적으로 이루어져야 한다.

개별 여행자들의 실천도 중요하다. 여행지에서 만나는 모든 사람을 존중하고, 차별적 행동을 목격했을 때 침묵하지 않는 용기가 필요하다. 직접적인 개입이 어렵다면 해당 업체나 관계 기관에 문제를 신고하는 것도 의미 있는 실천이다.

여행 후기를 작성할 때 접근성 정보를 포함하거나 SNS에서 다양성을 존중하는 메시지를 전달하는 것도 좋다. 여행 중 소외받을 수 있는 사람들을 위한 작은 배려를 실천해 보자. 관광지에서 휠체어를 탄 사람이 어려움을 겪고 있다면 도움을 제안하고, 언어가 서툰 외국인 관광객이 길을 묻는다면 친절하게 안내 해준다. 또한 여행 계획을 세울 때 접근성을 고려한 장소를 선택하고, 다양한 배경의 사람들이 함께 즐길 수 있는 활동을 찾아보는 것도 필요하다.

최근에는 SNS와 블로그를 통해 배리어프리 여행 정보를 공유하는 사람이 늘어나고 있다. 휠체어 이용자가 직접 다녀온 관광지의 접근성 정보를 공유하고, 다문화 가정이 가족여행 정보를 나누는 등 당사자들의 경험을 바탕으로 한 정보 공유가 활발해지고 있다. 이런 정보들은 비슷한 상황에 있는 사람들에게 매우 유용한 자료가 된다.

기업들도 포용적 여행 문화 조성에 기여할 수 있다. 직원들의 복리후생 차원에서 장애인 가족이나 다문화 가정을 배려한 여행 프로그램을 지원하고, 지역사회의 소외계층을 위한 여행비 지원 사업에 참여하는 것이다.

교육 기관의 역할도 중요하다. 학교에서는 다양성과 포용성에 대한 교육을 강화하고, 수학여행이나 현장학습을 계획할 때도 모든 학생이 참여할 수 있도록 배려해야 한다. 경제적 어려움으로 여행에 참여하기 어려운 학생들을 위한 지원 방안을 마련하고, 신체적 불편함이 있는 학생들도 함께할 수 있는 프로그램을 개발하는 것이 필요하다.

　미디어의 역할도 빼놓을 수 없다. TV 프로그램이나 여행 관련 콘텐츠에서 다양한 배경의 사람들이 여행하는 모습을 자연스럽게 보여주는 것이다. 장애인이나 고령자, 다문화 가정의 여행 경험을 소개하고, 이들을 배려한 여행 팁을 제공하는 것도 인식 개선에 도움이 된다.

　무엇보다 중요한 것은 이런 노력들이 일회성 이벤트가 아니라 지속적인 문화로 자리 잡아야 한다는 점이다. 포용적 여행 문화는 하루아침에 만들어지지 않는다. 많은 사람의 작은 노력과 배려가 모여야 비로소 실현될 수 있다.

　결국 차별 없는 여행 문화는 우리 모두가 함께 만들어가는 것이다. 정부의 정책과 기업의 노력만으로는 부족하다. 여행하는 모든 사람이 서로를 배려하고 존중할 때 그리고 소외되는 사람이 없도록 세심한 관심을 기울일 때 진정한 포용적 여행 문화가 실현될 수 있다.

내가 오늘 바꿀 수 있는 한 가지

여행을 계획할 때는 장애인 접근성과 다문화 친화적 환경을 미리 확인하자. 여행 중 만나는 모든 사람을 존중하는 마음으로 대하자. 내 여행 후기나 SNS에 접근성 정보를 포함해서 다른 사람들에게도 도움이 되는 정보를 공유해보자. 관광지에서 누군가 어려움을 겪고 있다면 먼저 다가가 도움을 제안하자.

작은 관심과 배려가 모여 모두가 행복한 여행 문화를 만든다.

CHAPTER 03

사람을 위한 기술
_ 디지털 전환의 사회적 책임

이은경

㈜앤드앤컴퍼니 대표 / (사)한국ESG경영연구회 이사
소상공인시장진흥공단 전문컨설턴트 / 디지털전환·온라인마케팅 전문가

20여 년간 중소기업과 소상공인을 대상으로 경영·마케팅·컨설팅과 강의를 이어온 전문가로, 한밭대학교에서 창업학 석사, 대전대학교에서 융합경영컨설팅학 박사 학위를 취득했다.
웹프로그래머이자 IT 강사로서 온라인 플랫폼과 쇼핑몰 개발 및 다양한 정부지원사업과 지역경제 활성화 프로젝트에서 컨설턴트와 평가위원으로 활동하고 있다.
디지털 전환, 온라인 마케팅, ESG 경영을 융합한 전략으로 현장 기업의 지속 성장을 지원하며, 농업·사회적경제·여성기업 등 폭넓은 분야에서 실무 경험을 축적해왔다.

ESG

디지털 전환과 사회적 격차

디지털 전환은 현대 사회의 혁신을 이끄는 거대한 흐름으로, 우리의 일상과 경제 구조 전반을 변화시키고 있다. 그러나 그 이면에는 기술에 접근할 수 있는 사람과 그렇지 못한 사람 사이의 간극이 점점 더 벌어지고 있다는 문제가 존재한다. 도시와 농촌, 젊은 세대와 고령층, 대기업과 중소기업 간의 차이는 기술 활용 능력의 격차를 넘어 사회적 불평등을 심화시키는 요인으로 작용한다. 이는 개인 역량의 문제가 아니라 사회 전체가 직면한 구조적 도전으로, 포용적 디지털 사회로 나아가기 위해 반드시 해결해야 할 과제다.

이러한 맥락에서 디지털 격차는 단순히 '누가 더 빨리 기술을 배우는가'의 문제가 아니다. 그것은 곧 경제적 기회, 교육의 질, 복지 접근성 등 사회적 권리 전반에 직결되는 문제이며, 디지털 사회에서 새로운 형태의 배제와 소외를 낳는다. 따라서 기술 발전이 모든 사람에게 공평하게 혜택을 주기 위해서는 접근성과 포용성을 중심에 둔 사회적 논의와 정책적 대응이 필요하다. 결국 디지털 전환의 진정한 의미는 속도와 효율성이 아니라 누구도 소외되지 않는 사회적 연대와 책임 속에서 완성될 수 있다.

디지털 격차의 현실

디지털 전환은 산업과 사회 전반에 걸쳐 거대한 변화를 이끌고 있다. 금융, 교육, 의료, 행정 등 거의 모든 영역에서 디지털 기술은 필수 인프라로 자리 잡았다. 그러나 이 거대한 변화의 흐름 속에서 누구나 동등하게 참여할 수 있는 것은 아니다. 디지털 기술을 활용하는 능력에서 비롯된 불평등, 즉 디지털 격차가 사회 문제로 대두되고 있다. 이는 기술 습득의 차이를 넘어 기회와 권리에 직결되는 구조적 격차로 확산하고 있다.

가장 먼저 눈에 띄는 것은 지역 간 격차다. 도시 지역은 초고속 인터넷망과 스마트 인프라가 잘 구축되어 있어 다양한 디지털 서비스를 활용할 수 있다. 반면 농촌과 도서 지역은 여전히 통신망이 불안정하거나 속도가 느려 온라인 학습이나 원격 의료 서비스 이용에 제한을 받는다. 실제로 코로나19 시기 온라인 수업이 일상화되었을 때 농촌 학생들이 접속 불량으로 수업을 중도에 포기하는 사례가 적지 않았다. 기술의 발전이 오히려 교육 격차를 확대하는 결과를 초래한 것이다.

세대 간 차이도 심각한 양상으로 드러난다. 청년층은 디지털 환경 속에서 성장한 세대로, 다양한 플랫폼과 기기를 자연스럽게 활용한다. 반면 고령층은 공공 서비스나 금융 거래조차 키오스크나 모바일 앱을 통해 진행해야 하는 상황에서 어려움을 겪는다. "키오스크 앞에 서면 길을 잃는다"라는 말은 이제 사회적 배제의 감각을 보여주는 상징이 되었다. 결국 고령층은 정보화 사회의 시민임에도 불구하고 기본적인 권리 행사가 제한되는 상황에 놓이는 것이다.

경제적 배경에 따른 디지털 격차 역시 간과할 수 없다. 가정의 소득 수준은 곧 디지털 기기 보유 여부와 직결된다. 저소득층 가정의 아이들은 온라인 학습을 위한 태블릿이나 노트북을 확보하기 어려워 수업 참여 자체가 제한되곤 한다. 또한 데이터 요금이나 통신비 부담은 장기적으로 학습 기회와 정보 접근성을 줄어들게 만든다. 이는 교육 불평등을 고착화시키고, 나아가 사회적 이동성을 제약하는 구조적 문제로 이어진다.

이처럼 디지털 격차는 '편리함의 차이'에 머무르지 않는다. 그것은 사회적 권리와 기회의 불평등을 강화하는 메커니즘으로 작동한다. 교육, 의료, 복지, 행정 서비스 모두 디지털 플랫폼을 기반으로 제공되는 상황에서 기술 접근성이 낮은 사람들은 제도적으로 보장된 혜택에서조차 소외된다. 결과적으로 디지털 격차는 현대 사회에서 새로운 형태의 사회적 불평등을 재생산하는 장치가 된다.

문제는 이러한 격차가 시간이 흐른다고 저절로 해소되지 않는다는 점이다. 오히려 기술 발전 속도가 빨라질수록 그 격차는 확대되는 경향을 보인다. 인공지능, 사물인터넷, 빅데이터 등 새로운 기술이 등장할 때마다 이를 활용할 수 있는 집단과 그렇지 못한 집단의 격차가 점점 커지기 때문이다. 따라서 디지털 격차는 학습 속도의 문제가 아니라 사회 구조 전반이 포용적이지 못한 데서 기인한다.

정부와 사회는 이를 완화하기 위한 다양한 노력을 기울이고 있다. 공공 와이파이 확대, 디지털 역량 강화 교육, 취약 계층 대상 기기 보급 사업 등이 대표적이다. 그러나 이러한 정책이 실질적 효과를 내기 위해서는 하드웨어 지원뿐만 아니라 지속적인 교육과 맞춤형 서비스가 병행되어야 한다. 기술은 빠르게 발전하는 반면, 사람들의 학습 속도와 생활 맥락은 다양하기 때문이다.

　기업의 역할도 중요하다. 서비스 개발 단계에서부터 장애인, 고령층, 저소득층 등 다양한 사용자의 특성을 반영하는 포용적 설계가 필요하다. 하지만 현실에서는 여전히 '표준 사용자'를 중심으로 한 효율적 설계가 우선시되고 있다. 이는 디지털 격차를 완화하기보다는 오히려 심화시키는 요인으로 작용한다. 기술이 사회적 책임을 외면하면 혁신은 배제와 소외를 낳을 수 있다.

　결국 디지털 격차의 현실은 기술만의 문제가 아니다. 사회적 불평등과 연결된 구조적 문제이며, 공동체의 지속가능성과 직결된다. 디지털 전환의 진정한 의미는 빠른 속도와 효율성에 있지 않다. 누구도 소외되지 않고, 모두가 동등하게 참여할 수 있는 사회적 기반을 마련할 때 비로소 그 가치는 완성된다. 이는 사회 전체가 함께 짊어져야 할 책임이자 과제다.

기술 접근성과 포용성

디지털 전환의 가속화는 사회 전반에 새로운 가능성을 열어주었지만, 동시에 누구나 이 변화의 혜택을 고르게 누리는 것은 아니다. 기술이 사회적 자원으로 작동하려면 개발과 보급을 넘어 접근성과 포용성이라는 두 가지 조건이 충족되어야 한다. 접근성은 물리적·경제적 제약을 넘어 기술을 쉽게 사용할 수 있도록 하는 기반을 의미하며, 포용성은 다양한 사회 구성원의 특성과 상황을 반영하는 설계를 뜻한다. 결국 이 두 요소는 기술이 사람을 위한 도구로 기능하는지 여부를 가늠하는 중요한 기준이다.

현실에서 기술 접근성의 부족은 여러 계층에서 분명하게 드러난다. 예를 들어 공공 서비스가 디지털화되면서 주민센터 업무나 은행 업무조차 온라인이나 키오스크를 통해 해결해야 하는 경우가 많아졌다. 젊은 세대에게는 편리한 변화지만, 고령층이나 장애인에게는 장벽이 된다. 키오스크를 제대로 사용하지 못해 식당에서 주문조차 하기 어려운 사례는 흔하다. 이는 불편함을 넘어 일상적 소비와 공공 서비스 참여 자체가 제한되는 문제로 이어진다.

경제적 상황 역시 접근성의 중요한 변수다. 최신 스마트폰이나 태블릿은 가격이 높아 저소득층 가정에서는 쉽게 구비하기 어렵다. 코로나19 시기에 온라인 수업이 일상화되었을 때, 일부 학생들이 수업에 참여하지 못하거나 스마트폰 하나를 가족이 함께 사용해야 하는 경우도 있었다. 기술은 교육 기회의 확장 수단이었지만, 동시에 소득 수준에 따라 기회가 달라지는 불평등의 또 다른 장치가 된 셈이다.

포용성의 부족은 기술 설계 과정에서 더욱 두드러진다. 많은 디지털 서비스는 '표준 사용자'를 가정한 상태에서 만들어진다. 그러나 실제 사회는 연령, 신체 조건, 경제 수준, 언어 능력 등 다양한 배경을 가진 사람들로 이루어져 있다. 예컨대 시각장애인을 위한 음성 안내 기능이나 글자를 크게 볼 수 있는 확대 모드가 없는 서비스는 이들을 사실상 배제한다. 기술이 진정한 포용성을 담보하지 못한다면 그 혁신은 일부만을 위한 것이 되고 만다.

이 문제를 해결하기 위해 여러 시도가 이루어지고 있다. 일부 지자체는 고령층을 대상으로 '디지털 체험 교실'을 운영하며 기기 사용법을 교육하고 있다. 또한 대형 금융기관들은 '고령 친화형 앱'을 별도로 개발하고, 오프라인 창구를 유지해 포용성을 강화하고자 한다. 해외에서도 유니버설

<디지털 체험 교실 교육>   <고령 친화형 앱 교육>

디자인 개념을 적용해 장애인과 비장애인이 함께 이용할 수 있는 기술 서비스를 설계하는 움직임이 확대되고 있다. 이는 기술이 사람 중심으로 재편될 수 있는 가능성을 보여준다.

그러나 여전히 많은 영역에서 접근성과 포용성은 부차적 고려로 밀려나 있다. 기업들은 비용과 효율성을 우선시하며, 공공기관도 정책 효과의 가시적 성과를 강조하다 보니 취약 계층의 세밀한 요구를 반영하는 데 소홀하다. 이로 인해 디지털 전환은 사회적 불평등을 줄이는 대신 오히려 새로운 형태의 배제를 낳는 역설에 직면하고 있다.

더욱 우려되는 점은 기술 발전의 속도가 빠른 만큼 접근성과 포용성이 제때 반영되지 않으면 격차가 눈덩이처럼 커진다는 사실이다. 인공지능, 사물인터넷, 메타버스 등 새로운 기술이 도입될 때마다 이를 활용할 수 있는 사람과 그렇지 못한 사람의 격차는 더 크게 벌어진다. 이는 개인의 불편으로 끝나는 것이 아니라 사회적 권리와 경제적 기회 전반을 제한하는 구조적 문제로 이어진다.

결국 기술 접근성과 포용성은 사회적 책임의 문제다. 기술은 단순한 도구가 아니라 시민의 삶과 권리를 매개하는 인프라로 작동하기 때문이다. 누구도 소외되지 않고 모두가 동등하게 참여할 수 있는 환경을 만드는 것은 지속 가능한 사회를 위한 필수 조건이다. 기업과 정부가 기술의 설계 단계에서부터 포용성을 내재화하고, 시민 교육과 제도적 지원을 병행할 때 비로소 기술은 사람을 위한 길로 나아갈 수 있다.

따라서 접근성과 포용성은 디지털 전환의 성공을 결정짓는 핵심 가치라 할 수 있다. 빠르고 효율적인 기술 발전만으로는 사회 전체의 진보를 보장할 수 없다. 기술이 진정으로 사람을 위한 것이 되기 위해서는 누구나 접근 가능하고 존중받는 포용적 사회적 설계가 뒷받침되어야 한다. 이것이야말로 디지털 시대의 지속 가능한 발전을 위한 진정한 토대다.

데이터 경제와 불평등

오늘날의 경제는 '데이터'를 중심으로 빠르게 재편되고 있다. 소비자의 행동과 기호, 사회적 흐름과 시장의 움직임은 방대한 데이터 속에 기록되고, 이를 분석해 새로운 부가가치를 창출하는 것이 기업의 경쟁력이 되었다.

데이터는 더 이상 부수적인 자원이 아니라 석유나 전기와 같은 핵심 인프라로 인식된다. 그러나 데이터 경제의 확대가 모두에게 기회를 주는 것은 아니다. 데이터의 수집과 활용 권한이 일부 거대 플랫폼 기업에 집중되면서 사회적 불평등을 심화시키는 새로운 구조가 형성되고 있다.

대표적인 사례가 글로벌 IT 플랫폼 기업들이다. 구글, 아마존, 메타와 같은 기업들은 전 세계 수십억 명의 이용자 데이터를 독점적으로 보유하고 이를 광고와 서비스 혁신에 활용한다. 반면 중소기업이나 지역 기반의 소상공인은 이러한 데이터를 확보하거나 분석할 자원이 부족하다. 결국 데이터 독점은 시장에서의 불균형을 고착화시키고, 기술적 자본을 가진 소수만이 더 많은 이익을 가져가는 구조를 낳는다.

한국에서도 비슷한 현상이 관찰된다. 대형 플랫폼을 통해 거래하는 수많은 중소 판매자들은 플랫폼 기업이 제공하는 데이터에 의존할 수밖에 없다. 어떤 상품이 잘 팔리는지, 어떤 고객층이 주로 구매하는지는 플랫폼이 가진 정보에 달려 있다. 그러나 플랫폼은 이러한 데이터를 제한적으로만 제공하거나 유료 서비스로 묶어 두는 경우가 많다. 결국 판매자는 자신이 창출한 데이터의 주체임에도 불구하고 정작 이를 자유롭게 활용하지 못하는 모순에 직면한다.

데이터 경제는 노동시장에서도 불평등을 드러낸다. 인공지능 알고리즘이 고용 평가나 대출 심사에 사용되면서 데이터가 가진 편향이 사회적 차별로 이어질 수 있다. 예를 들어 특정 성별이나 지역 출신의 지원자가 과거 데이터에서 낮은 평가를 받았다면, 알고리즘은 이를 학습해 불리한 결과를 재생산할 수 있다. 데이터가 객관적이고 중립적인 것처럼 보이지만, 실제로는 사회 구조 속에 내재된 불평등을 강화할 위험을 안고 있는 것이다.

이 문제를 확장해서 보면, 데이터 경제는 국가 간 격차 또한 심화시킨다. 데이터 인프라와 분석 역량을 갖춘 선진국은 글로벌 시장에서 우위를 점하지만, 데이터 주권을 확보하지 못한 개발도상국은 종속적 위치에 머무른다. '디지털 식민지화'라는 표현은 바로 이러한 현실을 지적한다. 데이터가 새로운 권력의 원천이 되는 만큼 이를 누가 소유하고 활용하는지가 국제 질서에도 큰 영향을 미친다.

문제는 데이터가 사회 전체에서 생산되지만 그 가치가 특정 집단에만 집중된다는 점이다. 우리는 일상적으로 스마트폰을 사용하며 검색 기록, 위치 정보, 소비 습관을 끊임없이 제공하지만 그 대가를 공정하게 돌려받지 못한다. 데이터는 집단적으로 만들어지는 공공재적 성격을 지니지만 실제로는 사적으로 독점되고 있다는 점에서 불평등의 핵심이 드러난다.

일부 국가와 기업은 데이터 불평등을 완화하기 위한 시도를 하고 있다. 유럽연합의 GDPR(일반개인정보보호법)은 개인이 자신의 데이터 활용 여부를 결정할 권리를 보장하며, 데이터의 공정한 사용을 촉구한다. 또한 데이터 공유 플랫폼이나 공공 데이터 개방 정책은 중소기업과 스타트업이 보다 쉽게 데이터에 접근할 수 있도록 돕는다. 그러나 이러한 노력은 아직 초기 단계이며, 거대 기업의 시장 지배력을 흔들기에는 한계가 있다.

데이터 경제가 지속 가능하기 위해서는 기술 혁신뿐만 아니라 공정성과 포용성을 확보하려는 사회적 노력이 필요하다. 데이터의 생성 주체인 개인과 공동체가 정당한 권리를 보장받아야 하며, 공익 차원의 데이터 거버넌스가 구축되어야 한다. 이를 통해 데이터가 특정 소수의 권력이 아니라 모두가 함께 누리는 사회적 자원이 될 수 있다.

결론적으로 데이터 경제는 새로운 부와 혁신의 원천이지만 동시에 불평등의 구조를 강화하는 이중적 성격을 가진다. 우리는 데이터 경제의 빛만을 바라보는 것이 아니라 그 그림자 속에 존재하는 불평등을 직시해야 한다. 데이터의 공정한 분배와 투명한 활용은 단순한 기술적 과제가 아니라 사회 정의와 지속가능성을 위한 필수 조건이다.

기술이 사람을 위한 것이라면, 데이터 역시 모두의 권리와 기회를 확장하는 방향으로 사용되어야 한다.

ESG

사람 중심의 디지털 사회

 디지털 기술은 우리의 일상과 사회 구조를 빠르게 변화시키고 있다. 금융, 의료, 교육, 행정 등 다양한 영역에서 디지털화가 진행되면서 효율성과 편리성이 크게 향상되었다.

 그러나 이러한 발전이 반드시 모든 사람에게 긍정적인 경험으로 다가오는 것은 아니다. 기술이 중심이 된 사회에서는 오히려 인간적 가치가 주변으로 밀려나거나 일부 계층이 소외되는 문제도 발생한다. 결국 디지털 전환이 진정한 사회적 진보가 되기 위해서는 기술이 아닌 사람이 중심에 서야 한다는 목소리가 힘을 얻고 있다.

 사람 중심의 디지털 사회란 단순히 새로운 기술을 도입하는 것이 아니다. 그것이 어떻게 인간의 존엄성과 권리를 보장하고 공동체의 삶을 풍요롭게 할 수 있는지를 묻는 과정이다. 프라이버시 보호, 정보 접근성 확대, 디지털 복지 강화와 같은 가치들이 그 핵심에 있다. 나아가 세대별·계층별로 다른 필요를 반영하고, 누구도 배제되지 않도록 제도적 장치를 마련하는 것이 필수이다.

　디지털 전환의 목적은 속도와 효율성이 아니라 사람을 위한 포용적 사회로 나아가는 데 있음을 잊지 않는 것, 바로 그것이 지속 가능한 미래를 여는 열쇠가 될 것이다.

기술과 인간 존엄성

기술의 발전은 인간의 삶을 풍요롭게 만들고 있다. 스마트폰과 인공지능, 빅데이터와 같은 디지털 기술은 생활의 편리성을 높이고 새로운 가능성을 열어주었다. 그러나 이러한 발전이 항상 긍정적인 결과만을 낳는 것은 아니다. 기술이 인간의 존엄성을 지키는 방향으로 활용되지 않는다면 효율성의 이름으로 사람의 권리와 가치가 침해될 수 있다. 기술의 진보가

< 인공지능 면접 시스템 >

진정한 사회적 의미를 가지려면 인간 존엄성을 존중하는 방향으로 설계되고 운영되어야 한다.

구체적인 사례를 살펴보면 이 문제는 더욱 분명해진다. 최근 공공기관과 기업에서 인공지능 면접 시스템을 도입하는 경우가 늘어나고 있다. 표정, 음성, 태도 등을 분석하여 지원자를 평가하는 방식은 효율성을 높일 수 있지만, 동시에 사람을 데이터로 환원시키는 위험을 안고 있다. 지원자의 경험이나 맥락이 충분히 반영되지 못하고, 알고리즘의 편향이 결과를 왜곡할 수 있기 때문이다. 이는 기술적 오류를 넘어 인간 존엄성에 대한 도전이 될 수 있다.

이와 비슷하게 의료 분야에서도 디지털 기술이 적극적으로 활용되고 있다. 원격 진료와 AI 진단은 의료 서비스의 접근성을 넓히는 긍정적 효과가 있다. 그러나 환자가 의료 정보를 스스로 통제하지 못하고 기업이나 기관이 이를 독점적으로 활용하면 개인의 권리가 위협받을 수 있다. 의료 데이터는 단순한 숫자가 아니라 인간의 삶과 건강 그 자체이기에 존엄성을 훼손하지 않는 관리와 사용이 무엇보다 중요하다.

이 문제를 확장해 보면, 인간 존엄성은 프라이버시와도 밀접하게 연결된다. 우리는 일상적으로 검색 기록, 위치 정보, 구매 습관 등 다양한 데이터를 생성한다. 하지만 이러한 정보가 개인 동의 없이 수집되고 상업적 목적으로 사용된다면 개인은 자신의 삶에 대한 주도권을 잃는다. 디지털 사회에서 존엄성을 지킨다는 것은 곧 개인정보와 사생활이 침해되지 않도록 제도적·윤리적 장치를 마련하는 것을 의미한다.

문제는 기술이 중립적이지 않다는 점이다. 알고리즘은 사회가 가진 편견과 불평등을 학습하면서 그 결과를 재생산할 수 있다. 실제로 AI 채용 시스템에서 여성이나 특정 인종이 불리한 평가를 받은 사례는 이러한 현실을 잘 보여준다. 인간 존엄성이 기술에 의해 위협받는 지점은 단순히 오류가 아니라 사회 구조 속 불평등이 기술을 통해 강화될 수 있다는 데 있다.

효율성을 지나치게 강조하는 사회 분위기 역시 인간 존엄성을 약화시킨다. 병원에서 환자를 '진료 건수'로, 교육에서 학생을 '성적 데이터'로만 바라본다면, 기술은 인간을 수치로 환원하는 수단이 된다. 이는 인간을 관리와 통제의 대상으로 여기는 관점을 강화하고, 결국 사람 자체의 고유한 가치를 희석시킨다.

이에 대한 대응은 이미 여러 영역에서 모색되고 있다. 유럽연합은 인공지능 규제안을 통해 인간 존엄성을 해치는 알고리즘 사용을 제한하고, 투명성과 설명 가능성을 강조하고 있다. 기업들도 '윤리적 AI 가이드라인'을 수립하면서 기술이 인간 중심으로 작동할 수 있도록 노력하고 있다. 그러나 여전히 많은 영역에서 이러한 노력은 선언적 수준에 머물러 있으며, 실질적 실행은 부족하다.

결국 기술과 인간 존엄성의 관계는 단순한 선택의 문제가 아니다. 이는 기술이 발전하는 속도만큼 사회가 어떤 가치를 우선할 것인가의 문제다. 기술은 인간을 대체하거나 평가하는 수단이 아니라 인간의 가능성을 확장하고 존엄성을 지켜주는 도구가 되어야 한다. 이를 위해서는 제도적 규제, 기업의 책임, 시민의 감시가 함께 작동해야 한다.

결론적으로, 디지털 전환의 시대에 우리가 지켜야 할 최우선 원칙은 인간 존엄성이다. 기술은 효율성뿐만 아니라 인간의 권리와 가치를 존중할 때 진정한 의미를 지닌다. 인간을 수단이 아닌 목적으로 존중하는 사회적 합의가 마련될 때 기술은 비로소 사람을 위한 길로 나아갈 수 있다. 존엄성을 중심에 둔 기술만이 지속 가능한 미래를 보장할 수 있다.

디지털 복지와 공공 서비스

디지털 전환은 행정과 복지 시스템에도 깊숙이 스며들며 시민의 삶의 질을 변화시키고 있다. 전자정부, 온라인 복지 신청, 원격 의료 서비스 등은 시간과 비용을 절감하며 접근성을 높이는 긍정적 효과를 가져왔다. 특히 이동이 불편한 고령자나 장애인에게는 비대면 서비스를 통한 편의성이 크게 향상될 수 있다.

그러나 이러한 변화는 모든 사람에게 동일하게 혜택을 주지 않는다. 디지털 복지와 공공 서비스는 기술의 혜택을 공평하게 나누는 사회적 장치이자 그 한계를 보여주는 영역이기도 하다.

한국의 복지 시스템은 온라인을 중심으로 빠르게 전환되고 있다. 복지 포털을 통한 기초생활수급 신청, 아동수당 신청, 재난지원금 지급 등이 대표적이다.

코로나19 시기에는 재난지원금 신청을 온라인으로 진행하여 빠르고 효율적인 행정 서비스를 구현할 수 있었다. 하지만 동시에 온라인 신청이 익숙하지 않은 고령층이나 정보 취약 계층은 신청 과정에서 큰 어려움을 겪었고, 결국 일부는 제도의 혜택을 제때 받지 못했다. 이는 디지털 복지가 새로운 형식의 소외를 만들 수 있음을 보여준다.

해외에서도 디지털 복지의 도입은 활발히 진행되고 있다. 유럽의 발트 3국 중 최북단에 위치한 에스토니아는 전자정부 시스템을 통해 주민등록, 세금 신고, 복지 서비스 신청을 모두 온라인으로 처리한다. 이 시스템은 효율성과 투명성을 높이며 행정 비용을 절감하는 데 크게 기여했다. 그러나 이 과정에서 디지털 소외 계층을 위한 보완 장치가 필요하다는 논의가 끊이지 않았다. 결국 선진적인 시스템일수록 시민 개개인의 디지털 역량을 어떻게 뒷받침할 것인가가 관건이 된다.

이 문제를 확장해 보면, 디지털 복지와 공공 서비스는 단순히 행정 효율성을 높이는 도구가 아니다. 그것은 국가와 사회가 시민의 권리를 어떻게 보장할 것인가와 직결된다. 복지 제도는 원래 사회적 약자를 보호하기 위해 존재하지만, 디지털 전환 과정에서 이들이 오히려 소외된다면 본래 목적이 무색해진다. 따라서 디지털 복지는 기술 중심이 아니라 사람 중심으로 설계되어야 한다.

문제는 현행 시스템이 여전히 '효율성'에 지나치게 치중한다는 점이다. 전자정부 서비스는 업무 간소화와 예산 절감을 주요 목표로 하지만, 이 과정에서 접근성이 충분히 고려되지 못하는 경우가 많다. 시각장애인과 청각장애인을 위한 보조 기능이나 다문화 가정을 위한 다국어 서비스가 부족한 현실이 대표적이다. 공공 서비스의 디지털화가 시민 모두의 권리를 보장하기보다 특정 계층에게만 편의성을 제공한다면 그 자체로 사회적 불평등을 심화시키게 된다.

개인정보 보호 문제도 심각하다. 공공 데이터는 효율적인 행정과 복지 제공에 필수적이지만, 동시에 개인의 민감한 정보가 포함되어 있다. 데이터가 유출되거나 남용되면 사회적 신뢰가 크게 훼손될 수 있다. 디지털 복지의 확장은 곧 보안과 윤리의 문제를 동시에 해결해야 함을 의미한다. 기술적 안정성과 제도적 투명성이 뒷받침되지 않으면 시민은 오히려 불안감을 느끼게 된다.

이를 보완하기 위해 다양한 노력이 시도되고 있다. 일부 지자체는 '찾아가는 디지털 복지 상담'을 운영하면서 온라인 접근이 어려운 주민을 직접 지원한다. 또한 공공기관은 오프라인 창구를 유지하면서 디지털 전환과 병행해 접근성을 보완하려 한다. 이러한 시도는 디지털 전환이 사회적 신뇌와 연결되어야 한다는 것을 보여준다.

그러나 여전히 해결해야 할 과제는 많다. 디지털 복지와 공공 서비스는 기술 도입만으로 완성되지 않는다. 지속적인 교육, 맞춤형 지원, 제도적 보완이 함께 이루어져야 한다. 특히 사회적 약자를 위한 별도의 정책 설계가 필요하다. 예를 들어 고령층을 위한 간소화된 UI(User Interface), 시각장애인을 위한 음성 안내 서비스, 저소득층을 위한 스마트 기기 지원 등이 병행되어야 한다.

결국 디지털 복지와 공공 서비스는 기술의 문제라기보다 사회적 가치의 문제다. 효율성과 속도만을 강조하는 전환은 오히려 사회적 불평등을 심화시킬 수 있다. 반대로 포용성과 신뢰를 중심에 두고 설계된 디지털 복지는 사회적 권리를 확장하고 공동체를 더욱 강하게 만든다. 기술이 사람을 위한 도구로 자리 잡을 때 우리는 비로소 진정한 의미의 디지털 사회로 나아갈 수 있다.

디지털 리터러시 교육

디지털 전환은 사회 전반의 변화를 이끌고 있지만, 그 속도를 따라가지 못하는 개인과 집단은 여전히 존재한다. 단순히 기기를 다룰 줄 아는 것만으로는 충분하지 않다. 정보를 선별하고, 기술을 이해하며, 디지털 환경 속에서 스스로 권리를 지킬 수 있는 능력이 필요하다. 이를 '디지털 리터러시'라 부르며, 현대 사회의 필수 역량으로 떠오르고 있다. 디지털 리터러시 교육은 기술 습득을 넘어 시민으로서의 권리와 책임을 실현하기 위한 토대가 된다.

디지털 리터러시는 단순히 인터넷을 검색하거나 애플리케이션을 사용할 수 있는 능력을 뜻하지 않는다. 그것은 정보의 진위 여부를 판별하고, 온라인 공간에서 윤리적으로 소통하며, 데이터와 알고리즘이 어떻게 작동하는지를 이해하는 포괄적 능력이다. 예를 들어 가짜 뉴스가 범람하는 시대에 디지털 리터러시는 사실과 허구를 가려내는 사회적 면역력으로 작용한다. 이는 개인의 삶뿐 아니라 공동체의 민주적 의사결정에도 직접적인 영향을 미친다.

사례를 통해 보면 그 중요성은 더욱 분명하다. 코로나19 팬데믹 시기 많은 국가에서 백신 예약, 건강 상태 확인, 방역 지침 안내가 온라인 시스템을 통해 이뤄졌다. 하지만 디지털 리터러시가 부족한 고령층이나 정보 취약 계층은 필수 서비스를 제때 제대로 이용하지 못해 큰 불편을 겪었다. 이는 단순한 기술의 문제가 아니라 공공 서비스 접근 권리의 문제였던 것이다. 이처럼 디지털 리터러시 교육은 사회적 안전망의 일부로 이해되어야 한다.

청소년층에서도 디지털 리터러시 교육은 필수적이다. 인터넷과 SNS는 청소년의 일상에 깊숙이 들어와 있지만 무분별한 정보 소비나 온라인 범죄의 위험에 노출될 가능성이 크다. 학교 교육에서 디지털 시민으로서의 윤리와 책임을 가르쳐야 하는 이유가 여기에 있다. 특히 개인정보 보호, 저작권 존중, 온라인 따돌림 방지와 같은 주제는 청소년의 건강한 성장을 위해 반드시 다뤄야 한다.

그러나 현재의 교육 현장은 이러한 요구를 충분히 반영하지 못하고 있다. 많은 프로그램이 여전히 스마트 기기 활용법이나 소프트웨어 사용법에 치중되어 있으며, 학생들에게 비판적 사고와 윤리적 감수성을 길러주는 교육은 부족하다. 지역 간, 세대 간 교육 기회의 차이도 크다. 농촌 지역이나 저소득층 학생들은 체계적인 디지털 리터러시 교육을 받을 기회조차 없는 경우가 많다.

이러한 문제는 노동 시장에서도 이어진다. 기업은 점점 더 디지털 역량을 갖춘 인재를 요구하지만, 실제 노동자 중 상당수는 이를 따라가지 못하고 있다. 단순 반복적 업무는 자동화로 대체되고, 데이터 분석이나 AI 활용 역량이 새로운 표준이 되는 상황에서 직원 교육을 통한 역량 강화가 이루어지지 않으면 노동 격차는 더욱 심화될 것이다. 이러한 디지털 리터러시 부족은 개인의 고용 안정성뿐 아니라 국가 경제 전반의 경쟁력에도 영향을 미친다.

이런 맥락에서 정부와 공공기관은 디지털 리터러시 교육을 공공 정책의 핵심 과제로 삼아야 한다. 일부 지자체가 운영하는 '디지털 배움터' 프로그램은 긍정적인 시도지만, 일회성 교육으로는 충분하지 않다. 평생교육 체계를 기반으로 연령·계층별 맞춤형 교육이 지속해서 제공되어야 한다. 또한 민간 기업과의 협력을 통해 실무와 연결된 프로그램을 개발하는 것도 중요하다.

해외에서는 이미 디지털 리터러시 교육을 국가 차원에서 제도화한 사례가 많다. 핀란드는 초등학교 단계에서부터 미디어 리터러시와 디지털 시민 교육을 정규 교과과정에 포함시켰다. 이는 민주주의의 기반을 지키기 위한 장기적 투자라는 점에서 의미가 크다. 한국 역시 기술 교육에 머물지 않고 비판적 사고와 사회적 책임을 강조하는 방향으로 교육 체계를 개편할 필요가 있다.

이에 정부 차원에서 2025년에 디지털 포용 정책이 마련되고 있다. 2025년 현재 보고되고 있는 리스트는 다음과 같다.

<2025년 디지털 포용 정책 주요 확대 내용>

정책 항목	주요 내용
디지털 배움터 운영	전국 1,000여 개소에서 무료 스마트폰 교육
디지털 역량 강화 교육	기초부터 생활 실습까지 맞춤형 교육 제공
디지털 도우미 파견	고령자·장애인 가정 직접 방문 서비스
스마트 기기 무상 대여	저소득층 및 노인 대상 태블릿·스마트폰 제공
AI 키오스크 체험관	실제 환경과 유사한 키오스크 교육장 운영
모바일 행정 민원 지원	복지·건강·교통 앱 설치 및 사용법 교육
디지털 마을학교	지역 단위 커뮤니티 중심 디지털 학습 공간 운영

결국 디지털 리터러시 교육은 선택이 아니라 필수다. 이는 단순히 개인의 편의성을 높이는 차원이 아니라 정보 격차를 줄이고, 민주적 사회를 유지하며, 지속 가능한 경제를 만드는 기반이다.

기술은 끊임없이 발전하지만, 그 기술을 이해하고 주체적으로 활용할 수 있는 능력은 저절로 주어지지 않는다. 체계적이고 포용적인 디지털 리터러시 교육만이 모든 사회 구성원이 함께 미래를 준비할 수 있는 길을 열어줄 것이다.

ESG

지속 가능한 디지털 책임

디지털 기술이 사회와 경제의 핵심 동력으로 자리 잡았지만, 그 영향이 항상 긍정적이지만은 않다. 특히 ESG 경영이 강조되는 오늘날, 디지털 전환은 환경·사회·지배구조라는 새로운 기준 속에서 재해석될 필요가 있다. 기술이 지속가능성을 위협하는 도구가 될 것인지, 아니면 인류와 지구를 지키는 수단이 될 것인지는 우리가 어떤 책임을 선택하는가에 달려 있다.

지속 가능한 디지털 책임이란 기술 발전의 속도와 혁신성에만 주목하지 않고, 그것이 사회와 환경에 미치는 영향을 함께 고려하는 태도를 의미한다. 데이터의 공정한 활용, 취약 계층을 포용하는 서비스 설계, 친환경적 디지털 인프라 구축은 모두 그 핵심 요소다. 더 나아가 기업과 정부, 시민 모두가 협력해 '사람을 위한 기술'이라는 가치에 합의할 때 디지털 전환은 진정한 사회적 진보로 이어질 수 있다. 결국 지속 가능한 디지털 책임은 미래 세대를 위한 선택이며, 우리가 어떤 사회를 지향하는지에 대한 집단적 약속이라 할 수 있다.

ESG와 디지털 전환

오늘날 기업 경영에서 ESG는 선택이 아닌 필수가 되었다. 환경 문제와 사회적 책임, 투명한 지배구조는 기업의 지속가능성을 결정짓는 핵심 요소로 자리 잡고 있다. 동시에 디지털 전환은 기업 경쟁력을 좌우하는 전략적 과제가 되었다. 두 흐름은 별개로 보이지만 실제로는 긴밀히 연결되어 있다. 디지털 기술이 ESG 목표 달성의 강력한 도구가 될 수 있고, 반대로 ESG 관점은 디지털 전환의 방향을 규정하는 나침반 역할을 한다.

환경(E) 측면에서 디지털 전환은 긍정과 부정의 양면을 가진다. 클라우드 컴퓨팅과 인공지능은 에너지 효율을 높이고 자원 활용을 최적화하는 데 기여할 수 있다. 예컨대 글로벌 IT 기업들은 데이터 센터에 재생에너지를 활용하거나 AI 기반의 에너지 관리 시스템을 통해 탄소 배출을 줄이고 있다. 그러나 디지털 기기의 급격한 확산과 전력 집약적 데이터 센터의 증가는 환경 부담을 키우는 요소가 된다. 결국 디지털 전환이 환경친화적일 수 있는지는 ESG의 원칙을 얼마나 반영하느냐에 달려 있다.

사회(S)의 차원에서는 디지털 전환이 사회적 포용성과 직결된다. 원격 근무, 온라인 교육, 디지털 복지 서비스는 사회적 접근성을 높이고 취약 계층의 삶을 지원하는 수단이 된다. 예를 들어 코로나19 시기 온라인 복지 신청 시스템은 빠른 지원을 가능하게 했지만, 동시에 디지털 리터러시가 낮은 고령층에게는 장벽이 되기도 했다. 이처럼 디지털 전환은 사회적 불평등을 해소할 수도, 심화시킬 수도 있다. ESG의 사회적 가치가 반영될 때 기술은 사람 중심의 도구로 기능할 수 있다.

지배구조(G)와 관련해서도 디지털 전환의 영향은 크다. 데이터 기반 경영은 의사결정의 효율성과 투명성을 높이며, 블록체인 같은 기술은 거래 기록을 안전하게 보장해 신뢰를 강화한다. 그러나 데이터 독점과 알고리즘 편향은 기업의 투명성을 해치는 요소로 작용할 수 있다. 최근 일부 플랫폼 기업의 불투명한 알고리즘 운영은 지배구조 측면에서 ESG의 가치를 위협하는 대표적 사례라 할 수 있다.

이처럼 디지털 전환은 ESG의 모든 영역과 긴밀히 맞닿아 있다. 그러나 문제는 많은 기업이 ESG와 디지털을 따로 분리해 바라본다는 점이다. ESG 보고서는 환경보호와 사회적 기여를 강조하고, 디지털 전략은 효율과 혁신에 치중하는 경우가 많다. 이 두 축을 유기적으로 연결하지 못한다면 ESG는 형식적 선언에 그치고, 디지털 전환은 사회적 불평등을 심화시키는 결과를 낳게 된다.

ESG의 이름으로 추진되는 디지털 전환이 때로는 '그린워싱'이나 '소셜워싱'으로 이어질 위험도 있다. 일부 기업은 재생에너지 사용을 강조하면서도 막대한 데이터 센터 전력 소비를 은폐한다. 또 다른 기업은 디지털 교육 기부를 홍보하면서도 실제로는 취약 계층을 위한 체계적 지원은 미비하다. ESG와 디지털이 진정으로 연결되기 위해서는 실질적이고 검증 가능한 성과가 필요하다.

ESG와 디지털 전환의 융합은 기업 전략을 넘어 사회 전체의 과제다. 기업은 기술 혁신을 통해 환경 부담을 줄이고, 사회적 포용성을 강화하며, 지배구조의 투명성을 높이는 방향으로 나아가야 한다. 정부와 시민사회 역시 제도적 규제와 감시, 참여를 통해 이를 촉진할 수 있다. 디지털 전환이 ESG의 원칙을 담보하면 비로소 기술은 지속 가능한 미래를 위한 도구가 된다.

따라서 ESG와 디지털 전환의 관계는 상호 보완적이어야 한다. ESG는 디지털 전환이 가야 할 방향을 제시하고, 디지털 기술은 ESG 목표를 실현하는 수단이 된다. 이 균형이 제대로 작동할 때 기업은 단기적 성과를 넘어 장기적 지속가능성을 확보할 수 있다. 결국 디지털 전환의 성공 여부는 ESG라는 가치와 얼마나 깊이 결합하느냐에 달려 있으며, 이는 기업과 사회 모두가 함께 짊어져야 할 책임이다.

포용적 혁신과 협력 모델

오늘날 사회가 직면한 문제는 단일 조직이나 한정된 집단의 노력만으로 해결하기 어렵다. 기후위기, 불평등, 디지털 격차와 같은 복합적 과제는 다양한 이해관계자의 협력이 필요하다. 이 과정에서 등장하는 개념이 바로 '포용적 혁신'이다. 이는 소수의 이익을 넘어 사회 전체의 가치를 높이고, 다양한 계층이 함께 참여할 수 있는 혁신을 의미한다. 포용적 혁신은 기술과 자본이 특정 집단에 집중되는 기존 방식에서 벗어나 협력을 통해 사회적 신뢰와 지속가능성을 추구한다.

대표적인 사례로 사회적 기업과 스타트업의 협업을 들 수 있다. 사회적 기업은 지역사회 문제 해결에 집중하고, 스타트업은 기술 기반의 혁신을 추구한다. 이들이 힘을 합칠 때 새로운 형태의 사회적 가치를 창출할 수 있다. 농촌 지역의 고령화 문제를 해결하기 위해 ICT 스타트업이 스마트 농업 기술을 제공하고, 사회적 기업이 지역 주민의 참여를 이끌어내는 방식은 포용적 혁신의 좋은 예다. 이는 기술을 도입하는 차원을 넘어 지역사회와 함께 성장하는 협력 모델을 보여준다.

이러한 협력은 기업과 학계, 정부 간의 관계에서도 중요한 의미가 있다. 산학연 협력은 오랫동안 기술 발전의 핵심 구조로 작동해 왔다. 하지만 포용적 혁신의 관점에서는 연구 성과를 공유하는 것뿐만 아니라 사회적 필요와 연결된 과제를 공동으로 해결하는 방향으로 확장된다. 예컨대 대학 연구진이 개발한 친환경 에너지 기술을 정부의 정책 지원과 기업의 자본이 결합해 상용화한다면, 이는 환경과 경제적 이익을 동시에 추구하는 포용적 혁신이 된다.

실제로 협력 모델이 작동하기 위해서는 제도적 장치와 사회적 신뢰가 필수이다. 각 조직은 서로 다른 목표와 이해관계를 가지고 있어 단순한 자원 공유만으로는 충분하지 않다. 협력 과정에서 발생하는 책임의 불균형과 성과 배분 문제는 협력의 지속가능성을 위협한다. 따라서 투명한 의사결정 구조와 신뢰 기반의 파트너십이 마련되어야 한다. 포용적 혁신은 협력 자체보다 협력을 운영하는 방식에 의해 성패가 좌우된다.

확장된 시각에서 보면, 포용적 혁신은 글로벌 차원에서도 중요한 과제가 된다. 선진국과 개발도상국 간의 기술 격차는 여전히 크며, 디지털 전환은 새로운 형태의 국제적 불평등을 낳고 있다. 이때 국제기구와 다국적 기업, 지역사회가 협력해 기술과 지식을 공유하는 모델은 글로벌 차원의 포용적 혁신이라 할 수 있다. 예를 들어 일부 글로벌 IT 기업이 아프리카 지역에 무료 인터넷 인프라를 제공하고, 현지 기업과 협력해 창업 생태계를 조성하는 것은 지속 가능한 발전을 위한 협력 모델로 주목받는다.

하지만 문제도 적지 않다. 기업의 사회 공헌 활동이 진정한 협력이라기보다 마케팅이나 이미지 제고에 머무는 경우가 많다. 협력 과정에서 현지의 특수성을 무시하거나 일방적인 기술 이전에 그치면 오히려 의존성을 심화시키는 부작용이 발생한다. 진정한 포용적 혁신이 되려면 상대방의 목소리를 반영하고 공동의 의사결정 구조를 구축해야 한다.

이와 더불어 협력 모델의 성패는 참여자의 다양성에 달려 있다. 동일한 배경을 가진 집단만의 협력은 혁신적 결과를 내기 어렵다. 다양한 세대, 성별, 지역, 계층이 함께 참여할 때 포용적 혁신은 비로소 실질적 의미를 지닌다. 예를 들어 스마트시티 구축 과정에서 전문가뿐 아니라 주민, 장애인 단체, 청소년까지 참여해야 진정한 사회적 가치를 실현할 수 있다. 다양성은 협력의 복잡성을 높이지만, 동시에 혁신의 깊이를 더한다.

포용적 혁신과 협력 모델은 지속 가능한 사회를 향한 중요한 길이다. 기술과 자본이 아무리 발전해도 그것이 사회 전체의 신뢰와 포용성을 기반으로 하지 않는다면 혁신은 불완전할 수밖에 없다. 협력은 단순히 효율성을 높이는 수단이 아니라 사회적 연대를 강화하고 불평등을 완화하는 과정이다. 따라서 포용적 혁신은 기업의 전략을 넘어 공동체의 미래를 결정짓는 가치라 할 수 있다. 우리가 지향해야 할 혁신은 경쟁과 배제가 아니다. 협력과 포용을 통해 모두가 함께 성장하는 혁신이다.

미래를 위한 디지털 윤리

디지털 전환은 인간의 삶을 이전과는 다른 차원으로 이끌고 있다. 인공지능, 빅데이터, 사물인터넷 같은 기술은 사회의 효율성을 높이고 새로운 가치를 창출한다. 그러나 그 발전 속도가 빠를수록 윤리적 논의는 종종 뒤처지게 마련이다. 기술은 중립적 도구처럼 보이지만, 실제로는 인간의 선택과 사회적 가치가 스며들어 있다. 따라서 디지털 사회의 미래를 준비하기 위해서는 기술 자체의 진보만큼이나 윤리에 대한 성찰이 필요하다.

대표적인 사례는 인공지능의 활용에서 찾아볼 수 있다. 채용 과정에서 AI가 지원자의 표정과 목소리를 분석해 평가하는 시스템은 효율성을 높이는 동시에 특정 성별이나 연령, 인종에 대한 편향을 강화할 수 있다. 실제로 해외에서는 알고리즘이 여성 지원자보다 남성 지원자를 선호하거나 특정 지역 출신을 불리하게 평가한 사례가 보고되었다. 이는 기술이 인간의 존엄성을 위협할 수 있음을 보여준다. 디지털 윤리는 바로 이러한 부작용을 사전에 방지하고 공정성을 확보하기 위한 장치다.

또 다른 영역인 데이터 활용에서도 윤리적 문제가 뚜렷하게 드러난다. 우리는 일상적으로 온라인에서 흔적을 남기며 방대한 데이터를 생성한다. 이 데이터는 기업의 마케팅 전략이나 공공정책 수립에 유용하게 쓰일 수 있다. 그러나 개인의 동의 없는 수집이나 과도한 상업적 이용은 사생활 침해로 이어진다. 특히 의료, 금융 같은 민감한 정보는 철저한 보호가 요구된다. 데이터 주권을 개인에게 보장하는 것이 디지털 윤리의 핵심 과제라 할 수 있다.

이 논의를 확장하면, 디지털 윤리는 개인 보호 차원을 넘어 사회 전체의 신뢰와 연결된다. 예를 들어 가짜 뉴스와 조작된 정보가 확산될 때 사회적 혼란은 심화된다. 이는 민주주의의 근간을 흔드는 문제이기도 하다.

디지털 윤리는 정보 생산과 소비의 과정에서 진실성과 책임을 강조함으로써 사회적 합의를 지켜내는 역할을 한다. 기술이 사회적 연대를 강화할지, 분열을 심화시킬지는 윤리적 기준의 마련에 달려 있다.

그러나 현실에서는 윤리보다 효율과 속도가 우선시되는 경우가 많다. 기업은 시장 경쟁에서 앞서기 위해 신기술을 빠르게 도입하려 하고, 정부는 행정 효율성을 높이는 데 집중한다. 이 과정에서 윤리적 기준은 부차적인 고려로 밀려난다. 결국 사회는 기술의 혜택을 누리는 동시에 편향과 불평등, 불신이라는 대가를 치르게 된다. 디지털 윤리의 부재는 사회적 위험을 확대하는 요소다.

이 문제를 해결하기 위해 여러 국가와 기업이 윤리적 가이드라인을 수립하고 있다. 유럽연합은 인공지능 규제안을 통해 인간 중심, 투명성, 설명 가능성을 핵심 원칙으로 제시했다. 구글과 마이크로소프트 같은 글로벌 기업들도 자체적으로 AI 윤리 헌장을 발표하고 있다. 그러나 선언적 차원에 머무는 경우가 많고, 실제 현장에서 구체적으로 지켜지지 않는다는 한계가 있다. 윤리는 종이 위의 규칙이 아니라 제도와 실천으로 이어질 때만 의미가 있다.

또한 디지털 윤리는 특정 전문가 집단의 논의에 그쳐서는 안 된다. 시민 역시 자신의 데이터와 권리에 대해 이해하고 목소리를 낼 수 있어야 하며, 교육과 사회적 토론을 통해 디지털 윤리를 공동의 규범으로 만드는 과정이 필요하다. 기술을 소비하는 수동적 존재가 아니라 윤리적 기준을 제안하고 요구하는 적극적 주체로서의 시민이 있어야 한다.

결국 미래의 디지털 사회가 지속 가능하려면 기술의 발전과 함께 윤리적 기준이 함께 성장해야 한다. 디지털 윤리는 인간의 존엄성을 지키고, 사회적 신뢰를 유지하며, 기술이 공공선을 향해 나아가도록 하는 나침반이다. 효율과 속도만으로는 안정적인 사회를 보장할 수 없다. 사람을 위한 기술, 공동체를 위한 혁신이라는 목표가 실현되기 위해서는 디지털 윤리가 반드시 중심에 자리해야 한다.

미래를 위한 디지털 윤리는 선택이 아닌 필수이며, 기술이 사람과 사회를 더 나은 방향으로 이끄는 힘을 담보하는 조건이다. 기술은 인간의 삶을 풍요롭게 만들 수 있지만, 윤리가 이를 지탱하지 않는다면 그 힘은 언제든 부정적인 결과로 변할 수 있다. 결국 우리가 만들어가야 할 미래는 빠른 기술이 아니라 윤리와 가치로 지탱되는 지속 가능한 디지털 사회다.

CHAPTER 04

공정무역
_ 모두가 함께 성장하는 길

이은하

92CLOUD COFFEE 대표

소상공인시장진흥공단 경영컨설턴트 / 한국ESG경영인증원 수석전문위원

현재 92CLOUD COFFEE 대표로서 소상공인을 대상으로 한 경영컨설팅을 수행하고 있으며, 사)한국커피문화협회 전문위원으로 커피 교육과 강의를 진행하고 있다.
대전대학교에서 경영컨설팅학 석사학위를 취득하고 현재 박사과정에 재학 중으로, 이론과 실무를 겸비한 전문성과 신뢰를 바탕으로 다양한 현장에서 컨설팅과 교육 활동을 이어 가고 있다.

ESG

소비자의 윤리적 선택이 만드는 변화

'공정무역(Fair Trade)'이라는 개념은 커피를 통해 전 세계적으로 널리 알려졌다. 공정무역은 생산자의 노동에 정당한 대가를 지불하면서 소비자에게는 좀 더 질 좋고 신뢰할 수 있는 제품을 공급하고, 지구의 지속 가능한 개발을 위해 노력하는 대안 무역이다.

특히 공정무역 커피는 1988년 처음 등장한 이후 공정무역 운동의 상징으로 자리 잡았다. 커피는 단순한 기호음료를 넘어 소비자와 생산자를 연결하는 윤리적 소비의 출발점이 된 것이다.

가격 뒤에 숨은 이야기

우리는 매일매일 무엇인가를 산다. 아침마다 마시는 커피, 인터넷 쇼핑몰에서 주문한 생활용품, 혹은 특별한 날을 기념하기 위해 고른 반지 등등.

그런데 당신은 이런 생각을 해본 적 있는가?

'이 물건의 가격은 어떻게 정해졌을까?'

우리는 보통 가격을 매장에서 보이는 숫자로만 이해한다. 하지만 그 가격 뒤에는 수많은 사람의 노동, 땀 그리고 보이지 않는 비용이 숨어 있다. 값싼 물건일수록 그 그림자는 더 짙다. 왜냐하면 누군가는 낮은 대가를 감수해야 하기 때문이다.

커피를 예로 들어보자. 한국에서 한 잔의 아메리카노는 대략 4천 원에서 5천 원 정도이다. 그런데 원두를 생산하는 콜롬비아나 에티오피아 농부가 실제로 받는 돈은 이 가격의 10%에도 못 미친다. 국제 원두 가격은 매년 요동치는데, 생산비를 겨우 충당할 정도의 값에 거래되는 경우도 많다. 농부의 아이들은 학교에 가는 대신 일손을 돕고, 장기적으로는 교육의 기회를 잃어버린다. 결국 우리가 매일 편하게 마시는 커피가 누군가에게는 가난을 대물림하는 구조가 될 수 있다.

이런 문제를 극복하기 위한 또 다른 방식이 바로 커피 옥션(Auction)이다. 이는 단순한 경매가 아니라 품질 평가를 거쳐 우수한 커피를 경매에 부치는 제도를 말한다. 대표적으로 컵 오브 엑설런스(Cup Of Excellence, COE)가 있다. 이 대회에서 높은 점수를 받은 원두는 국제 바이어들의 경쟁 입찰을 통해 일반 시세보다 몇 배 높은 가격에 팔린다. 농부는 국제 시세에 끌려다니는 대신 품질로 정당한 가치를 인정받는다. COE 경매 현장을 보면 얼마나 세심한 품질 심사를 통해 고급 원두에 대한 합리적 가격이 형성되는지 한눈에 알 수 있다.

이는 소비자에게도 특별하다. 단순히 맛있는 커피를 고르는 것이 아니라 그 커피 뒤에 있는 농부의 노력과 기술에 정당한 대가가 돌아가도록 돕는 선택이 되기 때문이다.

공정무역과 옥션은 성격이 조금 다르다. 공정무역이 최저가격 보장과 안정적 거래를 중시한다면, 옥션은 품질 경쟁을 통한 프리미엄 확보를 강조한다. 하지만 두 방식 모두 농가의 소득 안정과 지속가능성을 지향한다는 점에서 목적은 같다. 실제로 공정무역 인증을 받은 협동조합이 옥션에 출품해 안정성과 프리미엄을 동시에 확보하는 사례도 늘고 있다.

다이아몬드의 경우는 더 극적이다. 사랑과 영원의 상징이라 불리는 반짝이는 보석 뒤에는 분쟁과 폭력이 존재한다. 아프리카 일부 지역에서는 다이아몬드가 내전 자금으로 쓰이고, 아이들이 위험한 광산에서 맨손으로 돌을 캐내기도 한다. 소비자는 반지 위에서만 아름다움을 보지만, 생산지는 정반대의 현실에 놓여 있는 셈이다.

이처럼 값싼 가격은 기업의 할인 전략에서만 비롯되는 것이 아니다. 국제 무역 구조와 권력의 불균형 그리고 소비자의 무심한 선택이 맞물려 만들어낸 결과다. 기업은 소비자가 값싼 것을 원한다고 판단하면 생산 과정에서 원가를 더 줄이고, 그 부담은 가장 약한 고리에 전가된다. 농부와 광부, 여성 노동자와 어린이들이 바로 그 약한 고리다.

하지만 이야기는 여기서 끝나지 않는다. 공정무역 운동은 이런 구조를 바꾸기 위한 시도다. 공정무역은 생산자에게 정당한 대가를 보장하고, 장기 계약을 통해 안정된 삶을 가능하게 한다. 농부는 그 돈으로 아이들을 학교에 보내고, 마을은 깨끗한 물과 의료시설을 세울 수 있다. 단순한 거래가 아니라 사람과 사람을 연결하는 연대의 고리인 셈이다.

예를 들어 에티오피아의 한 커피 협동조합은 공정무역 프리미엄으로 도로를 놓고 학교를 세웠다. 그 덕분에 아이들은 먼 길을 걸어 다니지 않고도 공부할 수 있게 되었고, 성인들은 시장에 물건을 더 쉽게 내다 팔 수 있었다.

다이아몬드 분야에서도 '공정 다이아몬드 인증'이 확산하면서 분쟁 없는 광산에서 채굴된 보석을 찾는 소비자가 늘어나고 있다. 소비자가 의식적으로 선택할 때 시장은 조금씩 다른 방향으로 움직인다.

이렇듯 가격 뒤에 숨겨진 이야기를 이해한다는 것은 단순히 경제학적인 지식을 쌓는 일이 아니다. 그것은 우리가 살아가는 세상을 더 깊이 바라보는 일이며, 동시에 우리가 매일 내리는 소비 결정이 얼마나 큰 사회적 영향을 미치는지 깨닫는 일이다.

우리는 매일 선택한다. 값싼 커피 한 잔을 고를 수도 있고, 조금 더 비싸지만 누군가의 삶을 지탱하는 커피를 고를 수도 있다. 이 선택이 모이면 기업은 소비자의 눈높이에 맞추어 변화를 시작한다. 소비자가 원하면 시장은 움직이기 때문이다. 공정무역의 가치는 그래서 소비자의 선택과 직결된다. 결국 가격은 단순한 숫자가 아니라 우리가 어떤 세상을 지지하는지 보여주는 신호다.

> 내가 오늘 바꿀 수 있는 한 가지는 커피를 살 때 공정무역 마크를 확인하는 것이다.

당신의 장바구니가 시장을 바꾼다

우리는 매일 슈퍼마켓이나 온라인 장바구니를 채우며 살아간다. 커피, 초콜릿, 세제, 옷, 화장품, 액세서리까지 우리의 선택은 생활의 기본이 된다.

그런데 당신은 한 번쯤 이런 생각을 해본 적 있는가?

'내가 담는 이 제품이 세상에 어떤 파장을 일으킬까?'

맛과 가격만 보고 고른 물건이 사실은 거대한 시장과 산업 구조를 바꾸는 힘을 가지고 있다면 어떨까. 우리의 장바구니는 단순한 생활용품 목록이 아니라 기업과 시장에 신호를 보내는 투표지와 같다.

소비자의 선택은 생각보다 강력하다. 2010년대 후반 유럽에서는 '공정무역 초콜릿'이 빠르게 확산하였다. 아동 노동 문제를 피하고 싶었던 소비자들이 기존 제품 대신 공정무역 인증 초콜릿을 찾으면서 대형 식품 기업들은 압박을 받기 시작했다. 결국 일부 글로벌 초콜릿 브랜드는 자사 제품에 공정무역 카카오를 일정 비율 이상 사용하겠다고 발표했다. 소비자의 행동이 시장 규칙을 바꾼 대표적 사례다.

커피도 마찬가지다. 영국에서는 대형 카페 체인들이 공정무역 원두를 쓰지 않으면 소비자들이 외면하기 시작했다. 이에 따라 기업들은 경쟁적으로 공정무역 원두 사용을 홍보했고, 지금은 런던의 주요 카페에서 공정무역 커피를 찾는 것이 어렵지 않다. 소비자들이 지갑으로 보여준 신호가 공급망 전반에 영향을 끼친 것이다.

흥미로운 점은 이런 변화가 결코 멀리서만 일어나는 일이 아니라는 사실이다. 한국에서도 공정무역 커피와 바나나, 초콜릿 매출이 조금씩 늘고 있다. 특히 MZ 세대는 가치 소비에 민감하다. 단순히 싸고 편한 것보다 '누구의 노동을 거쳐 왔는지, 어떤 환경에서 생산됐는지'를 따진다. 이 흐름은 대기업 마케팅에도 반영되고 있다. 이제는 '착한 소비'라는 키워드 없이는 제품을 내놓기 어려운 시대가 된 것이다.

여기서 중요한 건 소비자의 선택이 단순히 도덕적 위안에 그치지 않는다는 점이다. 그것은 실제로 기업의 전략과 정책을 바꾸고, 국제 무역 구조에도 압력을 가한다. 어떤 기업이 "소비자가 원하지 않는데 굳이 바꾸어야 하나?"라고 묻는다면 공정무역 제품 판매량 그래프가 대답이 된다. 사람들의 선택이 쌓이면 결국 기업은 시장의 목소리를 무시할 수 없게 된다.

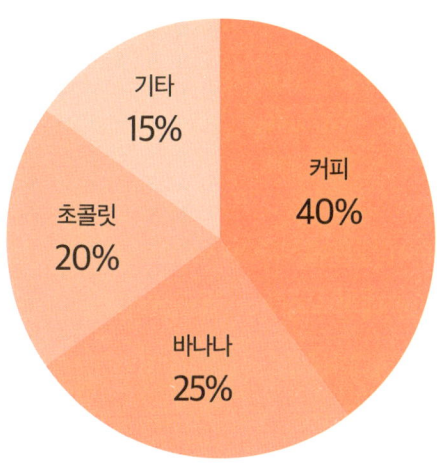

하지만 여전히 반론도 있다. "내가 한두 번 공정무역 제품을 산다고 세상이 달라질까?"라는 의문이다. 물론 한 사람의 소비로 거대한 시스템이 하루아침에 변하지는 않는다. 그러나 수많은 '한 사람'이 모이면 시장은 방향을 바꾼다. 실제로 환경친화적 세제나 동물실험을 하지 않은 화장품이 대중화된 것도 처음에는 소수의 소비자가 시작한 선택이었다. 지금은 그 선택이 보편적인 기준이 된 것이다.

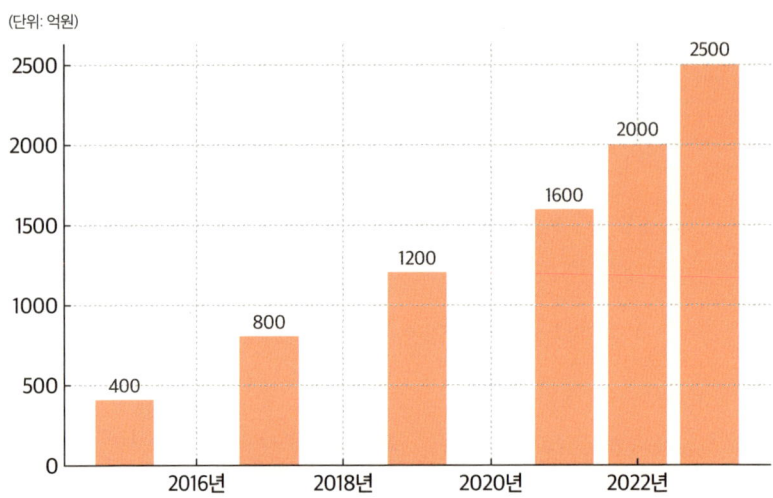

　장바구니는 단순히 생활을 채우는 도구가 아니라 사회와 시장을 움직이는 힘이다. 당신이 매번 무엇을 고르느냐에 따라 기업의 윤리 기준이 달라지고, 더 나아가 국제 무역의 규칙이 수정된다.

　우리는 생각보다 더 큰 힘을 가지고 있다. 소비자가 외면하는 제품은 시장에서 살아남을 수 없다. 반대로 소비자가 찾는 제품은 기업이 적극적으로 확대한다. 우리의 장바구니가 곧 세상의 무역 지도를 다시 그리는 펜이 되는 셈이다. 그렇다면 이제 질문은 명확하다.

　"당신은 장바구니에 어떤 세상을 담고 싶은가?"

내가 오늘 바꿀 수 있는 한 가지는 장바구니에 공정무역 제품을 하나 더 담는 것이다.

작은 선택의 큰 파급효과

우리는 가끔 이런 생각을 한다.

'나 혼자 뭘 한다고 세상이 달라질까?'

쓰레기 분리수거를 꼼꼼히 하고, 일회용품 대신 텀블러를 챙겨도, 공정무역 커피를 골라도 세상은 여전히 거대하게 움직인다. 그럴 때마다 우리의 선택이 미약하고 무력해 보인다. 하지만 과연 그럴까? 역사는 수많은 개인의 작은 행동이 모여 거대한 변화를 만들어낸 사례로 가득하다. 소비의 세계에서도 마찬가지다. 한 사람의 선택은 미약해 보여도 그것이 모이면 커다란 파급효과를 만들어낸다.

한 명의 소비자가 한 달에 열 잔의 공정무역 커피를 산다고 가정해 보자. 처음에는 미미해 보이지만, 이 소비자가 열 명, 백 명, 천 명으로 늘어난다면 이야기는 달라진다. 그만큼의 수요가 생기면 기업은 이를 무시할 수 없고, 더 많은 카페와 마트가 공정무역 제품을 취급하기 시작한다. 시장은 소비자의 반복된 선택을 곧 신호로 받아들이기 때문이다.

실제로 유럽의 몇몇 도시에서는 시민들의 작은 선택이 변화를 이끌어냈다. 공정무역 제품을 일정 비율 이상 구매하는 가정과 학교가 늘어나자 지자체는 아예 '공정무역 도시(Fair Trade Town)'를 선언하고 공공조달에서도 공정무역 제품을 우선적으로 구매하기 시작했다. 시민 한 사람의 장바구니에서 시작된 변화가 행정과 제도까지 영향을 끼친 것이다.

다이아몬드의 경우도 흡사하다. 소비자들이 "출처를 확인하겠다"라는 목소리를 내며 '분쟁 없는 다이아몬드'를 찾기 시작하자 국제적으로 킴벌리 프로세스(Kimberley Process)와 같은 인증 제도가 자리 잡았다. 물론 여전히 한계가 있지만, 소비자의 선택과 요구가 제도를 끌어낸 것은 분명하다. 작은 의문과 질문이 결국 국제적 합의를 만들어낸 것이다.

작은 선택의 파급효과는 단순히 시장 변화에만 그치지 않는다. 그것은 곧 사회적 인식의 전환을 이끈다. "왜 공정무역이 필요한가?"라는 질문이 공공의 장에서 오르내리기 시작하면서 기업의 광고 전략도, 학교의 교육과정도 달라졌다. 사람들이 반복해서 이야기하고 선택할 때 그것은 곧 새로운 사회적 상식이 된다. 지금은 당연하게 여겨지는 동물실험을 하지 않은 화장품이나 재활용 소재 패션도 불과 몇 년 전까지만 해도 소수의 소비자만 신경 썼던 주제였다. 그러나 이제는 대형 브랜드조차 외면할 수 없는 기본 규칙이 되었다.

우리는 각자의 선택이 보잘것없다고 생각하기 쉽다. 그러나 역사는 늘 작은 불씨에서 시작되었다. 촛불 하나가 광장을 밝히고, 장바구니 하나가 무역의 흐름을 바꾼다. 작은 선택의 의미를 가볍게 여기지 말아야 하는 이유가 바로 여기에 있다. 결국 세상은 몇몇 거인의 결정으로만 바뀌는 것이 아니라 수많은 평범한 사람들의 선택이 모여 방향을 바꾸는 것이다. 그렇다면 우리의 선택은 결코 작지 않다.

우리가 매일 내리는 작은 선택이 모여 시장을 바꾼다. 그럼 생산자들 자신은 어떻게 불공정한 구조에 맞서 목소리를 내고 있을까? 이제 우리는 협동조합이라는 또 다른 변화를 살펴볼 차례다.

> 내가 오늘 바꿀 수 있는 한 가지는 공정무역 제품을 고른 후에 그 이야기를 주변 사람과 나누는 것이다.

ESG

협동조합과 지역사회가 함께하는 성장

우리는 앞 장에서 소비자의 선택이 시장을 바꾸는 힘을 살펴보았다. 그러나 공정무역의 변화가 소비자에게만 달려 있는 것은 아니다. 시장 구조의 가장 밑바닥에서 불안정하게 살아가는 생산자들이 스스로 목소리를 내고 힘을 모으지 않는다면 변화는 오래 지속될 수 없다. 그래서 중요한 것이 바로 협동조합과 사회적기업이다.

협동조합의 힘

우리는 흔히 협동조합을 작고 느슨한 모임 정도로 생각한다. 하지만 세계 곳곳에서 협동조합은 단순한 모임이 아니라 삶을 바꾸는 강력한 동력이 되고 있다. 특히 커피와 다이아몬드 같은 자원이 거래되는 현장에서는 협동조합의 존재가 곧 생존의 열쇠가 되기도 한다. 혼자서는 감당할 수 없는 국제 시장의 압력도 함께 모여 목소리를 내면 달라진다. 그렇다면 협동조합은 어떤 힘을 가지고 있을까? 그리고 우리의 소비와 어떻게 연결될 수 있을까?

커피 농가의 현실부터 살펴보자. 많은 생산자는 소규모 농부들이다. 그들은 국제 원두 가격이 하락하면 바로 생계에 타격을 받는다. 농부 혼자서는 수출업자와 협상할 힘도, 안정적인 판로를 찾을 능력도 부족하다. 하지만 협동조합에 속하면 이야기가 달라진다. 농부들이 힘을 합쳐 공동 브랜드를 만들고, 대량으로 원두를 모아 판매하면서 협상력이 생긴다. 무엇보다 협동조합은 수익의 일부를 다시 조합원에게 교육과 의료, 기술 지원으로 환원한다. 개인이 감당하기 힘든 위험을 함께 나누고, 미래를 위한 투자도 함께할 수 있는 것이다.

에티오피아의 한 커피 협동조합 사례는 유명하다. 이 협동조합은 공정무역 인증을 받아 국제 시장에 직접 원두를 수출하기 시작했다. 그 결과 중간상인에게 수익을 빼앗기지 않고 조합원들이 정당한 대가를 받았다. 모아진 프리미엄은 학교 건립과 깨끗한 식수 시설에 쓰였고, 이는 다시 지역 사회 전체의 삶의 질을 높였다.

흥미로운 점은 일부 협동조합이 단순히 공정무역 거래에 그치지 않고 커피 옥션(Auction)에도 참여한다는 사실이다. 협동조합이 품질 좋은 원두를 모아 출품하면 국제 바이어들이 경쟁적으로 입찰해 일반 시세보다 몇 배 높은 가격을 받을 수 있다. 이렇게 얻은 수익은 조합원 전체에게 돌아가고, 지역 사회에 더 큰 투자를 가능하게 한다. 즉 협동조합은 공정무역을 통해 안정성을 확보하고, 옥션 참여를 통해 프리미엄 성장까지 실현하는 셈이다.

다이아몬드 분야에서도 협동조합은 중요한 역할을 한다. 일부 아프리카 지역에서는 광부들이 위험한 환경에서 채굴하면서 중간상인에게 헐값에 팔곤 했다. 그러나 협동조합을 결성하면서 상황이 바뀌었다. 광부들은 함께 안전 장비를 마련하고, 투명한 거래 절차를 도입했으며, 채굴 수익을 조합원 전체가 공유했다. 이 과정에서 아동 노동과 착취를 줄이고, 최소한의 안전 기준을 마련할 수 있었다.

협동조합의 힘은 단순한 경제적 이익을 넘어선다. 그것은 공동체의 결속을 강화한다. 농부들이 함께 모여 품질을 관리하고, 광부들이 함께 안전을 챙길 때 그들은 단순히 생산자가 아니라 서로를 지탱하는 동료가 된다. 이는 지역 사회의 자존감을 높이고, 외부 자본에 휘둘리지 않는 자립 기반을 마련한다. 공정무역은 바로 이 협동조합의 힘을 통해 가능해진다. 소비자가 공정무역 제품을 구매할 때 그 뒷면에는 협동조합이라는 집단적 노력과 연대가 존재한다.

우리는 흔히 거대한 기업이나 정부만이 세상을 바꾼다고 생각한다. 하지만 협동조합은 작은 생산자들이 함께 힘을 모아 불공정한 구조에 맞설 수 있다는 것을 보여준다.

개인은 약하지만 연대하면 강해진다. 협동조합의 힘은 단순한 경제 활동이 아니라 모두가 함께 성장할 수 있는 길을 여는 사회적 실험이자 현실적인 해법이다. 우리의 소비가 이 협동조합과 연결될 때 더 많은 지역 사회가 자립과 존엄을 지킬 수 있다.

> 내가 오늘 바꿀 수 있는 한 가지는 제품을 고를 때 협동조합 생산 또는 공정무역 인증 마크를 확인하는 것이다.

사회적기업과 지역 발전

우리는 기업이라고 하면 보통 '이윤 추구'부터 떠올린다. 자본을 투자하고, 효율을 추구하며, 경쟁에서 살아남아야 한다는 논리에 익숙하다. 그러나 모든 기업이 같은 길만 걷는 것은 아니다. 어떤 기업은 이윤만큼이나 사회적 가치를 중요하게 생각하면서 지역 사회와 함께 성장하는 방식을 택한다. 이런 기업들을 우리는 사회적기업이라고 부른다. 사회적기업은 단순히 착한 마음으로 운영되는 작은 가게가 아니라 시장의 원리를 활용해 사회 문제를 해결하는 독특한 모델이다.

공정무역 영역에서 사회적기업은 중요한 다리 역할을 한다. 생산자와 소비자를 직접 연결하고, 그 과정에서 발생하는 수익을 다시 지역 사회에 환원하는 구조를 만든다.

예를 들어 페루의 한 사회적기업은 소규모 농가에서 생산한 카카오를 직접 수입해서 초콜릿을 제조하고, 판매 수익의 일부를 다시 농가와 마을 공동체에 돌려준다. 그 결과 농부들은 안정적인 수익을 확보하였고, 마을은 학교와 의료 시설을 세울 수 있었다. 기업의 성장이 곧 지역의 성장으로 이어진 것이다.

사회적기업은 커피 분야에서 두드러지게 활동하고 있지만, 다이아몬드 산업에서도 의미 있는 움직임이 나타난다. 다이아몬드는 오랫동안 분쟁과 착취의 상징이었다. 내전이 이어지는 지역에서는 다이아몬드 판매 수익이 무장단체의 자금줄로 쓰였고, 아이들과 여성들이 맨손으로 광산에서 일하다 목숨을 잃기도 했다. '분쟁 다이아몬드(conflict diamond)'라는 단어는 다이아몬드가 가진 화려한 이미지 뒤에 가려진 잔혹한 현실을 드러내는 표현이다.

하지만 모든 다이아몬드가 그렇게 거래되는 것은 아니다. 변화는 서서히 일어나고 있다. 시에라리온 여성 광부 프로젝트는 그 대표적인 사례다.

시에라리온은 오랫동안 내전과 착취의 역사를 가진 나라로, 다이아몬드는 폭력의 상징처럼 여겨졌다. 그러나 일부 여성들은 상황을 바꾸고자 협동조합을 결성했다. 이들은 함께 모여 채굴 장비를 마련하고, 안전 장비를 공유했으며, 채굴한 원석을 중간상인에게 헐값에 넘기지 않고 직접 합법적인 거래망에 올리기 시작했다. 이 과정에서 국제 NGO와 사회적기업이 파트너로 참여했다.

결과적으로 여성 광부들은 정당한 임금을 받을 수 있었고, 그 수익은 아이들의 교육과 가정의 생활 안정으로 이어졌다. 이는 사회적기업의 지원이 단순히 거래를 돕는 수준을 넘어 여성의 인권과 지역 사회의 자존감을 높이는 계기가 되었다.

보츠와나 역시 다이아몬드와 사회적기업 그리고 국가 정책이 맞물리며 긍정적인 변화를 보여주고 있다. 아프리카에서 다이아몬드는 흔히 '자원의 저주'로 불렸다. 풍부한 자원이 오히려 내전과 부패를 낳는 경우가 많았기 때문이다. 그러나 보츠와나는 달랐다.

이 나라는 다이아몬드 수익을 국가 차원에서 관리하고 이를 교육과 보건 인프라에 재투자했다. 공립학교 건립, 병원 확충, 여성 고용 확대 같은 분야에 자금을 집중적으로 투입한 것이다. 그 결과 보츠와나는 아프리카에서 비교적 안정적인 성장 모델을 보여주는 드문 사례가 되었다. 자원이 저주가 아니라 공동체를 위한 축복이 될 수 있음을 보여준 것이다.

이처럼 사회적기업은 지역 사회와 함께 성장하는 구조를 만들어낸다. 커피에서는 품질 중심의 옥션과 공정무역 거래를 통해 현지 농부들의 삶을 바꾸었고, 다이아몬드에서는 여성 협동조합과 국가 차원의 지원 및 정책을 통해 사회적 자본을 확장했다.

여기서 중요한 점은 사회적기업이 단순히 '윤리적 소비자'를 만족시키는 데 그치지 않고, 실제로 지역 사회의 변화를 촉진하는 플랫폼 역할을 한다는 사실이다.

사회적기업들은 점점 더 다양한 방식으로 지역에 이바지하고 있다. 일부는 직거래(Direct Trade) 모델을 활용해 생산자와 소비자를 직접 연결한다. 중간 유통 단계를 줄임으로써 생산자는 더 많은 몫을 가져가고, 소비자는 생산자의 얼굴과 이야기를 직접 확인할 수 있다. 단순한 거래를 넘어선 관계 맺기가 가능해지는 것이다.

또 다른 일부는 소셜임팩트 펀드(Social Impact Fund)를 운영한다. 소비자의 구매로 모인 자금을 펀드로 조성하여 학교 건립, 여성 창업 지원, 환경 개선 사업 등에 재투자한다. 소비자는 단순히 제품을 산 것이 아니라 지역 발전에 동참하는 주체가 되는 것이다.

이런 점에서 사회적기업은 사회 변화의 촉매제라고 할 수 있다. 공정무역 운동이 농부와 소비자의 거래 방식을 바꾸었다면, 사회적기업은 그 거래를 지속 가능한 성장 구조로 확장한다. 소비자가 사회적기업의 제품을 선택한다는 것은 단순히 착한 소비가 아니라 '지역 사회를 위한 투자이자 연대의 참여'이다.

우리는 기업의 성공을 단순히 매출과 이익으로만 판단할 수 없다. 사회적기업이 지역 사회에 어떤 변화를 만들었는가, 그 성장의 과실을 누구와 나누었는가가 더 중요한 질문이다. 커피 농부에게는 정당한 대가를, 다이아몬드 광부에게는 안전한 일터를, 지역 사회에는 학교와 병원을 남겼다면 그것이 바로 진정한 성과이다.

사회적기업은 커피와 다이아몬드의 이야기를 통해 우리에게 묻는다.

"당신은 어떤 기업을 지지하겠는가?"

우리의 선택은 단순히 장바구니에 무엇을 담느냐의 문제가 아니다. 그것은 바로 우리가 어떤 미래와 어떤 공동체를 함께 만들어갈 것인가에 대한 선언이다. 이 질문 하나가 사회적기업을 살리고 지역 사회를 성장시키는 씨앗이 된다.

> 내가 오늘 바꿀 수 있는 한 가지는 구매할 때 '이 기업이 지역 사회에 어떤 기여를 하고 있는가'를 확인하는 것이다.

거래가 아니라 연대를 선택한다

우리는 흔히 '거래'를 숫자로만 이해한다. 얼마에 샀고, 얼마나 남겼는가 등 가격과 이익으로만 계산한다. 그러나 모든 거래가 단순히 돈의 흐름일까? 사실 거래 속에는 관계가 숨어 있다. 공정무역은 바로 그 관계를 다시 정의한다.

커피를 한 잔 산다는 것이 단순한 소비가 아니라 누군가의 내일을 지탱하는 연대가 될 수 있다는 뜻이다. 그렇다면 우리는 어떻게 거래를 넘어 연대를 선택할 수 있을까?

공정무역의 기본 원리는 단순하다. 생산자에게 정당한 대가를 주고, 장기적 관계를 맺으며, 지역사회가 지속 가능하게 발전할 수 있도록 지원하는 것이다.

이 과정에서 중요한 것은 '연대'라는 관점이다. 소비자가 생산자의 얼굴을 직접 보지 못하더라도 공정무역 마크를 확인하는 순간 우리는 보이지 않는 약속을 맺는다. 그것은 이윤만을 위한 거래가 아니라 함께 살아가기 위한 연대의 약속이다.

에티오피아 커피 농부들의 사례를 보자. 공정무역을 통해 그들은 단순한 원두 판매자가 아니라 글로벌 커뮤니티의 동료가 되었다. 소비자가 공정무역 원두를 살 때 농부는 단순히 돈을 받는 것이 아니다. 아이들이 학교에 갈 수 있고, 마을에 깨끗한 물이 흐르며, 여성들이 안정된 일자리를 얻는다. 이는 거래의 결과가 아니라 연대가 만들어낸 변화다.

다이아몬드 역시 마찬가지다. 분쟁 없는 다이아몬드를 찾는 소비자의 행동은 단순히 좋은 보석을 사려는 것이 아니다. 그것은 누군가의 노동이 존엄하게 대우받기를 바라는 연대의 표현이다. 반짝이는 보석이 사람들의 희생 위에서 만들어지지 않기를 바라는 마음, 그것이 바로 연대의 본질이다.

연대의 선택은 소비자에게도 새로운 만족을 준다. 물건을 샀다는 만족이 아니라 세상과 연결되었다는 감각이다. '내가 고른 커피가 누군가의 미래를 바꾼다'라는 생각은 일상적인 소비에 깊은 의미를 부여한다. 그리고 이런 의미 있는 소비가 쌓이면 사회 전체에 새로운 기준이 생긴다. 이제 거래는 단순한 경제 행위가 아니라 우리가 어떤 사회를 지지하는지를 보여주는 메시지가 된다.

우리는 매일 거래를 한다. 그러나 그 거래가 사람과 사람을 이어주는 연대가 될 때 세상은 달라진다. 공정무역은 우리에게 그 가능성을 보여준다.

거래가 아니라 연대를 선택하는 순간 소비자는 더 이상 혼자가 아니다. 우리는 생산자와 함께, 지역사회와 함께, 그리고 지구와 함께 살아가는 동료가 된다. 생산자들의 연대가 사회적기업으로 확장되었다면 이제 남은 질문은 이것이다.

"소비자와 시민은 어떻게 이 변화에 공감하고 참여할 수 있을까?"

> 내가 오늘 바꿀 수 있는 한 가지는 공정무역 제품 구매는 거래가 아니라 연대를 위한 선택이라는 이야기를 주변 사람에게 전해주는 것이다.

ESG

공정무역 공감 확산과 일상 속 작은 실천

변화는 여기에서 끝나지 않는다. 소비자와 생산자가 아무리 노력해도 공정무역이 사회 전체의 공감대로 확산하지 못한다면 그 힘은 제한적일 수밖에 없다.

대화에서 시작되는 공감

우리는 공정무역을 보통 마트 진열대나 카페 메뉴판에서 마주한다. 가격표 옆의 작은 마크를 보고 "이게 뭘까?" 하고 스쳐 지나가기도 한다. 그러나 공정무역이 진짜 힘을 가지려면 단순한 상품 선택을 넘어 사람들 사이의 대화로 이어져야 한다. 누군가의 말 한마디, 짧은 대화가 공감을 만들고, 그 공감이 행동으로 확산된다. 세상을 바꾸는 큰 움직임은 언제나 작은 대화에서 시작되었다. 공정무역도 마찬가지다.

대화의 힘은 생각보다 크다. 친구와 커피를 마시며 "이건 공정무역 원두래"라고 한마디 덧붙이는 것만으로도 상대방은 새로운 시각을 갖게 된다. 처음 듣는 사람은 호기심을 품고 다시 다른 자리에서 이야기를 나눈다. 이렇게 작은 대화는 파도처럼 퍼져나가면서 더 많은 사람에게 공정무역의 의미를 알린다.

학교나 직장에서도 마찬가지다. 교실에서 "공정무역 초콜릿을 먹어본 적 있어?"라는 질문은 학생들의 관심을 끌고 토론으로 이어질 수 있다. 직장에서는 회식 자리에서, 혹은 팀 회의 간식 선택에서 "이번엔 공정무역 제품으로 해보면 어떨까?"라는 제안이 나올 수 있다. 거창한 강연이나 캠페인이 아니라 일상 속 대화에서 시작된 제안이 사람들의 행동을 조금씩 바꾼다.

공정무역 운동은 이미 세계 곳곳에서 대화를 통해 확산되어 왔다. 유럽의 '공정무역 도시(Fair Trade Town)' 운동은 몇몇 시민들의 대화에서 출발했다. 그들이 함께 모여 공정무역 제품을 쓰고 지역에서 이야기하면서 결국 지자체와 상점들이 참여하게 되었다. 작은 대화가 지역 사회 전체의 문화로 자리 잡은 것이다.

대화는 단순히 정보를 전하는 기능만 하지 않는다. 그것은 공감을 만든다. 통계를 아무리 보여줘도 감정이 따라오지 않으면 쉽게 잊힌다. 하지만 친구의 목소리, 동료의 진심이 담긴 말은 오래 남는다. "이 커피를 마시면 그곳 아이들이 학교에 간대"라는 한마디는 수십 페이지의 보고서보다 강한 울림을 준다.

또한 대화는 참여의 장벽을 낮춘다. 누군가에게 "공정무역 제품을 꼭 사야 한다"라고 강요하는 대신 "나는 이걸 고르고 나니까 기분이 좋더라"라는 대화가 더 자연스럽다. 억지가 아니라 경험을 나누는 말이 사람들의 마음을 움직인다. 그래서 공정무역을 널리 알리는 가장 좋은 방법은 거창한 캠페인이 아니라 우리가 나누는 일상적인 대화다.

우리는 세상을 바꾸는 거대한 힘이 자신에게 없다고 느낄 때가 많다. 하지만 누군가와 나눈 한마디가 또 다른 사람을 움직이고, 그 파급이 쌓이면 사회 전체의 흐름을 바꿀 수 있다. 공정무역이 바로 그런 방식으로 확산할 수 있다. 결국 변화를 만드는 첫걸음은 '대화'다. 우리의 일상적인 이야기가 누군가의 새로운 선택으로 이어질 수 있다.

> 내가 오늘 바꿀 수 있는 한 가지는 커피 한 잔을 마실 때 공정무역 이야기를 친구나 동료와 나누는 것이다.

일상 속 습관으로 만드는 변화

우리는 큰 변화를 이야기할 때 종종 거대한 계획이나 국제 협약을 떠올린다. 하지만 진짜 변화는 의외로 아주 작은 습관에서 시작된다. 아침에 마시는 커피, 집에 들이는 간식, 특별한 날 준비하는 선물 같은 평범한 선택들이 모여 세상을 바꾼다. 공정무역 역시 마찬가지다. 그것은 특별한 사람이 거창하게 실천하는 운동이 아니라 우리가 매일 반복하는 습관 속에서 조금씩 자리 잡아야 지속 가능하다.

공정무역 제품은 더 이상 낯선 이름이 아니다. 대형 마트, 편의점, 온라인 쇼핑몰에서 쉽게 찾을 수 있다. 커피, 초콜릿, 바나나, 설탕 같은 일상적인 식재료부터 의류, 화장품, 장신구까지 제품군도 다양하다. 중요한 것은 이것을 가끔 하는 선택이 아니라 '자연스러운 습관'으로 만드는 것이다. 예를 들어 아침에 커피를 살 때마다 공정무역 마크를 확인하는 습관, 선물을 고를 때 공정무역 초콜릿을 먼저 떠올리는 습관, 화장품을 살 때 성분뿐 아니라 생산 과정까지 확인하는 습관이 있다. 이런 작은 습관들이 모이면 사회 전체의 흐름을 바꿀 수 있다.

유럽에서는 이미 이런 변화가 생활 속에 스며들고 있다. 일부 도시에서는 학교 급식에 공정무역 바나나와 설탕을 사용하고, 직장에서는 사무실 커피 머신에 공정무역 원두를 기본 옵션으로 둔다. 시민들이 습관처럼 공정무역 제품을 찾으면서 상점은 자연스럽게 더 많은 공정무역 상품을 들여놓는다. 결국 시장이 바뀌는 이유는 시민의 습관 때문이다.

한국에서도 작은 변화가 보이고 있다. 대학 축제에서 공정무역 음료를 판매하거나 지역 카페에서 공정무역 원두를 사용하는 사례가 늘어나고 있다. 소비자가 의식적으로 선택하기보다 생활 속 기본으로 자리 잡기 시작한 것이다. 습관은 그렇게 사회의 문화를 바꾼다.

습관의 힘은 또 다른 장점이 있다. 한번 자리 잡으면 유지하기 쉽다는 점이다. 처음에는 의식적으로 '공정무역 제품을 골라야지'라고 다짐하지만, 어느 순간 마트에서 공정무역 바나나를 집는 일이 자연스러워진다. 특별한 실천이 아니라 일상의 기본이 되는 것이다. 우리가 무심코 반복하는 선택이 사실은 사회적 파급력을 가진 행동이라는 점에서 습관은 변화를 가장 강력하게 만드는 도구다.

우리는 종종 큰 변화를 만들고 싶어 하면서도 그 시작이 얼마나 작은 것에서 비롯되는지를 놓친다. 그러나 공정무역은 우리에게 분명히 말해 준다. 습관이 세상을 바꾼다고. 일상 속 반복되는 작은 행동이야말로 시장을 움직이고, 기업의 정책을 바꾸며, 국제 무역 구조를 개선한다. 거창한 의지가 아니라 소소한 습관이 변화를 지속시키는 힘이 된다.

> 내가 오늘 바꿀 수 있는 한 가지는 장을 볼 때 공정무역 마크가 붙은 제품을 하나 이상 꼭 고르는 습관을 들이는 것이다.

작은 실천이 만드는 큰 울림

우리는 세상을 바꾸는 일이라고 하면 거대한 캠페인이나 정책 변화를 떠올린다. 그러나 실상은 다르다. 때로는 아주 사소해 보이는 한 번의 실천이 큰 울림을 만들어낸다. 공정무역 역시 마찬가지다. 커피 한 잔, 초콜릿 한 조각, 작은 선물 하나가 누군가의 삶을 지탱하고, 나아가 사회 전체에 변화를 일으킨다. 그렇다면 왜 작은 실천이 그렇게 큰 힘을 가질 수 있을까?

첫째, 작은 실천은 확산의 속도를 가진다. 한 사람이 공정무역 초콜릿을 사서 친구에게 선물하면 그 순간 공정무역이라는 개념이 또 한 사람에게 전해진다. 선물 받은 친구가 다시 다른 친구에게 이야기하면 그 물결은 계속 이어진다. 처음에는 작은 울림이지만 시간이 지날수록 더 많은 사람에게 파급된다. 이것이 바로 작은 실천의 힘이다.

둘째, 작은 실천은 사람들의 공감을 불러일으킨다. 거대한 정책이나 추상적인 통계는 때로 멀게 느껴지지만, 눈앞에서 만나는 작은 행동은 쉽게 다가온다. "내 친구가 공정무역 커피를 마시더라"라는 말은 무심히 지나칠 수 없는 메시지가 된다. 가까운 사람이 직접 실천하는 모습은 그 자체로 강력한 설득력이 있다.

셋째, 작은 실천은 제도의 변화를 촉진한다. 대학 축제에서 공정무역 음료를 판매한 사례를 보자. 처음에는 몇몇 학생들의 자발적 실천에서 시작됐지만, 이후 다른 대학으로 확산하면서 결국 일부 학교에서는 공식 행사에 공정무역 제품을 기본으로 쓰게 되었다. 개인의 작은 선택이 제도적 변화를 불러낸 대표적 예다.

넷째, 작은 실천은 자신을 바꾼다. 한 번의 실천이 반복되면 습관이 되고, 습관은 정체성을 만든다. "나는 공정무역 제품을 고르는 사람이야"라는 자각은 소비를 넘어 삶의 태도로 자리 잡는다. 그리고 이 태도는 다른 사회적 문제에도 관심을 넓히게 한다. 작은 실천은 결국 자기 자신을 바꾸고, 자기 변화를 통해 더 큰 사회적 울림을 만들어낸다.

세계 여러 지역에서 이러한 작은 실천이 큰 울림으로 번져간 사례는 많다. 영국의 한 마을은 시민들이 공정무역 제품을 자발적으로 사용하면서 시작해 결국 '공정무역 도시'라는 인증을 받았다. 처음에는 몇몇 상점과 시민들의 참여였지만, 지금은 행정기관, 학교, 기업까지 참여하는 지역 문화로 자리 잡았다. 이는 작은 실천이 모여 사회 전체의 흐름을 어떻게 바꿀 수 있는지를 잘 보여준다.

우리는 종종 "내가 뭘 한다고 달라지겠어?"라는 의문에 빠진다. 하지만 작은 실천이 만들어내는 울림은 결코 작지 않다. 그것은 사람들을 움직이고, 제도를 바꾸며, 결국 세상을 바꾸는 씨앗이 된다. 공정무역이 확산하는 길도 바로 여기에 있다. 우리가 일상 속에서 내딛는 작은 발걸음이 모여 모두가 함께 성장하는 길을 열어 가는 것이다.

결국 중요한 것은 우리의 작은 실천이 고립된 행동으로 머물지 않는다는 점이다. 한 잔의 커피를 고르는 순간 혹은 다이아몬드 반지의 출처를 묻는 순간은 서로 다른 듯 보이지만 모두 같은 메시지를 전한다. 그것은 누군가의 노동을 존중하고, 함께 성장하는 길을 선택하겠다는 약속이다. 우리는 때로 스스로 물어야 한다.

"내가 지금 내리는 선택은 누구의 내일을 바꾸는가?"

공정무역 마크가 찍힌 커피 봉지를 집어 드는 일, 분쟁과 무관한 다이아몬드를 찾는 질문을 던지는 일은 아주 작은 행동처럼 보인다. 그러나 그 작은 실천의 울림이 모여 더 큰 변화를 만들고, 그 변화는 우리 사회 전체를 지속 가능한 방향으로 이끈다.

이 책이 강조하는 '모두가 함께 성장하는 길'은 거창한 구호가 아니라 우리가 오늘 내리는 사소한 선택 속에 이미 시작되고 있다. 그리고 이 선택들이 쌓일 때 그것은 개인의 윤리를 넘어 제도와 정책을 움직이는 힘이 된다.

> 내가 오늘 바꿀 수 있는 한 가지는 선물할 때 공정무역 제품을 하나 선택하는 것이다.

CHAPTER 05

지역사회로 향하는 발걸음
_ 사회적 책임을 향하여

임차섭

한국ESG경영인증원 충북지사장
구산동 농다리 영농조합법인 대표

고향 진천을 누구보다 사랑하며, 이곳의 발전을 위해 평생을 함께해온 지역 활동가다. 진천군 문백면 이장단 협의회 회장과 주민자치 협의회 사무국장을 맡아 지역의 다양한 목소리를 하나로 모으는 가교 역할을 해왔으며, 기업체 협의회와 체육회 활동을 통해 지역 경제와 공동체의 활력을 불어넣기 위해 노력하고 있다.

구산동 농다리 영농조합법인을 운영하면서 지역 농업의 지속 가능한 발전을 고민하고 실천해왔으며, 현재는 한국ESG경영인증원 충북지사장으로서 ESG 경영의 가치를 지역사회에 확산시키고 있다. 2025년 진천상공회의소 제8기 글로벌 리더스 아카데미에 참여하며 지역 내 ESG의 중요성과 실천 방향을 널리 알리는 데 힘쓰고 있다.

작은 실천이 모여 지역의 내일을 바꾸고 지속가능한 공동체를 만들어간다는 믿음으로 앞으로도 현장에서 땀 흘리며 진천의 발전과 상생을 위해 최선을 다하고자 한다.

ESG

생활 속에서 발견하는 ESG의 시작

일상에서 발견하는 ESG의 가치

우리는 흔히 ESG라는 말을 들으면 대기업의 연차보고서나 정부의 정책 문서 또는 국제기구가 발표하는 복잡한 보고서를 떠올린다. 뉴스 속에서 반복되는 수많은 지표와 통계, 알기 어려운 각종 인증 제도들은 ESG를 거대한 담론, 나와는 거리가 먼 거창한 이야기로 느껴지게 만든다. 그래서 '그건 기업이나 정부가 해야 할 일이지 내 일상과는 별다른 상관이 없다'라고 생각하기 쉽다. 그러나 ESG는 결코 멀리 있는 담론이 아니다. 우리가 매일 하는 작은 행동과 선택 속에서 이미 실현되고 있다.

아침에 집을 나서며 불필요한 전등을 끄는 습관, 장바구니를 들고 마트에 가는 행동, 카페에서 일회용 컵 대신 텀블러를 사용하는 선택은 단순히 개인의 생활 편의가 아니라 환경(Environment)을 지키는 실천이다. 또한 동네의 작은 가게에서 물건을 사는 일은 지역 경제를 살리고, 이웃의 생계를 지탱하는 사회적(Social) 행위가 된다. 더 나아가 정직한 거래와 규칙 준수는 곧 사회의 지배구조(Governance)를 튼튼하게 하는 기초가 된다.

ESG의 뿌리는 낯설고 어려운 이론이 아니라 우리의 오래된 생활 지혜에 있다. 예로부터 농사철 품앗이로 노동을 나누고, 가뭄이 들면 두레를 통해 물을 함께 사용하며, 마을 숲과 우물을 공동으로 관리했던 전통은 오늘날 ESG라는 이름으로 다시 해석할 수 있다. 즉 ESG는 새로운 유행어가 아니라 우리가 오래전부터 이어 온 삶의 방식이며, 이제는 그 가치를 현대 사회 속에서 되살려야 할 약속이다.

나 역시 충북 진천에서 자라며 이 사실을 체감했다. 농번기에 이웃이 서로 품을 나누고, 여름철 마을 잔치를 열어 기쁨과 어려움을 나누던 풍경은 공동체의 미덕을 넘어 ESG의 정신을 실천하는 현장이었다. 이 경험을 통해 ESG가 기업의 경영 전략이나 정부 정책만의 과제가 아니라 사람들의 생활 속에 이미 살아 있는 질서와 지혜라는 점을 분명히 깨달았다.

이제 한국ESG경영인증원 충북지사장으로서 나는 이러한 경험을 제도적 언어로 풀어내어 지역사회와 함께 실천으로 연결하는 일을 맡고 있다. 중요한 것은 이론을 설명하는 것이 아니라 주민이 체감할 수 있는 작은 변화로 전환하는 것이다. 지역사회의 오래된 지혜를 제도와 정책 속에서 되살리는 일은 나에게 주어진 가장 큰 책임이자 사명이다.

작은 행동이 만드는 큰 변화

오늘날 인류가 직면한 가장 큰 위기는 기후위기다. 지구 평균 온도 상승과 이상기후는 이미 우리의 일상에 영향을 미치고 있다. 그러나 이 거대한 문제의 해결책은 언제나 '작은 선택'에서 출발한다. 가까운 거리를 걸어 다니는 습관, 승용차 대신 버스나 지하철을 타는 실천, 육류 위주의 식단에서 채식을 조금씩 늘려가는 노력은 개인의 건강 유지를 넘어 지구 전체의 탄소 배출을 줄인다.

쓰레기 문제도 마찬가지다. 환경을 지켜야 한다는 추상적인 구호보다 "내가 버린 플라스틱 컵 하나가 수백 년 동안 땅속에 남는다"라는 사실을 떠올리는 것이 더 강력한 동기가 된다. 쓰레기 분리배출을 철저히 하고 재활용품을 깨끗하게 씻어 내놓는 습관은 작은 일이지만, 이는 자원의 순환을 촉진하고, 사회적 비용을 줄이며, 미래 세대가 누릴 환경을 지켜내는 실천이다.

나는 진천의 한 마을회관 옥상에 설치된 태양광 패널 사례를 기억한다. 주민들이 힘을 모아 설치한 패널은 전기요금을 줄였을 뿐 아니라 남은 수익을 장학금과 경로당 운영비로 돌려주었다. 주민들은 이를 통해 ESG가 대기업의 거창한 전략이 아니라 곧 '우리의 생활 방식'임을 깨달았다. 작은 시도가 공동체의 문화를 바꾸고, 그 변화가 결국 사회적 전환으로 이어진 것이다.

이러한 경험은 중요한 교훈을 준다. ESG 실천은 개인에서 시작되지만, 그것이 공동체의 문화로 뿌리내리면 사회 전체의 변화를 끌어낸다. 한 사람의 행동이 열 사람에게 영향을 주고, 열 사람의 행동이 마을을 바꾸며, 그 변화는 지역과 국가로 확산한다.

앞으로 충북 지역, 더 나아가 전국의 마을들이 이러한 작은 변화를 이어 간다면 우리 모두가 체감할 수 있는 지속 가능한 미래를 앞당길 수 있을 것이다.

ESG는 멀리 있는 추상적 담론이 아니라 내가 속한 지역에서 이웃과 함께 실천하며 쌓아가는 약속이다. 하지만 개인의 작은 습관이 지속 가능한 힘을 가지려면 그것이 지역사회와 연결되어야 한다. 한 가정의 절약과 한 사람의 선택이 이웃과 마을의 약속으로 이어질 때 변화는 눈에 보이는 현실이 된다.

다음 장 '지역사회가 만들어내는 지속가능성의 힘'에서는 이러한 생활 속 실천이 어떻게 마을과 지역사회의 약속으로 확장되어 지속가능성의 토대를 다져가는지를 살펴보고자 한다.

ESG

지역사회가 만들어내는 지속가능성의 힘

생활 속 약속에서 시작되는 변화

'지속가능성'이라는 단어는 흔히 국제회의, 국가 정책, 대기업의 ESG 보고서 같은 거대한 담론에서 먼저 떠오른다. 하지만 실제로 지속가능성이 뿌리내리고 효과를 발휘하는 공간은 우리의 생활 현장, 즉 지역사회다. 거대한 계획이 아니라 개인과 마을이 함께 지켜내는 작은 습관에서 지속가능성은 구체적으로 실현된다.

에너지 사용만 보더라도 그 차이는 분명하다. 화석연료에 의존하는 마을은 시간이 갈수록 대기오염과 건강 악화, 높은 에너지 비용의 부담을 피할 수 없다. 반대로 태양광과 풍력 같은 재생에너지를 선택한 마을은 깨끗한 공기와 안정된 비용 그리고 주민 주도형 경제 활성화를 경험한다. 작은 변화가 장기적으로 얼마나 큰 차이를 만드는지를 잘 보여주는 사례다.

우리의 일상에서도 지속가능성은 체감된다. 한 가정이 절수형 샤워기를 설치해 매달 수도 요금을 절약하면, 그것은 곧 마을의 전체적인 수자원 사용량에도 영향을 준다. 주민들이 로컬푸드를 소비하기 시작하면, 단순히 신선한 먹거리를 확보하는 수준을 넘어 장거리 운송에 따른 탄소 배출을 줄이고 농민들의 안정적인 소득을 보장한다. 또 대중교통을 적극적으로 이용하면, 개인의 교통비 절감뿐만 아니라 지역 교통 체계가 친환경적으로 재편될 수 있는 동력이 된다.

생활 속 약속은 에너지와 물, 교통과 소비 전반에서 작은 실천으로 구체화하면, 그것이 쌓일수록 지역 문화가 변한다. 문화가 변하면 신뢰가 생기고, 신뢰는 협력으로 이어지며, 협력은 다시 사회적 신뢰 자본이 된다. 결국 지속가능성은 멀리 있는 미래가 아니라 지금 우리가 매일 반복하는 생활 속 선택에 달려 있다.

국내외에서 배우는 지속가능성의 길

세계 곳곳에서 주민이 직접 참여하여 지속가능성을 실현한 사례들이 이미 나타나고 있다. 독일의 '에너지 자립 마을'은 가장 널리 알려진 성공 사례다. 이곳 주민들은 협동조합을 결성해 태양력과 풍력 설비를 공동으로 설치하고 운영했다. 단순히 전기를 공급받는 소비자에 머무르지 않고, 스스로 에너지를 생산하고 분배하는 주체가 된 것이다. 이 과정에서 발생한 이익은 다시 교육, 복지, 환경 개선에 환원되었고, 마을은 자립성과 신뢰를 동시에 확보했다. 이 사례는 사회적 책임이란 단지 제도적 강제에서 나오는 것이 아니라 주민 스스로 자기 삶과 공동체를 지켜내려는 선택에서 출발한다는 사실을 보여준다.

우리나라에서도 배울 만한 사례는 많다. 전남 해남의 한 농촌 마을은 마을회관 옥상에 태양광 설비를 설치했다. 주민들이 십시일반 모은 기금으로 시작된 이 프로젝트는 매달 지출되던 전기요금을 줄이는 실질적인 성과를 냈다. 더 나아가 판매 수익은 장학금과 노인 복지에 사용되며 세대와 세대를 연결하는 사회적 투자로 이어졌다. 단순히 기술을 도입한 수준이 아니라 지속가능성이 공동체의 문화로 자리 잡은 것이다.

경기도 화성에서는 마을 텃밭 협동조합이 운영되고 있다. 주민들이 함께 땅을 일구고 작물을 재배하며, 수확물은 공동 소비하거나 판매 수익을 마을 기금으로 적립한다. 이 과정에서 주민들은 경제적 이익을 넘어 함께 땀 흘리며 나누는 공동체적 연대와 지역 생태를 지킨다는 자부심을 얻는다. '내가 먹는 채소가 이웃의 손에서 길러진 것'이라는 믿음이 곧 소비 행위가 사회적 책임으로 확장되는 것이다.

서울 은평구에서는 '제로 웨이스트 마을' 프로젝트가 진행 중이다. 카페와 상점들이 협력하여 다회용 컵과 용기를 공유하고 일회용품 사용을 줄였다. 주민들은 초기에는 다소 불편함을 호소했으나 시간이 지나면서 오히려 '우리 마을은 환경을 지키는 곳'이라는 공동의 정체성과 자부심을 품게 되었다. 불편을 감수하는 선택이 결국 지역의 새로운 문화와 가치로 전환된 것이다. 이처럼 사회적 책임은 외부의 압력이 아니라 내가 속한 마을에 긍지를 느끼고 싶다는 자발적 욕구에서 더 강력하게 작동한다.

충북 제천에서는 주민들이 모여 폐가전 수거·재활용 협동조합을 결성했다. 버려지던 자원을 재활용하면서 동시에 새로운 일자리를 만들어내고 마을 경제를 살리는 일거양득의 효과를 거두었다. 이 사례는 환경 보호와 경제 활성화, 사회적 일자리 창출이 서로 충돌하는 과제가 아니라 상호 보완적 목표가 될 수 있음을 잘 보여준다.

해외에서도 지속가능성을 지역 단위로 실현한 사례는 다양하다. 일본의 가미카쓰 마을은 2003년부터 '제로 웨이스트 선언'을 하고 45종 이상으로 쓰레기를 분류한다. 불편함이 크지만, 주민들은 '불편을 감수하는 것이 곧 우리의 미래를 지키는 길'이라는 신념으로 실천해왔고, 지금은 세계적으로 주목받는 친환경 마을이 되었다. 이는 사회적 책임이 개인의 생활 속에서 어떻게 뿌리내릴 수 있는지를 보여주는 중요한 사례다.

이 모든 사례가 우리에게 주는 교훈은 단순하다. 지속가능성은 결코 거창한 선언에서 출발하지 않는다. 주민이 스스로 참여하고 협력할 때 그 실천은 구체적이고 강력하게 실현된다. 그리고 그 과정에서 개인의 책임은 곧 사회적 책임으로 확장된다. 결국 사회적 책임은 무겁고 추상적인 의무가 아니라 내가 속한 지역을 지키고 싶다는 자연스러운 마음 그리고 이웃과 함께 나누는 작은 약속에서 시작된다.

진천에서 시작하는 작은 약속

나의 고향 진천은 예로부터 '생거진천(生居鎭川)'이라 불리며 사람이 살기 좋은 고장으로 알려졌다. 이 말은 단순히 자연환경의 풍요로움만을 뜻하지 않는다. 어려울 때 서로를 돕고, 위기를 함께 극복하며, 더불어 살아온 공동체의 지혜가 이 표현 속에 녹아 있다.

농번기면 품앗이로 노동을 나누고, 가뭄이 들면 두레로 물을 함께 쓰며, 마을 잔치를 통해 기쁨과 슬픔을 나누던 기억들은 모두 공동의 이익을 위해 책임을 분담한 사회적 실천이었다. 이는 오늘날 말하는 지속가능성과 사회적 책임의 가장 원형적 모습이라 할 수 있다.

어린 시절 나는 진천의 들판을 걸으며 친구들과 미래와 환경에 대해 서툴지만 진지하게 이야기하곤 했다.

"우리가 과연 환경을 지켜낼 수 있을까?"

비록 결론에 이르지 못했지만, 그 질문들은 내 안에서 사라지지 않고 책임에 대한 자각으로 남아 지금의 나를 움직이는 등불이 되었다.

이제 나는 그때의 기억을 단순한 추억으로 남기고 싶지 않다. 진천에서 배운 공동체의 정신을 오늘의 현실 속 사회적 책임 언어로 확장하고자 한다. 품앗이는 현대 사회의 자원순환과 공정 분담으로, 두레는 기후위기 시대의 공동 대응으로, 마을 잔치는 공동체 정체성과 신뢰를 재확인하는 사회적 의식으로 재해석될 수 있다. 고향의 전통 속에는 이미 사회적 책임의 씨앗이 숨겨져 있었고, 그것을 현대적으로 계승하는 일이 곧 내가 맡은 과제다.

비록 한 사람의 노력은 적어 보일 수 있다. 그러나 그 작은 실천이 이웃을 움직이고, 이웃의 변화는 마을 문화로 확산하며, 누적된 변화는 제도와 정책을 흔들어 사회적 책임의 구조를 만들어낸다. 개인의 다짐이 제도의 혁신으로 이어지는 길은 이렇게 시작된다.

진천에서 배운 협력과 연대의 정신이 전국 곳곳으로 퍼져나간다면, 우리 사회는 살기 좋은 곳을 넘어 미래 세대가 안심하고 살아갈 수 있는 지속 가능한 터전으로 성장할 것이다.

그러나 약속만으로는 충분하지 않다. 우리의 일상에서 무심히 반복되는 '편리함'이 어떻게 책임의 문제로 바뀌는지 그리고 소비와 폐기가 어떤 윤리적 질문을 던지는지 직시해야 한다. 다음 장 '편리함을 넘어서는 선택, 사회적 책임으로'에서는 이러한 생활의 편리함이 남긴 그림자와 사회적 책임으로 전환해야 할 과제들을 함께 살펴보고자 한다.

모두를 포용하는 지역사회의 책임

ESG의 세 영역 가운데 'S', 즉 사회적 책임은 공동체의 힘에서 비롯된다. 충북 진천은 이 분야에서 이미 주목할 만한 성과를 보여주고 있다. 진천군은 경로당과 마을회관을 단순한 여가 공간에 머물지 않게 하고, 건강 프로그램과 평생학습, 공동 급식 지원을 운영하면서 어르신들의 생활 안정과 사회적 교류를 촉진하고 있다. 고령층이 수혜자에 머무는 것이 아니라 지역사회의 주체로 능동적으로 참여할 수 있도록 지원한다는 점에서 ESG의 사회적 책임을 실천하는 좋은 사례라 할 수 있다.

장애인과 취약계층을 위한 지원도 눈에 띈다. 보호작업장과 재활용품 선별사업, 사회적 기업 협력 모델을 통해 장애인이 경제적 주체로 활동할 수 있는 토대를 마련하고 있다. 이는 복지 차원뿐만 아니라 포용적 사회구조를 만드는 중요한 과정이다.

또한 진천의 로컬푸드 직매장은 생산자와 소비자를 직접 연결해 농민의 소득을 안정시키고, 주민들에게는 신선하고 안전한 먹거리를 제공한다. 소비 행위가 곧 지역을 살리고 신뢰를 쌓는 사회적 실천으로 이어지는 것이다. 마을 협동조합과 청년 농업인의 공동체 활동은 지속 가능한 농업과 지역경제 순환을 강화하며, 사회적 책임의 구체적 실현으로 평가된다.

세대 간 교류 프로그램도 활발하다. 청소년 봉사단이 어르신들의 디지털 생활을 돕고, 학생들이 마을 텃밭과 환경 프로젝트에 참여하는 활동은 배움과 돌봄을 나누는 세대 공존의 장을 만들어낸다. 이러한 연대는 함께 살아가는 터전이 성장하는 힘이 된다.

이처럼 진천은 환경(E)과 지배구조(G)를 넘어 주민 주도형 사회적 책임(S)을 생활 속에서 구현하고 있다. 주민 스스로가 사회적 약자를 포함해 함께 살아가는 구조를 만들고, 이를 문화와 제도로 뿌리내리게 할 때 ESG의 가치는 비로소 구체적 성과로 이어진다.

진천은 한국형 ESG의 방향을 보여주는 모범 지역으로, 앞으로 더 많은 지역사회가 참고할 만한 살아 있는 사례라 할 수 있다.

ESG

편리함을 넘어서는 선택, 사회적 책임으로

편리함이 남긴 불편한 진실

오늘날 우리의 일상은 그 어느 때보다 편리하다. 스마트폰 화면 몇 번의 터치만으로 음식이 집 앞에 도착하고, 온라인 쇼핑을 통해 필요한 물건이 하루 만에 배달된다. 그러나 이러한 편리함의 이면에는 우리가 외면해 온 불편한 진실이 존재한다. 음식 배달을 가능하게 하는 플라스틱 용기와 비닐 포장재, 과대 포장된 택배 상자는 짧은 순간 쓰이고 버려져 결국 쓰레기 산을 만들고 우리 마을 구석구석을 뒤덮는다.

예전 친구들과의 모임에서 음식을 나누어 먹은 적이 있었다. 식사가 끝난 뒤 남은 플라스틱 그릇과 일회용 수저들을 한 봉투에 쓸어 담으며 누군가 무심코 말했다. "어차피 다 태우는 거 아니야?" 그 순간 나는 분리배출이 맞는지조차 확인하지 않았고, 잠시의 편리함을 핑계 삼아 책임을 외면했다. 그러나 그날의 선택은 결국 내 아이와 미래 세대가 감당해야 할 불편함이 되어 돌아온다는 것을 나는 잘 알고 있었다.

　이 장면은 특별한 일이 아니다. 누구나 일상에서 비슷한 순간을 경험한다. 한국은 분리배출이 잘 정착된 나라로 평가되지만, 실질적인 재활용률은 여전히 60% 안팎에 불과하다. 특히 플라스틱은 세척과 재질 분류의 어려움 때문에 실제로는 상당량이 소각되거나 매립된다. 우리가 "재활용했다"라고 믿고 버린 컵 하나가 사실은 수백 년 동안 땅속에 남게 된다는 사실은 불편하지만 외면할 수 없는 진실이다.

　결국 오늘의 편리함은 내일의 불편함이 되고, 더 멀리 미래 세대의 짐이 된다. 하지만 그 불편을 함께 감당하고 해결해 나가는 과정에서 공동체의 정체성은 더욱 단단해진다.

쓰레기가 비추는 윤리의 거울

'버린다'라는 행위는 흔히 개인의 선택으로 치부된다. 그러나 쓰레기를 손에서 놓는 순간 끝났다고 여기는 책임 회피적 사고는 사회 전체의 비용을 외면하는 것이다. 사실상 폐기물의 발생과 처리는 개인의 소비 구조, 지역사회의 관리 체계, 국가의 자원순환 정책이 맞물린 결과물이다. 따라서 쓰레기는 단순한 오물이 아니라 우리 사회의 윤리 수준과 제도적 역량을 동시에 비추는 거울이다.

　거리를 깨끗하게 유지하는 사회는 단지 청소 인력의 근면함에 의존하지 않는다. 그 배경에는 주민들이 분리배출 규칙을 지키고, 공동의 공간을 존중하며, 미래 세대를 고려하는 문화가 전제되어 있다. 이와 반대로 길거리에 쓰레기가 방치된다는 것은 단순한 위생 문제를 넘어 제도의 미비, 시민의식의 결여, 책임성의 약화를 함께 드러낸다. 즉 거리의 청결도는 공동체의 윤리 의식과 행정 시스템의 성숙도를 측정하는 또 하나의 지표다.

실제 사례를 보면, 서울 성동구의 '투명 페트병 전용 분리 배출제'는 시민 행동과 정책적 설계가 맞물렸을 때 어떤 성과가 나오는지를 잘 보여준다. 투명 페트병을 전용 수거함에 모아 고품질 재생 원료로 활용하도록 한 정책은 초기에는 번거롭다는 불만을 낳았지만, 지자체가 홍보와 보상을 병행하고 학교, 아파트 단지와 연계한 결과 참여율이 빠르게 증가했다. 이 과정에서 시민들은 단순한 투명 페트병 분리배출이 아니라 자신이 자원의 가치 보존과 사회적 비용 절감에 이바지한다는 책임 의식을 학습하게 되었다.

수원시의 음식물 쓰레기 RFID 종량제는 개인의 배출량을 자동 계량해 수수료로 부과하는 제도다. 이 정책은 주민들에게 '내가 버린 것이 곧 나의 비용'이라는 직접적 책임 구조를 심어주었고, 시행 초기 20% 이상 음식물 쓰레기 발생량을 줄이는 효과를 가져왔다. 이는 쓰레기를 어떻게 버리느냐가 단순한 습관의 문제가 아니라 정책적 인센티브 설계와 사회적 책임 구조에 따라 달라진다는 사실을 보여준다.

결국 쓰레기를 대하는 태도는 개인의 윤리적 문제에 머물지 않는다. 그것은 사회 전체의 자원순환 시스템, 행정의 투명성, 공동체 신뢰 수준과 맞닿아 있다.

잘 버린다는 것은 곧 사회적 비용을 줄이고, 자원의 생애주기를 연장하며, 미래 세대의 삶의 질을 보장하는 제도적 기반을 세운다는 의미다. 따라서 폐기물 관리 정책은 단순히 환경 행정의 한 영역보다는 사회 윤리와 책임 의식의 제도화 과정으로 이해되어야 한다.

개인의 선택에서 사회적 책임으로

많은 사람이 여전히 환경 문제와 사회적 책임을 기업이나 정부의 몫으로 돌린다. 그러나 그런 안일한 태도는 결국 미래 세대가 짊어져야 할 쓰레기 산을 만들고 사회적 비용을 키운다.

사실 개인의 선택은 결코 개인에 머물지 않는다. 오늘 내가 무엇을 사고, 어떻게 사용하며, 어디에 버리는가는 사회 전체의 흐름과 연결된다. 분리배출을 성실히 하고, 지역 먹거리를 소비하며, 대중교통을 이용하는 습관은 개인의 미덕을 넘어 자원순환을 촉진하고, 탄소 배출을 줄이며, 공동체의 경제를 지탱하는 사회적 실천이 된다. 반대로 재활용할 수 없는 플라스틱을 무심코 버리는 행동은 다른 이의 노동을 가중하고, 더 큰 환경적 부담으로 되돌아온다.

개인의 일상적 선택은 사회적 책임으로 확장될 수밖에 없다. 나의 행동이 이웃에게 영향을 주고, 이웃의 행동은 다시 사회적 문화와 제도로 이어진다. 결국 사회적 책임은 '나'라는 울타리를 넘어 '우리'라는 공동체 속에서 완성된다.

따라서 우리는 "나부터 시작하자"라는 태도로 나가야 한다. 내가 소비하는 방식, 쓰레기를 버리는 습관, 자원을 사용하는 태도는 개인의 문제가 아니라 사회와 미래 세대에 대한 약속이다. 그 약속이 지켜질 때 작은 선택은 사회 전체를 바꾸는 힘을 발휘한다. 그리고 그 변화의 출발점은 거창한 제도나 정책이 아니라 바로 지금 내가 내리는 선택이다.

한 사람의 작은 선택이 이웃을 움직이고, 그 힘이 모이면 공동체의 문화가 바뀐다. 이제 우리의 시선을 더 넓혀 생활 속 약속이 어떻게 제도의 변화를 이끌고 사회 전체를 움직이는 원동력이 되는지 살펴보자.

ESG

지역의 선택이 제도를 바꾼다

작은 실천이 만드는 지역의 변화

개인의 다짐이 모여 공동체의 습관이 되고, 그 습관이 쌓이면 어느새 지역의 문화가 된다. 마을은 이렇게 작은 행동들이 겹겹이 쌓여 변화를 이끄는 살아 있는 현장이다. 전등을 끄는 손길, 분리배출을 철저히 하는 태도, 장바구니를 챙기는 습관 같은 일상의 선택들이 눈에 보이지 않는 실핏줄처럼 지역 구석구석을 흐르며, 결국 공공의 구조와 정책까지 흔들어 놓는다.

예를 들어 집을 나서며 멀티탭 스위치를 확인하는 습관은 단순히 가정의 전기요금을 줄이는 차원을 넘어선다. 이 작은 행동이 모이면 동네 전체의 전력피크 수요가 낮아져 전력망의 안정성이 커지고, 지자체의 전력피크 요금까지 줄어든다. 또 가정에서 절수형 샤워기를 사용하고, 빗물을 모아 화분에 주는 일은 개별 가정의 절약을 넘어 지역의 수자원 관리 효율을 높이고, 가뭄 시 물을 공급할 수 있는 여유를 만들어낸다.

생활폐기물 관리에서도 작은 선택은 큰 결과로 이어진다. 무포장 장보기, 다회용기 사용, 배달 시 일회용품 제외 옵션을 선택하는 행동은 재활용품의 오염률을 크게 낮추고, 선별장의 노동 부담과 비용을 줄인다. 주 1회 음식물 쓰레기 수분을 제거하는 습관만으로도 처리 비용과 악취 민원이 줄고, 수거 차량의 운행 횟수까지 감소한다. 이처럼 보잘것없어 보이는 선택들이 모여 지역의 행정 구조와 재정 효율까지 바꾸는 것이다.

교통 습관도 지역의 공기를 바꾸는 중요한 전환점이다. 직장에서 '회의는 온라인, 이동은 묶어서'라는 원칙을 세우거나 학교에서 '도보 등굣길의 날'을 운영하면, 출퇴근 교통량이 줄고 골목상권의 보행자 유입이 늘어나 지역경제가 살아난다. 또한 보행로 개선과 교통안전 정책의 우선순위가 데이터와 함께 제기되며, 교통사고 감소라는 직접적 성과로 이어진다.

식생활 습관 역시 지역 순환을 강화한다. 주 1회 로컬푸드를 구매하고, 학교 급식에 제철 식단을 기본으로 삼으며, 남은 음식을 공유 냉장고로 나누는 작은 실천은 지역 농업의 안정성을 높이고 장거리 운송에 따른 탄소 배출을 줄인다. 또한 마을 텃밭이 커뮤니티 정원으로 확장되면 주민 간의 경험과 지식이 공유되어 교육과 문화로 이어진다. 결국 생활의 작은 변화가 모여 지역의 문화와 제도를 뒤흔드는 것이다.

책임을 공유하는 공동체의 힘

작은 실천이 일시적 유행을 넘어 지속되는 문화가 되려면 개인의 선의를 소모하지 않고 뒷받침하는 공동의 장치가 필요하다. 아파트 단지, 연립

주택, 단독주택별로 재활용 수거함을 재질별·크기별로 명확히 나누고, 매주 같은 요일과 시간에 무인 계량형 수거대를 운영하며, 오염률과 분리 정확도, 회수량을 현관별과 층별 및 동별로 가시화하여 피드백을 제공하면, '나는 제대로 하고 있는가'라는 막연한 불안이 구체적 기준과 공정한 비교로 전환된다. 이때 상벌은 포인트, 분담금 감면, 공용시설 이용권 등 긍정 인센티브 중심으로 설계해야 피로감 없이 참여가 유지된다.

상점가와 시장에서는 다회용기 회수 인프라가 주요 관건이다. 업종별 표준 용기 규격을 정하고, 보증금을 디지털 영수증으로 자동 적용 환급하며, 동네마다 세척 거점을 두어 위생과 회수를 한 번에 해결하면 소상공인의 인력 부담 없이 제도가 굴러간다. 여기에 '개인 용기 지참 시 50원 할인' 같은 행동 유도형 넛지를 더하고, 월 1회 무포장 상점의 날을 열어 시민과 상인이 함께 실험하면, 변화는 빠르게 상업 관행을 바꾸는 기준이 된다.

학교와 공공시설은 표준을 만드는 무대다. 학교 급식은 다회용 식판과 컵을 유지하면서 잔반 지표를 학급별로 공개하고, 1인당 잔반량 목표를 학기 단위로 합의하며, 과목 연계 프로젝트(과학: 음식물 수불률 측정, 사회: 자원 순환지도 만들기, 수학: 감량 데이터 시각화 등)를 통해 '학습-실천-평가'가 한 사이클로 돌아가게 하면, 학생들의 선택은 곧 지역의 미래 기준이 된다. 도서관, 주민센터, 체육관 같은 공공시설은 에너지 대시보드를 게시판에 상시 공개하고, 월별 절감 목표 달성 시 이용료 할인 및 야간 개방 확대 같은 공유 혜택을 부여하여 '절약 = 불편'이라는 통념을 '절약 = 공동 이익'으로 전환한다.

무엇보다 중요한 것은 참여의 문턱을 낮추는 것이다. 동네마다 '5-5-5 생활 약속'(하루 5분 전기·물 절약, 주 5회 분리배출 정확 실천, 월 5회 도보·자전거 이동)을 제안하고, 스티커와 배지 같은 가벼운 인증에서 시작해 분기마다 주민과 행정, 상인이 함께 데이터와 사례를 공유하는 동네 공개회의를 열면, 책임은 의무가 아니라 자기 규범으로 자리 잡는다. 이 공개회의는 불만을 표출하는 장이 아니라 '문제-아이디어-실험-결과'의 순환을 합의하는 워킹 세션으로 설계해야 하며, 실패 사례를 환영하는 분위기가 조성될수록 혁신은 빨라진다.

작은 실천에서 제도적 변화로

생활 속에서 시작된 작은 전환이 정책으로 반영되고 국가 예산으로 뒷받침되면, 지역에서 일어난 변화는 일시적 실험을 넘어 구조적 변화로 자리 잡는다.

첫째, 지표는 단순하고 명료해야 한다. 가구당 전력 사용량, 1인당 일회용품 사용량, 음식물 쓰레기 배출량, 재활용 정확도, 로컬푸드 구매 비율 같은 생활 지표를 주민 누구나 확인할 수 있도록 동네 대시보드로 공개하면, 수치가 곧 비교가 되고 비교는 곧 개선의 동력이 된다.

둘째, 작은 실험을 제도화해야 한다. 예를 들어 '다회용기 보증제'를 상점가 일부에서 시범 운영한 뒤 성과와 문제점을 점검하고, 이를 기준으로 구 전역, 나아가 광역 단위로 확산한다면 주민의 참여가 제도의 기반으로 굳어진다. 같은 방식으로 무포장 판매, 배달 앱의 기본 옵션 전환 등도 생활 속 편리함을 해치지 않으면서 제도화할 수 있다.

셋째, 조달과 예산의 조건부 설계가 필요하다. 지자체가 발주하는 용역, 행사 물품, 홍보물 등에 재사용과 재활용 비율을 명시하고, 교육과 문화, 체육 예산 일부를 생활 전환 프로젝트 공모에 배정하면, 주민과 학교,

상점의 아이디어가 곧바로 실행비로 이어질 수 있다.

넷째, 생산과 유통 단계에서 감축을 전제로 한 설계가 뒤따라야 한다. 포장재, 간판, 실내장식 소재를 모듈화하고 재사용할 수 있는 구조로 전환하면, 분리배출, 세척 및 수거 과정에서의 사회적 비용이 크게 줄어든다. 개인에게만 부담을 지우던 구조가 생산자 및 유통업자와 함께 책임을 나누는 체계로 이동하는 것이다.

마지막으로, 사람의 마음을 움직이는 인정과 이야기가 필요하다. 숫자만 나열하는 대신 '이달의 생활 전환 장면'을 사진과 사연으로 함께 기록하고, 실패한 시도도 학습의 자산으로 남기면, 참여는 성과 발표가 아니라 경험 공유가 된다. 또한 상인, 학생, 경비, 미화원, 운전기사 등 현장의 주역들을 시상하고, 정책 발표 자리의 맨 앞줄에 세우는 상징적 배려는 제도가 사람을 위해 존재한다는 사실을 생활의 언어로 보여준다.

지역에서 시작된 이런 변화가 제도와 정책으로 뿌리내리면 그것은 주민 참여를 넘어 사회적 안전망과 경제 구조를 바꾸는 힘으로 작동한다. 위기 속에서도 흔들리지 않는 회복력은 바로 이 과정에서 만들어지고, 그 회복력은 다음 세대가 더 적은 자원으로 더 나은 삶을 설계할 수 있는 토대가 된다. 조용하지만 강력한 변화, 그것이 곧 "지역이 변하면 사회가 변한다"라는 말의 진정한 의미이다.

고령화 사회의 도전과 지역사회의 해답

고령화는 우리 사회 전체가 맞닥뜨린 거대한 흐름이자 피할 수 없는 도전이다. 기대수명이 늘어나고 출산율이 낮아지면서 돌봄, 복지, 의료, 일자리, 세대 교류 등 지역사회 전반이 새로운 균형을 요구받고 있다. 진천 역시 이러한 변화의 한가운데에 놓여 있으며, 주민들은 일상의 지혜와 협력으로 그 해답을 모색하고 있다.

진천에서는 어르신 돌봄 프로그램과 마을회관을 활용한 학습과 교류 활동이 꾸준히 이어지고 있다. 이는 고령층을 단순히 돌봄의 대상으로만 바라보는 것이 아니라 지역사회의 주체로 함께 설계하고 참여할 수 있도록 돕는 기반이 되고 있다. 농업과 연계한 활동(텃밭 가꾸기, 향토 먹거리 가공, 마을 돌봄 서비스 등)은 어르신들의 경험과 능력을 지역 경제와 공동체에 다시 연결해 자립과 자긍심을 동시에 키우고 있다. 청년과 노인이 함께하는 세대 통합 프로그램 또한 점차 확대되어 고령화가 단절이 아닌 연대를 강화하는 기회로 작동하고 있다.

이러한 시도가 일회적 성과에 머물지 않으려면 생활 현장에서 나온 작은 실천이 제도와 정책으로 연결되어야 한다. 주민들의 작은 아이디어와 실천은 지역사회의 소중한 자산이며, 그것이 행정적 언어로 전환되고 제도적 틀 속에 자리 잡을 때 지속할 수 있는 변화가 가능하다.

진천이 보여주는 길은 고령화 사회의 도전을 공동체의 힘으로 풀어내는 해답이다. 주민의 참여와 제도의 지원이 어우러질 때 진천은 고령화 시대를 선도적으로 대응하는 모범 지역으로 성장할 수 있으며, 이는 충북을 넘어 우리 사회 전체가 나아가야 할 중요한 방향이 될 것이다. 나 또한 이 과정을 함께 설계해야 할 책무를 지닌 한 사람으로서 진천이 보여주는 가능성이 큰 미래의 대안으로 자리매김하도록 힘을 보태고자 한다.

ESG

세대를 잇는 약속, 우리가 함께 설계할 미래

오늘의 선택이 내일을 만든다

지속 가능한 미래는 거창한 선언에서 출발하지 않는다. 그것은 오늘 우리가 내리는 작은 선택 속에서 이미 시작되고 있다. 집을 나서기 전 전등 스위치를 끄는 습관, 가까운 거리를 걸어 다니려는 결심, 불필요한 소비를 줄이고 필요한 만큼만 나누어 쓰는 태도 등 이 모든 것은 단순한 생활 방식 같아 보이지만, 시간이 쌓이면 사회의 문화가 되고, 더 나아가 미래 세대가 살아갈 환경과 질서를 결정짓는 힘이 된다.

무심코 내뱉는 "나 하나쯤이야"라는 말은 단순한 변명이 아니다. 그것은 공동체의 노력을 무력화시키고, 사회적 부담을 증폭시키는 도화선이 된다. 반대로 "나부터 시작하자"라는 태도는 작은 파급을 넘어 마을의 풍경과 사회의 문화를 바꾸는 출발점이 된다. 오늘의 실천이 내일의 삶을 바꾼다는 인식, 그것이야말로 우리가 지켜야 할 가장 단단한 약속이다.

기후위기, 자원 고갈, 사회적 불평등이라는 거대한 문제는 정책 문서 속 지표만으로 해결되지 않는다. 해답은 오히려 소박한 질문 속에 숨어 있다.

"오늘 나는 무엇을 절약하고, 무엇을 버리며, 무엇을 나눌 것인가?"

이 질문은 곧 "내일 우리 사회는 어떤 모습으로 살아갈 것인가?"라는 물음과 직결된다.

세대와 세대를 잇는 약속

ESG와 지속가능성은 지금의 세대를 위한 선택에만 머물지 않는다. 그것은 다음 세대와 맺는 약속이며, 우리가 미래에 남겨줄 가장 큰 유산이다. 부모가 자녀에게 물려줄 수 있는 진정한 유산은 땅이나 재물이 아니라 그들이 살아갈 건강한 환경, 사회가 공유하는 가치 그리고 공동체가 세운 신뢰의 토대다.

우리가 오늘 환경을 지키고 사회적 책임을 다하며 공정한 질서를 세운다면, 그것은 곧 미래 세대가 누릴 수 있는 가장 값진 선물이 된다. 반대로 무분별한 소비와 편리함에 기댄 선택을 이어간다면, 그 부담은 고스란히 그들에게 짐이 된다. 우리의 태도는 결국 그들의 선택의 폭을 넓혀 주거나 오히려 좁혀 버리는 양날의 칼과 같다.

작은 실천이 이어질 때 지속가능성은 세대를 가로질러 생명력을 얻는다. 부모가 아이와 함께 텃밭에서 씨앗을 심는 일은 단순한 농사 체험이 아니라 자연과 공존하는 삶을 배우는 교육이 된다. 교사가 교실에서 분리 배출을 지도할 때 학생은 그것을 단순한 규칙이 아니라 사회적 책임의 표현으로 받아들이게 된다. 이렇게 이어지는 작은 교육과 실천은 지식의 전달을 넘어 가치의 계승으로 이어진다.

결국 우리가 만드는 모든 작은 약속은 곧 미래 세대와의 대화다. 비록 그들은 아직 목소리를 내지 못하지만, 우리의 선택 하나하나는 그들의 권리를 보장하거나 훼손하는 길로 이어진다.

"오늘 내가 내린 결정이 내 아이와 미래 세대가 살아갈 세상에 어떤 흔적을 남길 것인가?"

이 질문을 가슴에 품을 때 우리는 이미 올바른 길 위에 서 있는 것이다. 그리고 여기서 멈추지 말아야 한다. 작은 선택은 거창할 필요가 없다. 플라스틱 컵 대신 텀블러를 소지하는 일, 불필요한 전등을 끄는 일, 이웃과 나누는 소박한 연대의 행동 등 이 작은 약속들이 모여 세상을 바꾸고, 우리가 꿈꾸는 지속 가능한 미래를 현실로 만든다.

우리의 약속, 내일의 길이 되다

이 글의 여정은 결국 "작은 실천이 큰 변화를 만든다"라는 하나의 문장으로 귀결된다.

지금까지 우리는 생활 속 작은 습관이 이미 ESG의 뿌리라는 사실을 확인했고, 그러한 습관이 지역사회의 약속으로 확장될 때 지속가능성이 현실이 된다는 점을 살펴보았다. 편리함의 그림자와 쓰레기의 문제를 통해 사회적 책임의 본질을 마주했으며, 생활 속 전환이 지역 구조와 제도로까지 확산하는 과정을 목격했다. 그리고 이러한 실천이 현재 세대와 미래 세대를 잇는 약속임을 다시금 확인했다.

이 모든 흐름은 서로 단절된 이야기가 아니다. 작은 습관은 약속이 되고, 약속은 공동체의 문화가 되며, 문화는 제도를 움직이고, 제도는 다시 사회 전체의 변화를 끌어낸다. 이렇게 이어진 선순환은 우리 곁의 작은 장면에서 출발해 결국 미래 세대가 살아갈 터전까지 도달한다.

그러나 이 길은 혼자가 아닌 함께 걸어야 하는 길이다. 한 사람의 실천이 이웃을 움직이고, 마을을 바꾸며, 결국 사회의 문화를 흔들어 새로운 기준을 만든다. 혼자서는 미약해 보일 수 있는 행동도 함께할 때는 제도와 국가 정책까지 바꾸는 힘으로 확장된다. 따라서 독자에게 전하고 싶은 메시지는 단순하다.

"완벽한 실천을 당장 시작하지 않아도 좋습니다. 그러나 오늘 이 자리에서 할 수 있는 작은 선택 하나만은 시작해 주십시오."

텀블러를 챙기는 일, 불필요한 전등을 끄는 일, 가까운 거리를 걸어가는 일, 이웃과 나누는 작은 연대 등 그 사소한 약속이 모여 우리의 공동체를 지키고, 미래 세대가 살아갈 세상을 더 안전하고 풍요롭게 만든다.

오늘 우리가 내린 결정이 곧 내일의 사회와 환경을 결정한다. 작은 약속은 곧 미래를 향한 길이고, 그 길은 우리가 함께 걸어갈 내일의 희망이다.

CHAPTER 06

ESG 시대의 마케팅 전략
_ 소비자 심리에서
지속 가능한 브랜드까지

안혜경

(주)서현커뮤니케이션 광고대행사 대표 / 대덕문화관광재단 비상임이사
대전광역시 씨름협회 부회장 / 소상공인진흥공단 컨설턴트 / 한국ESG경영인증원 수석전문위원

한밭대학교 창업학과 석사, 대전대학교 융합컨설팅학과 박사과정 중이다. 창업 및 중소기업 경영을 연구하며, 이론적 탐구와 실무 경험을 겸비한 전문가다. 25년간 온라인마케팅 실질적인 운영과 경험을 토대로 일자리경제진흥원 코칭, 예비창업패키지 전담멘토로 활동하고 있다.
수출혁신바우처 수행기관이자 여성기업으로 한국디자인진흥원 디자인전문회사로 인증한 전문회사 (주)서현커뮤니케이션을 운영 중이다.

ESG

소비자 심리와
ESG 마케팅의 변화

오늘날 소비자는 더 이상 가격표에만 눈길을 주지 않는다. 한때는 가성비가 모든 소비 기준을 지배했지만, 이제는 '가치비'라는 단어가 더 익숙하다. 즉 단순히 싸고 좋은 제품이 아니라 그 제품이 담고 있는 가치와 철학을 따져 묻는 것이다.

불과 몇 년 전만 해도 20~30대는 화장품 구매 시 광고 모델이나 색감, 할인율 등이 선택 기준이었다. 하지만 지금은 다르다. 브랜드가 동물실험을 하지 않는지, 친환경 용기를 쓰는지부터 확인한다. SNS에서 '#비건뷰티'라는 해시태그가 200만 건 넘게 검색되는 이유가 바로 여기에 있다. 소비자들에게 ESG는 이제 선택이 아니라 '기본'이 되어 가고 있는 것이다.

한국소비자원의 조사에 따르면, 20~30대 응답자의 68%가 제품을 구매할 때 기업의 사회적 책임 활동을 고려한다고 답했다. 이 수치는 단순한 데이터가 아니다. '가치소비'가 일시적인 트렌드가 아니라 구조적인 소비 심리로 자리 잡았음을 보여준다. 기업이 ESG를 무시하면 젊은 소비자의 지갑은 결코 열리지 않는 시대라는 뜻이다.

국제적으로도 흐름은 동일하다. 스타벅스의 종이 빨대 사용에 대해 많은 이들이 처음에는 불편을 호소했지만, 시간이 지나면서 오히려 '지구를 위해 감수한 작은 번거로움'이라는 인식이 확산됐다. 소비자는 단순히 커피를 마신 것이 아니라 환경보호에 동참했다는 자부심을 함께 얻은 것이다. 이처럼 ESG 활동은 소비자에게 구매 이상의 공감과 자부심을 준다.

하지만 소비자는 결코 가볍게 속아 넘어가지 않는다. 보여주기식 ESG, 즉 '그린워싱'에는 즉각적으로 마음의 문을 닫아버린다. 폭스바겐의 디젤게이트 사건을 떠올려 보자. 친환경 차량이라 홍보했지만 배출가스 조작이 밝혀지자 소비자들은 등을 돌렸다. 패스트패션 브랜드들이 재활용 캠페인을 대대적으로 홍보했을 때도 정작 의류 폐기량은 늘어났다는 사실이 드러나면서 비판이 쏟아졌다. 소비자 심리에는 "기업의 메시지와 실제 행동은 일치하는가?"라는 질문이 늘 자리하고 있다. 결국 ESG 마케팅의 힘은 기업의 진정성에서 나온다.

주목할 만한 점은 ESG가 기업과 소비자의 관계를 거래에서 '동행'으로 바꾸고 있다는 것이다. 소비자는 이제 지갑을 여는 존재가 아니라 변화를 함께 써 내려가는 주인공이다. 한 국내 아웃도어 브랜드는 등산화 한 켤레가 팔릴 때마다 그 수익 일부를 숲을 다시 살리는 프로젝트에 보탠다. 소비자는 신발을 사는 동시에 "내가 숲을 지켰다"라는 뿌듯함을 느꼈고, 그 경험은 단순한 소비를 넘어 브랜드에 대한 깊은 애정으로 이어졌다.

이제 마케팅은 좋은 제품을 소개하는 차원을 넘어선다. 소비자의 마음속 깊은 곳에 숨어 있는 책임감과 연대감 그리고 자부심을 일깨우는 일이다. ESG는 바로 그 마음의 언어이며, 기업과 소비자가 진심으로 연결되는 새로운 다리가 되고 있다.

과거에는 기업이 ESG를 선택 사항으로 여길 수 있었다. 하지만 지금은 다르다. ESG는 사회 공헌 활동을 넘어 소비자의 선택을 좌우하는 심리적 기준이자 기업 생존의 조건이다. '이 기업과 함께하는 것이 곧 나의 정체성을 표현하는 것'이라는 확신을 소비자에게 주지 못한다면, 그 기업은 미래 시장에서 설 자리를 잃게 될 것이다.

가치소비와 MZ 세대의 부상

지난 10년 동안 소비자의 심리는 완전히 달라졌다. 예전엔 가격과 품질이 전부였지만, 이제는 사회적 책임과 지속가능성이 핵심이다. 소비자는 구매를 통해 세상을 지지할 수도, 외면할 수도 있다는 사실을 안다. 그래서 젊은 세대를 중심으로 윤리적 소비, 가치소비가 눈에 띄게 퍼지고 있다. 앞서 언급했듯이 20~30대의 약 68%가 제품 구매 시 기업의 사회적 책임 활동을 고려한다고 한다. 이 수치는 단순한 유행이 아니라 구조적인 소비 행태의 변화를 의미한다.

MZ 세대는 가치소비를 단순한 개인의 선택이 아니라 사회적 실천으로 인식한다. 이들은 SNS를 통해 자신이 경험한 브랜드의 ESG 활동을 공유하고 다른 소비자들에게 영향을 미친다. 기업이 환경과 인권을 존중하는 정책을 펼치면 자발적으로 긍정적 이미지를 확산시키고, 반대로 ESG를 외면하거나 형식적으로만 실행하면 불매 운동이나 비판 여론을 만들어 낸다. 소비자 심리는 더 이상 수동적이지 않고 적극적으로 기업의 행동을 평가하는 감시자의 역할까지 수행한다.

해외 사례에서도 동일한 흐름이 나타난다. 애플은 최신 기술과 디자인

뿐 아니라 '지속 가능한 혁신'이라는 메시지를 강조하면서 재활용 알루미늄 사용과 재생에너지 도입을 적극 홍보했다. 그 결과 소비자들은 단지 제품을 구매하는 것이 아니라 지속 가능한 미래에 기여한다는 인식을 가질 수 있었다. 이는 브랜드 충성도로 이어지고, 기업의 장기적인 성장에도 긍정적 영향을 미쳤다.

반대로 그린워싱은 가치소비의 확산 속에서 큰 위험 요인이 된다. 한 글로벌 패션 기업은 재활용 소재를 강조했지만 실제 사용 비율이 미미하다는 사실이 드러나면서 불매 운동이 일어났다. 소비자는 기업의 메시지와 실제 행동이 일치하는지를 면밀히 검증한다. ESG 활동이 진정성 있게 실천되지 않으면 브랜드 신뢰를 잃고 부정적 이미지가 더 크게 확산한다. 이는 기업에게 가치소비 시대의 냉혹한 현실을 보여주는 사례이다.

가치소비의 중심에는 MZ 세대가 있다. 이들은 사회적 문제에 민감하게 반응하며, 기업의 행동을 평가하는 데 적극적이다. 디지털 네이티브로서 정보 접근성이 뛰어나 기업의 ESG 활동이 실제인지 형식인지 구별하는 데도 능숙하다. 기업은 MZ 세대를 단순한 고객이 아니라 ESG 실천의 파트너로 인식할 필요가 있다.

가치소비는 소비 패턴의 변화가 아니라 사회적 계약의 재구성이다. 소비자가 ESG를 선택의 기준으로 삼는 순간 기업은 더 이상 환경과 사회적 책임을 선택할 수 있는 옵션으로 두지 못한다. 이는 곧 기업 생존의 조건이자 미래 성장의 토대가 된다.

따라서 기업은 MZ 세대의 가치소비를 위협으로만 볼 것이 아니라 새로운 기회로 활용해야 한다. ESG를 진정성 있게 실천하고 이를 소비자와 투명하게 공유하면 소비자는 브랜드의 가장 강력한 지지자가 된다. 결국 가치소비와 MZ 세대의 부상은 ESG 시대를 이끄는 핵심 동력이며, 이를 이해한 기업만이 미래의 경쟁에서 우위를 점할 수 있다.

ESG가 브랜드 신뢰에 미치는 영향

브랜드 신뢰는 단순히 제품의 품질이나 가격에서 비롯되지 않는다. 오늘날 소비자는 기업이 어떤 가치를 추구하는지를 꼼꼼히 살피며, ESG는 신뢰 형성의 핵심 지표가 되었다. 소비자는 자신이 선택한 브랜드가 환경을 파괴하거나 인권을 침해하지 않기를 원하며, 이러한 기대에 부응할 때 기업은 장기적인 충성도를 확보할 수 있다. 반대로 진정성이 결여된 ESG 활동은 오히려 브랜드 신뢰를 무너뜨린다.

환경을 고려한 작은 변화가 소비자의 공감을 얻고, 이는 브랜드 충성도로 이어진다. 코카콜라는 '세계 물의 날' 캠페인을 통해 소비자의 참여를 유도하며 ESG 활동을 마케팅과 연결했는데, 참여율이 기대치를 넘어서면서 브랜드 호감도가 높아졌다. 이처럼 ESG는 소비자가 브랜드와 정서적 유대를 형성하는 매개체 역할을 한다.

애플 역시 ESG와 브랜드 신뢰의 연결성을 잘 보여준다. 애플은 재활용 알루미늄과 재생에너지 사용을 강조하며 '지속 가능한 혁신'이라는 브랜드 메시지를 전달했다. 이는 최신 기술과 세련된 디자인이라는 기존 이미지에 더해 윤리적이고 책임 있는 기업이라는 인식을 강화했다. 소비자는 제품만 구매하는 것이 아니라 자신이 속한 사회와 미래 세대에 기여하고 있다는 긍정적 감정을 느끼게 된다. 이러한 경험은 브랜드 충성도로 이어지고, 애플의 장기적 성장 기반이 된다.

그러나 ESG가 항상 브랜드 신뢰를 보장하는 것은 아니다. '그린워싱

(greenwashing)'은 대표적인 위험 요소다. 앞서 언급했듯이 한 글로벌 패션 기업이 재활용 소재를 강조했지만 실제 사용 비율이 미미하다는 사실이 드러나면서 불매 운동과 불신이 확산되었다. 진정성이 결여된 활동은 오히려 브랜드 신뢰를 떨어뜨리는 역효과를 낳는다. ESG 활동은 단순한 홍보가 아니라 실제 경영 전반에 녹아 있어야 한다.

브랜드 신뢰에 있어 투명성은 결정적이다. 소비자는 ESG 활동의 구체적인 성과와 수치를 원한다. 단순히 "친환경 경영을 한다"라는 구호가 아니라 몇 퍼센트의 재활용 소재를 사용했는지, 얼마만큼의 온실가스를 감축했는지 명확히 제시할 때 신뢰가 생긴다. 투명한 데이터 공개는 기업이 진정성을 갖고 있다는 강력한 신호이며, 이는 곧 브랜드 신뢰로 전환된다.

참여성 역시 중요하다. 소비자가 ESG 활동의 결과를 소비하는 데서 나아가 직접 그 과정에 참여할 수 있어야 한다. 나이키의 '무브 투 제로(Move to Zero)' 캠페인은 소비자가 낡은 운동화를 반납하면 재활용해 새로운 제품으로 만드는 방식이었다. 이 과정에서 소비자는 ESG 실천의 동반자로 인식되었고, 이는 브랜드 충성도를 높이는 효과를 가져왔다.

브랜드 신뢰는 단기적 효과가 아니라 장기적 관계의 결과이다. ESG 활동이 일회성 이벤트나 마케팅 수단으로만 소비되면 소비자는 곧 피로감을 느끼고 불신하게 된다. 따라서 기업은 ESG를 장기적인 전략으로 내재화하고, 브랜드 이미지를 관리하는 수준이 아니라 기업 정체성의 일부로 자리 잡아야 한다.

결국 ESG는 브랜드 신뢰의 핵심 축이다. 소비자는 기업의 사회적 책임을 평가 기준으로 삼으면서 ESG 활동의 진정성과 지속성에 따라 브랜드를 선택한다. 기업은 이를 마케팅 도구가 아닌 장기적 성장 전략으로 인식해야 한다.

신뢰는 하루아침에 형성되지 않지만, ESG 실천이 꾸준히 이어질 때 브랜드는 사회적 자본을 축적하며 미래 경쟁에서 우위를 점할 수 있다.

소비자의 그린워싱 인식과 위험 요소

ESG 경영이 확산하면서 '그린워싱(greenwashing)' 문제는 중요한 화두로 떠올랐다. 그린워싱은 기업이 실제보다 과장되게 친환경 이미지를 홍보하거나 형식적 활동으로 ESG를 실천하는 것처럼 포장하는 행위를 뜻한다. 소비자는 이제 이러한 그린워싱을 민감하게 인식하며, 기업의 메시지와 실제 행동의 불일치를 빠르게 감지한다. ESG가 브랜드 신뢰의 기반이 된 만큼 그린워싱은 기업의 가장 큰 위험 요소 중 하나이다.

소비자의 눈높이는 점점 더 높아지고 있고, 형식적인 ESG 활동을 더 이상 용납하지 않는다. MZ 세대를 중심으로 한 소비자들은 디지털 플랫폼을 통해 기업의 ESG 활동을 면밀히 검증한다. 단순한 기업 홍보물이 아니라 NGO 보고서, 언론 보도, 실제 현장 사례를 비교해 판단한다. 따라서 기업이 보여주기식으로 ESG를 포장할 경우 오히려 역효과가 발생할 가능성이 크다. 그린워싱은 소비자의 불신을 불러일으키고, 브랜드에 대한 부정적 여론을 증폭시킨다.

그린워싱의 또 다른 위험은 소비자 피로감을 유발한다는 점이다. ESG 메시지가 반복적으로 홍보되지만 실질적 변화가 없으면 소비자는 "또 마케팅이구나"라는 냉소적 태도를 갖게 된다. 이는 ESG 자체의 가치를 훼손할 뿐 아니라 진정성 있는 기업들까지 불신의 대상이 되는 부작용을 초래한다. 결과적으로 전체 시장에서 ESG 신뢰도가 약화되며, 책임 있는 기업의 노력이 희석될 수 있다.

규제 강화도 기업에게 도전 과제로 다가온다. 유럽연합(EU)은 2024년부터 '기업 지속가능성 보고 지침(CSRD)'을 통해 ESG 공시를 의무화했다. 이는 내부 보고서 차원이 아닌 소비자와 투자자에게 투명하게 공개해야 한다는 요구다. 만약 기업이 실제와 다른 정보를 제공할 경우 법적 제재뿐만 아니라 글로벌 시장에서 퇴출당할 위험에 처하게 된다. 그린워싱은 단순히 평판의 문제가 아니라 법적·재정적 리스크로 이어질 수 있다.

소비자는 ESG 활동이 진정성 있는지, 장기적으로 지속되는지에 주목한다. 일회성 캠페인이나 단기적 이벤트는 쉽게 간파된다. 따라서 기업은 구체적 수치와 데이터를 공개하고, 성과를 장기적으로 보여줄 필요가 있다. 예컨대 '재활용 소재 사용률 20% 달성'과 같은 수치화된 성과는 신뢰를 얻지만, 모호한 구호는 의심을 산다. 투명성과 구체성은 그린워싱 리스크를 줄이는 핵심이다.

그린워싱을 피하기 위해서는 ESG가 기업의 경영 전략 전반에 내재화되어야 한다. 단순히 마케팅 부서에서 홍보하는 차원이 아니라 생산, 유통, 인사 등 전 부문에서 실질적 변화가 이루어져야 한다. 기업이 보여주기식 활동을 반복한다면 소비자의 불신은 더 깊어지고, 브랜드는 회복하기 어려운 타격을 입게 된다.

결국 그린워싱은 ESG 시대의 가장 큰 위험 요소이자 소비자가 기업을 평가하는 잣대가 된다. 소비자는 기업의 말보다 행동을 본다. 진정성과 투명성을 갖춘 ESG 활동만이 소비자의 신뢰를 얻고, 장기적인 경쟁 우위를 보장한다. 그린워싱을 경계하고 책임 있는 ESG를 실천하는 기업만이 미래 시장에서 살아남을 수 있다.

ESG

사회적 책임, 협력 그리고 기회

ESG는 이제 경영 철학을 넘어 기업의 핵심 마케팅 전략으로 자리 잡고 있다. 소비자는 브랜드가 어떤 가치를 추구하는지를 주목하고 있으며, 이에 부응하지 못하는 기업은 시장에서 외면당할 수 있다.

ESG를 마케팅에 녹여내는 방식은 단순한 홍보가 아니라 소비자와의 신뢰를 구축하는 전략적 도구가 된다. 문제는 어떻게 이를 진정성 있게 전달하느냐에 달려 있다. 보여주기식 ESG 활동은 오히려 불신을 키우는 요인이 되기 때문이다.

기업은 ESG를 효과적으로 마케팅에 접목하기 위해 다양한 방식을 활용한다. 스토리텔링을 통해 구체적 사례와 성과를 소비자에게 알리고, 소비자가 직접 참여할 수 있는 캠페인을 설계하며, 디지털 플랫폼을 활용해 ESG 메시지를 빠르게 확산시킨다. 이러한 전략은 소비자가 단순한 구매자가 아니라 ESG 실천의 동반자가 되도록 만든다.

결국 ESG 마케팅은 기업과 소비자가 함께 만들어가는 새로운 신뢰의 언어이며, 이는 장기적 성장과 경쟁 우위의 원천이 된다.

스토리텔링과 진정성 있는 브랜드 메시지

ESG 마케팅의 핵심은 단순한 주장이나 홍보가 아니라 소비자가 공감할 수 있는 진정성 있는 이야기다. 소비자는 기업이 어떤 가치를 추구하는지를 구체적인 사례와 수치를 통해 확인하고 싶어 한다. 따라서 스토리텔링은 ESG 활동을 보고 차원이 아니라 '경험과 이야기'로 전달하는 중요한 전략이 된다. 브랜드가 말하는 스토리는 소비자가 신뢰할 수 있는 메시지가 되어야 한다.

국내 화장품 기업 아모레퍼시픽은 '재활용 플라스틱 화장품 용기 프로젝트'를 통해 ESG 스토리텔링을 구현했다. 단순히 "우리는 친환경 기업이다"라는 구호가 아니라 줄어든 폐기물의 양과 환경적 효과를 수치로 제시하며 소비자에게 설득력 있게 다가갔다. 소비자는 이 과정을 통해 자신이 구매하는 화장품이 사회적 가치 창출과 연결되어 있다는 사실을 체감할 수 있었고, 이는 브랜드에 대한 긍정적 인식으로 이어졌다.

해외 사례에서 특히 주목할 기업은 파타고니아이다. 파타고니아는 '지구를 위한 비즈니스'라는 철학을 일관되게 유지하며, 단기적 이익보다 장기적 가치에 집중해왔다. 대표적으로 2011년 블랙프라이데이에 진행한 "Don't Buy This Jacket" 캠페인에서 소비자에게 불필요한 소비를 자제하라고 호소했다. 기업이 직접 매출을 줄일 수 있는 메시지를 낸 이 캠페인은 당시 큰 논란을 불러왔지만, 장기적으로 파타고니아를 진정성 있는 브랜드로 각인시켰다. 소비자는 단순히 제품을 구매하는 것이 아니라 환경을 보호하는 철학에 동참한다는 만족감을 느끼게 되었다.

파타고니아의 스토리텔링은 행동과 결합했기에 더욱 설득력이 있었다. 이 회사는 매출의 1%를 환경단체에 기부하는 '지구세금(Earth Tax)' 정책을 수십 년 동안 지속해왔다. 또한 제품 수선을 장려하는 '원웨어(Worn Wear)' 프로그램을 운영하면서 새 옷을 사기보다 기존 제품을 오래 입을 수 있도록 지원했다. 이러한 철학과 실천은 "기업이 사회적 책임을 다한다"라는 스토리뿐만 아니라 소비자가 직접 참여하고 체감할 수 있는 경험으로 이어졌다.

스토리텔링의 진정성은 기업의 태도에서 비롯된다. 소비자는 이제 화려한 광고보다 기업의 행동을 주목한다. ESG 활동이 실제 경영 전반에 녹아 있지 않고 마케팅 수단으로만 활용된다면 소비자는 이를 쉽게 간파한다. 앞서 한 글로벌 패션 기업이 재활용 소재 사용을 과장하다 불매 운동을 겪은 사례는 진정성이 결여된 스토리텔링이 얼마나 위험한지를 보여준다. 진정성이 없는 이야기는 오히려 불신과 반감을 키운다.

스토리텔링은 기업의 역사와 정체성을 담을 때 더 큰 힘을 발휘한다. 파타고니아는 창립 이후부터 '환경보호'라는 일관된 철학을 유지해왔기 때문에 캠페인과 활동이 단발적 이벤트가 아니라 브랜드 정체성과 연결된다. 소비자는 이러한 일관성을 통해 신뢰를 형성하고, 브랜드와 장기적 관계를 맺는다. ESG 스토리텔링이 강력한 효과를 발휘하려면 바로 이 같은 정체성과 진정성이 뒷받침되어야 한다.

또한 스토리텔링은 데이터와 결합할 때 설득력이 강화된다. 단순한 슬로건이나 이미지보다 실제 수치와 성과를 기반으로 한 이야기는 소비자의 신뢰를 얻는다. 예컨대 "탄소 배출량을 10% 줄였다"라는 수치는 "친환경 기업을 지향한다"라는 말보다 훨씬 더 구체적이고 신뢰할 수 있는 메시지다. 데이터 기반 스토리텔링은 ESG 활동의 진정성을 입증하는 강력한 도구다.

디지털 플랫폼은 스토리텔링을 확산하는 주요 수단이다. 유튜브, 블로그 등 SNS 등을 통해 기업은 ESG 활동의 이야기를 빠르게 공유할 수 있다. 특히 소비자와 실시간으로 소통하며 신뢰를 구축하는 과정에서 디지털 스토리텔링은 핵심적 역할을 한다. 소비자는 기업의 이야기를 수동적으로 듣는 것이 아니라 댓글과 공유를 통해 적극적으로 참여하며 확산시킨다.

결국 ESG 마케팅의 스토리텔링은 기업과 소비자가 함께 만들어가는 이야기다. 소비자는 진정성을 담은 이야기에 공감하며, 그 과정에서 브랜드와 신뢰 관계를 형성한다. 기업은 스토리텔링을 통해 제품 판매를 넘어 사회적 가치와 미래 비전을 전달한다. 이는 곧 브랜드 충성도로 이어지고, 장기적인 경쟁력의 원천이 된다.

소비자 참여형 ESG 캠페인

ESG 마케팅은 소비자가 직접 참여하는 과정에서 더 큰 효과를 발휘한다. 소비자가 캠페인의 주체가 될 때 브랜드에 대한 신뢰와 애착은 강화되고 ESG 가치가 생활 속 행동으로 확산한다. 이러한 참여형 캠페인은 소비자와 기업을 연결하는 다리이자 ESG 실천을 구체화하는 중요한 수단이다.

스타벅스의 친환경 캠페인은 대표적인 사례이다. 스타벅스는 다회용 컵 사용을 장려하고, 개인 텀블러를 지참한 고객에게 할인 혜택을 제공했다. 소비자는 단순히 커피를 마시는 것을 넘어 환경보호에 동참한다는 만족감을 얻었다. 이는 브랜드에 대한 긍정적 인식으로 이어졌으며, 스타벅스가 ESG 브랜드로 자리매김하는 데 기여했다. 소비자가 직접 실천할 수 있는 구조를 마련했기 때문에 성공할 수 있었던 것이다.

나이키의 '무브 투 제로(Move to Zero)' 캠페인 역시 소비자 참여를 중심에 두었다. 고객이 낡은 운동화를 반납하면 이를 재활용하여 새로운 제품을 제작하는 방식이었다. 이 과정에서 소비자는 ESG 활동의 단순한 수혜자가 아니라 동반자가 되었다. 나이키는 이 캠페인을 통해 환경적 가치를 실현하는 동시에 소비자와의 정서적 유대를 강화했다. ESG 실천 과정에서 소비자가 주체로 참여할 때 브랜드 신뢰는 한층 깊어진다.

아모레퍼시픽의 사회적 책임 캠페인 역시 주목할 만하다. 다문화 아동을 위한 그림책 제작 프로젝트는 기업이 기부를 하는 수준을 넘어 소비자가 제품 구매를 통해 사회적 가치 창출에 간접적으로 참여할 수 있는 구조였다. 소비자는 화장품을 구매하면서 동시에 사회적 기여를 했다는 만족감을 느낄 수 있었다. 이는 참여형 ESG 활동이 '참여적 소비'로 확장될 수 있음을 보여준다.

글로벌 사례로는 IKEA를 들 수 있다. IKEA는 공급망에서 아동 노동을 근절하기 위해 국제 NGO와 협력하고, 매장에서는 'Buy Back & Resell' 프로그램을 통해 소비자가 쓰던 가구를 되팔거나 재활용할 수 있는 제도를 운영했다. 소비자는 단순히 가구를 구매하는 것이 아니라 사용하지 않는 제품을 되돌려줌으로써 자원 순환에 참여한다. 이 캠페인은 지속 가능한 소비 문화를 장려하며, 소비자에게 브랜드와 함께 환경적 가치를 실현한다는 경험을 제공했다.

이처럼 참여형 캠페인의 힘은 소비자와 브랜드 간의 신뢰 관계를 심화시키는 데 있다. 소비자는 자신이 행동으로 ESG에 기여한다는 자부심을 얻고, 기업은 이를 통해 장기적인 브랜드 충성도를 확보한다. 참여는 곧 경험이고, 경험은 브랜드와의 정서적 유대를 강화한다. 따라서 소비자 참여형 ESG 캠페인은 브랜드 신뢰를 구축하는 가장 효과적인 수단 중 하나이다.

그러나 참여형 캠페인이 항상 성공하는 것은 아니다. 형식적이거나 일회성으로 진행되는 캠페인은 소비자에게 피로감을 주고 불신을 낳을 수 있다. 이벤트에 참여시킨 뒤 실질적 변화가 뒤따르지 않으면 소비자는 캠페인을 마케팅 수단으로만 인식하게 된다. 이는 브랜드 이미지에 오히려 부정적 영향을 줄 수 있다. 따라서 캠페인은 단순한 이벤트가 아니라 장기적 전략의 일부로 기획되어야 한다.

디지털 플랫폼은 참여형 캠페인을 확산시키는 핵심 수단이다. SNS와 온라인 커뮤니티를 통해 소비자는 자신의 참여 경험을 공유하고 다른 소비자의 행동을 촉진한다. 참여가 확산될수록 ESG 활동은 브랜드 차원을 넘어 사회적 운동으로 확대될 수 있다. 이는 기업의 ESG 실천을 사회적 가치와 연결하는 중요한 경로이다.

결국 소비자 참여형 ESG 캠페인은 브랜드와 소비자가 함께 만들어가는 실천의 장이다. 소비자가 직접 참여할 때 ESG는 단순한 구호가 아니라 구체적 경험으로 자리 잡는다. 참여와 경험은 곧 신뢰와 충성으로 이어지며, ESG 시대의 경쟁력 있는 브랜드를 만드는 원천이 된다.

디지털 플랫폼과 데이터 기반 마케팅

디지털 플랫폼은 ESG 마케팅의 가장 강력한 도구이다. 오늘날 소비자는 온라인에서 정보를 탐색하고, SNS를 통해 경험을 공유하며, 디지털 환경에서 브랜드를 평가한다. 기업은 이러한 흐름을 활용하여 ESG 활동을 빠르게 알리고 소비자와 직접 소통할 수 있다. 특히 디지털 플랫폼은 소비자가 메시지를 전달받는 수동적 위치를 넘어 직접 참여하고 확산시키는 능동적 주체가 되게 한다.

스타벅스는 SNS를 활용해 다회용 컵 캠페인을 확산시켰다. 소비자가 텀블러를 사용하는 모습을 해시태그와 함께 올리면 브랜드가 이를 공유하고 참여자에게 리워드를 제공했다. 소비자는 자신의 행동이 사회적 가치를 실현한다는 만족감을 느꼈고, 이는 온라인을 통해 더욱 널리 확산되었다. 디지털 플랫폼은 ESG 활동을 사회적 운동처럼 증폭시키는 효과를 만든다.

데이터 기반 마케팅은 ESG 활동의 신뢰성을 강화하는 또 다른 전략이다. 소비자는 이제 구호가 아니라 구체적인 수치를 원한다. 기업은 데이터를 활용해 ESG 성과를 투명하게 공개함으로써 소비자의 신뢰를 얻는다. 데이터는 진정성을 입증하는 가장 객관적인 언어다.

애플은 이러한 데이터 기반 접근을 선도적으로 보여준다. 애플은 매년 '환경 책임 보고서(Environmental Progress Report)'를 발간하여 재생에너지 사용 비율과 재활용 알루미늄 활용 현황을 구체적으로 공개한다. 단순히 "친환경을 지향한다"는 슬로건이 아니라 소비자가 직접 검증할 수 있는 수치를 제공하는 것이다. 이러한 투명성은 소비자에게 강력한 신뢰를 주었고, 애플을 ESG 리더십 브랜드로 자리매김하게 했다. 이는 데이터가 곧 스토리텔링의 설득력을 강화하는 사례이다.

디지털 플랫폼은 ESG 활동의 스토리텔링을 실시간으로 확산시킨다. 유튜브와 인스타그램 같은 채널을 통해 기업은 ESG 활동 현장을 직접 보여줄 수 있고, 소비자는 댓글과 공유를 통해 이에 반응한다. 참여형 콘텐츠는 소비자의 몰입도를 높이며, 브랜드와 소비자가 함께 ESG 가치를 만들어가는 과정을 경험하게 한다. 이는 단순한 광고보다 훨씬 더 강력한 설득력을 가진다.

그러나 디지털 플랫폼을 활용한 ESG 마케팅은 위험도 수반한다. 소비자는 기업의 행동과 메시지가 불일치할 경우 빠르게 문제를 지적한다. 작은 실수도 온라인에서 순식간에 확산되어 브랜드 신뢰를 훼손할 수 있다. 따라서 기업은 데이터를 기반으로 한 투명성을 유지하고, 디지털 콘텐츠 역시 진정성을 담아야 한다. 단순히 화려한 영상과 이미지로 포장하는 방식은 오히려 역효과를 낳을 수 있다.

데이터 기반 접근은 기업 경영에도 긍정적 영향을 준다. ESG 성과를 수치화하고 관리하면 이를 바탕으로 전략을 수정하고 개선할 수 있다. 이는 마케팅을 넘어 ESG를 기업 경영 전반에 내재화하는 과정으로 이어진다. 소비자는 투명한 데이터를 통해 브랜드를 신뢰하고, 기업은 데이터를 통해 ESG 경영을 고도화하는 선순환 구조를 만든다.

디지털 플랫폼과 데이터 기반 마케팅은 ESG 시대의 새로운 표준이다. 소비자는 온라인을 통해 기업의 메시지를 검증하며, 데이터는 그 메시지의 진정성을 입증하는 도구가 된다. 디지털 환경에서 투명하고 참여적인 ESG 마케팅을 실행하는 기업만이 소비자의 신뢰를 얻고 장기적인 경쟁력을 확보할 수 있다.

ESG

ESG 실천 가이드와
지속 가능한 경영의 길

ESG 마케팅은 기업이 제품을 홍보하는 단계를 넘어 소비자와 사회에 신뢰와 가치를 전달하는 새로운 전략으로 자리 잡았다. 그러나 ESG가 확산할수록 기업이 직면하는 도전도 커지고 있다. 소비자는 그 어느 때보다 높은 기준으로 기업의 행동을 검증하며, 그린워싱과 형식적 활동에는 즉각적으로 반응한다. ESG 활동의 진정성과 지속성이 담보되지 않는다면 브랜드 신뢰는 오히려 빠르게 무너질 수 있다.

앞으로의 ESG 마케팅은 트렌드를 넘어 필수 전략으로 진화할 것이다. 글로벌 규제 강화, ESG 공시 의무화, 투자자의 요구 증가는 기업이 ESG를 선택이 아닌 의무로 받아들이게 만든다. 동시에 소비자는 참여와 투명성을 요구하며, 디지털 환경은 이러한 목소리를 더욱 증폭시킨다. 기업은 이 도전에 대응하면서도 차별화된 경쟁 전략을 마련해야 한다. 결국 ESG 마케팅의 미래는 진정성과 투명성, 참여성을 기반으로 한 지속 가능한 브랜드 구축에 달려 있다.

글로벌 규제와 ESG 공시 의무화의 영향

ESG가 기업 경영의 필수 요소로 자리 잡으면서 전 세계적으로 규제와 공시 의무화가 강화되고 있다. 기업이 자발적으로 ESG 활동을 보고하는 시대는 지났다. 이제는 정부와 국제기구가 법적 기준을 마련하고, 기업은 이를 충족하지 못하면 시장에서 배제될 수 있다. 글로벌 규제는 기업에게 부담이지만, 동시에 ESG 마케팅의 진정성을 확보하는 장치로 작동한다.

유럽연합(EU)은 2024년부터 '기업 지속가능성 보고 지침(CSRD)'을 시행했다. 일정 규모 이상의 기업은 환경, 사회, 지배구조 전반에 대한 구체적 성과를 의무적으로 공시해야 한다. 단순한 서술이 아니라 데이터와 검증을 기반으로 보고해야 하며, 허위나 과장은 법적 제재로 이어진다. 이는 유럽 시장에 진출하는 한국 기업에도 직접적 영향을 미친다. ESG 공시는 더 이상 선택이 아니라 글로벌 시장에서 활동하기 위한 기본 요건이다.

미국 역시 증권거래위원회(SEC)를 중심으로 ESG 공시 강화 움직임을 보이고 있다. 특히 기후 관련 리스크와 인권 문제는 투자자의 주요 관심사로 떠올랐다. 글로벌 금융사 블랙록은 ESG 성과를 투자 기준으로 삼으면서 사회적 책임을 다하지 않는 기업에는 투자하지 않겠다고 선언했다. 이는 규제와 투자 흐름이 결합해 ESG 공시를 강제하는 효과를 낳고 있다.

아시아 지역에서도 변화가 빠르다. 일본은 기업지배구조보고서에 ESG 항목을 추가했고, 중국은 대형 국영기업을 중심으로 ESG 보고를 의무화하고 있다. 한국도 금융위원회가 2030년까지 모든 상장사에 ESG 공시를 의무화하겠다고 발표했다. 이는 국내 기업들이 국제적 흐름에 발맞추도록 하는 강력한 압력이 되고 있다.

　이러한 규제 강화는 기업의 마케팅에도 큰 변화를 가져왔다. 과거에는 ESG 활동을 강조하는 것이 차별화 전략이었지만, 이제는 기본적인 전제조건이 되었다. 소비자는 법적으로 검증된 데이터를 통해 기업의 신뢰성을 평가할 수 있으며, 기업은 이를 바탕으로 투명하고 진정성 있는 마케팅을 전개해야 한다. 규제가 강화될수록 '보여주기식 ESG'는 설 자리를 잃고, 데이터와 검증을 기반으로 한 스토리텔링이 중요해진다.

　그러나 공시 의무화는 기업에게 적지 않은 부담을 준다. ESG 성과를 수치화하고 보고하기 위해서는 전문 인력과 시스템이 필요하다. 대기업은 이를 감당할 수 있지만, 중소기업은 재정적·인적 자원이 부족해 어려움을 겪는다. 따라서 정부의 정책적 지원과 업계 차원의 협력이 필요하다. ESG 공시가 대기업만의 전략이 아니라 산업 전반으로 확산하려면 제도의 실효성과 포용성이 담보되어야 한다.

　한편 공시 의무화는 기업에 새로운 기회를 제공한다. 투명한 보고는 투자자의 신뢰를 얻고, 장기적 자본 유치로 이어질 수 있다. ESG 성과가 우수한 기업은 투자자와 소비자 모두에게 긍정적 평가를 받으며, 이는 곧 경쟁 우위로 연결된다. 규제는 부담이지만, 동시에 브랜드 가치와 시장 신뢰를 강화하는 도구가 된다.

　결국 글로벌 규제와 공시 의무화는 ESG 마케팅의 새로운 환경을 만들고 있다. 이제 기업은 자발적 홍보가 아니라 법적 기준을 충족하면서 소비자와 투자자에게 진정성 있는 메시지를 전달해야 한다. 이는 기업이 지속가능성을 확보하고 글로벌 시장에서 생존하기 위한 필수 전략이다. ESG 공시는 기업의 투명성과 책임성을 입증하는 강력한 무기이며, 진정성 있는 ESG 마케팅의 출발점이다.

ESG 마케팅의 차별화와 경쟁 우위

ESG가 전 세계적으로 확산하면서 많은 기업이 비슷한 언어와 메시지를 사용하고 있다. '친환경', '지속가능성', '사회적 책임' 같은 표현은 이제 거의 모든 기업의 홍보 자료에서 찾아볼 수 있다. 문제는 이러한 유사성이 오히려 차별화를 어렵게 만든다는 점이다. 기업은 단순히 ESG 활동을 한다는 선언에 그치지 않고, 구체적인 방식과 결과를 통해 경쟁 우위를 확보해야 한다.

차별화의 핵심은 진정성과 독창성이다. 소비자는 기업의 메시지가 실제 행동과 연결되어 있는지를 먼저 확인한다. ESG 활동이 광고 문구에 머무르면 효과는 오래가지 않는다. 반대로 구체적 성과와 소비자 경험을 결합하면 브랜드는 독창적 가치를 만들어낼 수 있다. 차별화된 ESG 활동은 곧 경쟁력의 원천이다.

글로벌 기업 유니레버는 차별화 전략의 대표적 사례이다. 유니레버는 플라스틱 사용을 줄이기 위해 2025년까지 모든 포장재를 100% 재활용이 가능하게 만들겠다는 목표를 선언했다. 동시에 도브(Dove) 브랜드를 중심으로 플라스틱 감축 캠페인을 전개하여 소비자 참여를 유도했다. 단순한 친환경 구호가 아니라 제품과 브랜드 전략 전반을 ESG 가치와 연결한 것이다. 소비자는 이를 통해 기업이 실제로 변화를 만들어가고 있다는 확신을 얻었다.

차별화는 규모와 실행 속도에서도 드러난다. 유니레버는 전 세계 여러 국가에서 동시에 동일한 ESG 목표를 실행하면서 글로벌 브랜드의 일관성을 보여주었다. 이러한 접근은 경쟁 기업이 쉽게 모방할 수 없는 신뢰 자산을 구축했다. 소비자는 유니레버를 '말하는 기업'이 아니라 '행동하는 기업'으로 인식하게 되었고, 이는 장기적 충성도로 이어졌다.

경쟁 우위를 확보하기 위해서는 ESG를 브랜드 정체성과 깊이 연결하는 것이 필요하다. 애플은 "지속 가능한 혁신"이라는 메시지를 통해 ESG를 기업 철학의 일부로 만들었다. 이는 단순한 환경 캠페인이 아니라 애플의 기술 혁신과 윤리적 책임을 결합한 차별화 전략이었다. 소비자는 제품을 구매하면서 동시에 브랜드가 지향하는 철학을 경험하게 된다. ESG를 기업의 본질과 연결할 때 장기적 경쟁 우위가 확보된다.

차별화의 또 다른 방법은 측정과 공개다. ESG 활동을 수치와 데이터로 구체적으로 제시하면, 소비자는 이를 통해 기업의 진정성을 판단할 수 있다. "탄소 배출량을 15% 줄였다"라는 데이터는 "친환경 기업을 지향한다"라는 모호한 구호보다 훨씬 더 설득력 있다. 데이터를 통해 ESG 성과를 투명하게 공개하는 기업은 경쟁에서 신뢰라는 강력한 무기를 얻는다.

그러나 ESG 마케팅의 차별화는 쉽지 않다. 너무 많은 기업이 비슷한 주제를 내세우고 있기 때문에 단순한 캠페인 몇 가지로는 눈에 띄기 어렵다. 또한 소비자는 기업의 진정성을 끊임없이 검증하기 때문에 일회성 활동은 곧바로 한계를 드러낸다. 따라서 기업은 ESG를 장기 전략으로 내재화하고, 브랜드 철학과 일관되게 연결해야 한다.

결국 ESG 마케팅의 경쟁 우위는 "누가 더 많은 활동을 하는가"가 아니라 "누가 더 진정성 있고 독창적인 방식으로 ESG를 실천하는가"에 달려 있다. 소비자는 기업의 스토리와 데이터 그리고 행동의 일관성을 통해 브랜드를 평가한다.

ESG 시대의 경쟁력은 단순한 차별화가 아니라 진정성과 투명성 그리고 독창성을 결합한 장기적 신뢰 구축에 있다. 이는 ESG 마케팅이 기업 생존과 직결되는 이유이기도 하다.

진정성·투명성을 바탕으로 지속 가능한 브랜드 구축

ESG 마케팅에서 가장 중요한 과제는 진정성과 투명성을 확보하는 것이다. 소비자는 더 이상 기업의 화려한 광고와 구호에만 의존하지 않는다. 실제 행동과 구체적인 성과를 통해 기업을 평가하며, 그 과정에서 진정성과 투명성은 브랜드 신뢰의 핵심 기준이 된다. ESG가 단순한 마케팅 도구가 아닌 장기적인 경쟁력으로 작동하기 위해서는 이러한 가치가 반드시 전제되어야 한다.

진정성은 기업의 태도에서 비롯된다. 단기적 이익을 위해 일회성 캠페인을 벌이는 기업은 소비자의 신뢰를 얻기 어렵다. 소비자는 기업이 말한 메시지와 실제 행동이 일치하는지를 면밀히 검증하기 때문에 진정성 없는 ESG 활동은 오히려 불신을 낳고 브랜드 이미지를 훼손한다.

투명성은 진정성을 입증하는 수단이다. 기업이 ESG 성과를 수치화하고 공개할 때 소비자는 신뢰를 갖는다. 애플은 매년 환경 책임 보고서를 통해 재생에너지 사용과 재활용 소재 현황을 공개하면서 투명성의 모범을 보여주었다. 데이터는 소비자가 브랜드를 평가하는 객관적 근거가 된다.

파타고니아는 진정성과 투명성을 동시에 보여주는 대표적 사례이다. 이 회사는 매출의 1%를 환경단체에 기부하는 '지구세금(Earth Tax)'을 수십 년간 꾸준히 시행해왔다. 또한 "Don't Buy This Jacket" 캠페인을 통해 불필요한 소비를 줄이자고 소비자에게 직접 호소했으며, 제품 수선을 장려하는 '원웨어(Worn Wear)' 프로그램을 운영하고 있다. 이는 기업 정체성과 철학에서 비롯된 실천으로, 소비자는 이를 통해 브랜드의 일관성과 진정성을 체감한다.

지속 가능한 브랜드는 환경적 성과에만 머물지 않는다. 직장 내 성평등, 인권 존중, 다양성 확대 등 사회적 책임이 함께 실현될 때 진정성이 강화된다. 기업이 공급망 전반에서 노동권을 보장하고 지역사회와 상생할 때 소비자는 브랜드의 가치를 더욱 신뢰한다. ESG의 세 축은 분리될 수 없으며, 통합적 접근이 지속 가능한 브랜드를 구축하는 길이다.

디지털 시대의 소비자는 참여와 소통을 요구한다. 유튜브, 블로그 등 SNS와 플랫폼을 통해 기업의 ESG 활동은 실시간으로 검증된다. 작은 성공도 빠르게 공유되지만, 작은 실수도 순식간에 확산된다. 따라서 기업은 디지털 환경 속에서 투명하게 소통하고, 소비자의 목소리를 경청하는 자세가 필요하다. 참여와 소통은 브랜드 신뢰를 공고히 하는 또 다른 투명성의 형태이다.

지속 가능한 브랜드는 장기적 관점에서만 구축될 수 있다. 일회성 이벤트나 단발성 캠페인으로는 소비자의 신뢰를 얻기 어렵다. 기업은 ESG를 경영 철학과 전략에 내재화하고, 장기간에 걸쳐 일관되게 실천해야 한다. 시간이 쌓일수록 소비자는 브랜드가 추구하는 가치가 단순한 구호가 아니라 실제 정체성임을 확인하게 된다. 장기적 신뢰야말로 지속가능 브랜드의 가장 큰 자산이다.

결국 지속 가능한 브랜드 구축은 소비자의 호감을 얻는 차원을 넘어선다. 이는 기업이 사회적 책임을 다하고, 장기적 성장 기반을 마련하는 과정이다. 진정성과 투명성은 소비자와 기업을 잇는 신뢰의 다리이며, ESG 시대의 브랜드 경쟁력을 결정짓는 핵심이다. 이 가치를 내재화한 기업만이 미래 시장에서 지속 가능한 리더십을 확보할 수 있다.

CHAPTER 07

미래를 짓는 건설
_ 건전한 사회를 세우는 ESG

박승호

㈜에어런스 E&C 대표이사 (ESG 환경부문 우수기업 선정)
한국ESG경영인증원 수석전문위원 / 대한건축학회 특별회원

현재 ㈜에어런스 대표이사로 기업을 이끌고 있으며, 한국ESG경영인증원 수석전문위원과 대한건축학회 특별회원으로 활동하고 있다. 오랜 현장 경험을 바탕으로 건설과 ESG를 함께 고민해왔으며, 특히 사회(Social) 분야에 깊은 관심을 가지고 안전한 현장 문화 정착, 정당한 대가 지급, 지역사회와의 신뢰 구축을 실천해왔다.

건설 분야에서 쌓은 경험은 자연스럽게 ESG로 확장되었고, 한국ESG경영인증원을 만나면서 자신이 걸어온 길을 돌아보게 되었으며, 현장에서 보고 느낀 변화와 배움, 실천의 경험을 이 책에 담았다. 화려한 기술이나 빠른 성과보다 사람과 신뢰가 중요하다는 믿음이 집필의 출발점이었으며, 앞으로도 건설과 ESG의 접점을 현장에서 찾아 지속 가능한 사회의 토대를 세우는 일에 힘쓰고자 한다.

ESG

삶의 터전을 세우는 건설, 사람을 지키는 가치

전국의 현장을 다니며 나는 건설이 콘크리트와 철근만으로 설명되지 않는다는 사실을 배웠다. 그곳은 누군가의 삶이 시작되고, 공동체가 자리 잡으며, 세대가 이어지는 터전이었다. 땀방울이 떨어지는 현장은 사람의 존엄과 안전을 지켜야 하는 자리이기도 했다.

오늘날 ESG는 기업과 사회가 지켜야 할 기준이자 약속으로 자리 잡았다. 그중에서도 '사회(S)'는 사람과 사람, 공동체와 기업을 잇는 신뢰의 바탕이다. 현장의 권리 보장, 안전한 작업 환경, 지역과의 상생은 구호가 아니라 내일을 버틸 힘을 만드는 실제 조건이다.

이 책은 ESG 사회 분야를 함께 고민한 열 명이 각자의 경험을 바탕으로 쓴 글이다. 나는 현장에서 마주한 장면들을 떠올리며 건설의 힘과 그에 따르는 책임을 함께 기록하고자 한다. 건설은 단순한 산업이 아니라 삶을 받치고 사회를 단단히 세우는 초석이라는 믿음이 이 책의 출발점이다.

주거를 넘어 공동체를 세우는 공간

건설이란 단순히 벽을 세우고 지붕을 얹는 일이 아니다. 현장에서 일하다 보면 눈앞에 세워지는 아파트나 주택이 단순히 '건물'이 아니라는 것을 느끼게 된다. 아파트 한 채가 세워지면 그곳은 거주 공간을 넘어 가족이 함께 살아가는 보금자리가 되고, 이웃과 인사를 나누는 마을이 된다. 그 안에는 밥 짓는 냄새, 아이들 뛰어노는 소리, 어르신들의 담소 같은 삶의 소리가 차곡차곡 쌓인다. 나는 전국 곳곳의 현장을 다니며 이 과정을 수없이 보아왔다.

건설 현장에서 내리는 작은 결정 하나가 사람들의 생활을 크게 바꾸기도 한다. 놀이터가 어디에 자리 잡느냐에 따라 아이들의 웃음소리가 단지 안에 퍼지기도 하고, 소음이 줄어 이웃 간 갈등이 덜 생기기도 한다. 햇빛이 잘 드는 방향으로 집이 배치되면 어르신들이 건강하게 지낼 수 있고, 장애인을 고려한 작은 경사로 하나가 누군가의 불편을 크게 덜어주기도 한다. 현장에서는 이런 선택들이 단순히 설계가 아니라 사람들의 일상과 직결된 문제라는 것을 실감하게 된다.

집은 단순히 돈으로 사고파는 물건이 아니다. 그 안에서 아이가 태어나고, 학생이 꿈을 키우며, 노인이 여생을 보내는 자리이기 때문이다. 나도 현장에서 오래 있다 보니 "집은 곧 삶"이라는 말을 자연스럽게 하게 된다. 효율성이나 경제성만으로는 절대 설명할 수 없는 가치가 숨어 있는 곳, 그곳이 바로 주거 공간이다.

그래서 건설을 바라볼 때 단순히 산업의 성과나 경제적 지표로만 볼 수는 없다. 건설이 만들어내는 것은 결국 사람의 삶의 질과 존엄과 직결되기 때문이다. 안전한 집 한 채, 편안한 단지 하나가 사실은 한 세대의 삶을 책임지고, 이웃과 이웃을 이어주며, 나아가 사회 전체의 건강한 기반이 된다.

특히 오늘날 우리가 이야기하는 ESG의 사회(S) 분야는 건설 현장에서 더 뚜렷하게 드러난다. 현장의 안전 문제, 작업자의 권익 보호, 지역사회와의 상생 같은 것들이 모두 그 안에 들어 있다. 공사장의 안전 수칙이 잘 지켜지느냐, 작업자가 존중받느냐, 지역 주민들과의 약속이 지켜지느냐 하는 문제들이 모여 결국은 한 사회의 신뢰를 만들고 지속가능성을 결정한다. 이런 면에서 건설 현장이야말로 ESG의 사회적 가치가 가장 생생하게 드러나는 곳이다.

돌이켜보면 지난 30년간 수많은 건설 현장을 다니며 집은 단순히 건물이 아니라는 사실을 몸으로 배웠다. 그것은 사람을 담는 그릇이고, 공동체를 세우는 터전이다. 그래서 건설은 단순히 산업이나 경제활동으로만 설명할 수 없다. 건설은 결국 '사람을 위한 것'이고, 그것이 바로 우리가 지켜야 할 사회적 책임이다.

건설의 사회적 책임과 공공성

건설이라는 일은 눈에 보이는 성과가 분명하다. 어제는 없던 건물이 오늘은 올라가 있고, 몇 달 전까지만 해도 허허벌판이던 곳에 어느새 아파트 단지가 들어선다. 그만큼 성취감도 크지만 동시에 책임도 무겁다. 단순히 구조물을 세우는 데서 끝나는 게 아니라 그 공간에서 살아갈 수많은 사람의 삶과 안전 그리고 지역사회 전체에 영향을 미치기 때문이다. 이 점이야말로 건설이 가진 사회적 책임의 출발점이다.

건설 현장은 언제나 공공성과 맞닿아 있다. 도로나 다리, 학교나 병원 같은 시설은 말할 것도 없고, 주거 단지 역시 입주민만의 공간이 아니라 주변 교통, 환경, 지역 경제에까지 영향을 준다. 한 지역에 대규모 건설이 시작되면 인근 상권이 살아나기도 하고, 때로는 소음과 먼지 때문에 주민들의 불편이 커지기도 한다. 그래서 건설은 늘 공공의 시선 속에 있을 수밖에 없다.

현장에서 수없이 들어온 민원이 떠오른다. 공사 차량 때문에 도로가 막힌다, 먼지가 날린다, 아이들이 위험하다 등등. 때로는 그 목소리가 부담스럽기도 했지만, 돌이켜보면 그것이 건설이 지닌 사회적 책임을 일깨워주는 중요한 신호였다. 건설은 혼자만 잘한다고 되는 일이 아니라 함께 살아가는 사람들의 이해와 참여 속에서만 제대로 완성될 수 있다는 사실을 깨닫게 된다.

건설 노동자의 권익과 안전 역시 중요한 사회적 책임이다. 건설은 여전히 사고가 잦은 산업이다. 작은 부주의가 목숨을 위태롭게 하고, 안전 장비 하나 소홀히 하면 큰 사고로 이어진다. 나는 '안전은 개인의 문제가 아니라 모두의 책임'이라는 것을 현장에서 절감해 왔다. 한 명의 작업자가 다치면 그 가족의 삶이 흔들리고, 회사와 현장 전체가 영향을 받는다. 따라서 안전을 지키는 것은 법규 준수 차원뿐만 아니라 사회적 연대의 문제라 할 수 있다.

공공성은 "누구를 위한 건설인가?"라는 질문과도 맞닿아 있다. 돈이 되는 건설만 추구한다면 사회적 불평등은 더 커질 수밖에 없다. 반대로 약자를 위한 임대주택이나 장애인을 고려한 무장애 설계처럼 사회적 가치를 고려한 건설은 공동체의 건강함을 지켜준다. 건설은 단순히 기업의 이익을 위한 수단이 아니라 사회 전체를 위한 기반 시설이다.

결국 건설은 공공의 이익을 위해 봉사해야 하는 산업이다. 규모나 외형의 크기를 자랑하기보다 얼마나 많은 사람의 삶을 편리하고 안전하게 했는지, 얼마나 지역과 조화를 이루었는지를 따져야 한다. 건설이 이런 책임과 공공성을 잊지 않아야 비로소 사람들에게 신뢰받고 존중받는 산업으로 자리매김할 수 있을 것이다.

나는 30년 동안 현장을 돌면서 수많은 건물이 세워지고, 또 시간이 흘러 허물어지는 모습을 봤다. 하지만 건물보다 오래 남는 것은 사람들의 기억과 신뢰였다. "이 아파트 덕분에 살기 좋아졌다"라는 말, "현장 사람들이 주민 불편을 잘 챙겨줬다"라는 한마디가 건설의 진짜 성과였다. 앞으로도 건설이 사회적 책임과 공공성을 지켜가며, 더 많은 사람의 삶을 든든하게 뒷받침하는 터전이 되기를 바란다.

기술과 안전이 만드는 인간 중심 도시

내가 건설 현장을 다니며 가장 많이 느낀 것은 기술이 아무리 발전해도 결국 중요한 것은 사람이 중심에 있어야 한다는 사실이다. 최신 장비와 첨단 기술이 도입되어도 안전이 무너지면 그 모든 것이 의미가 없어진다. 건설은 사람을 위한 것이고, 결국 그 안에서 살아갈 주민들과 현장에서 일하는 작업자들의 안전이 최우선이 되어야 한다는 것을 수없이 보아왔다.

예전에는 건설 기술이 속도와 규모를 자랑하는 것에 치우쳐 있던 시절도 있었다. 얼마나 빨리, 얼마나 크게 짓느냐가 실력의 척도처럼 여겨졌던 때도 있었다. 하지만 시간이 지나면서 우리는 그 속도가 안전을 희생하고, 그 규모가 삶의 질을 떨어뜨릴 수 있다는 것을 배웠다. 실제로 무리

한 공정 진행이나 안전 규정 무시는 크고 작은 사고로 이어졌다. 그때마다 건설의 기술은 '빨리 짓는 기술'이 아니라 '사람을 지키는 기술'이어야 한다는 점을 깨달았다.

요즘은 건설 현장에서 안전을 위해 다양한 기술이 활용된다. 안전 센서, 드론을 활용한 현장 점검, 3D 설계와 시뮬레이션 같은 것들이 대표적이다. 이런 기술은 사람의 실수를 줄이고, 미리 위험을 예측하게 도와준다. 이런 변화가 효율성뿐만 아니라 사람 중심의 도시를 만드는 데 꼭 필요한 과정이다.

도시는 단순히 건물과 도로의 집합체가 아니다. 그 안에서 아이들이 뛰어놀고, 어른들이 일하며, 노인들이 여생을 즐기는 살아 있는 공간이다. 그래서 도시를 만드는 건설 기술은 사람들의 안전과 편안함을 먼저 고려해야 한다. 보행자 중심의 설계, 친환경 자재 사용, 무장애 공간 조성 같은 것들이 모두 인간 중심 도시를 만드는 기술적 선택이다.

나는 현장에서 작은 안전장치 하나가 사람들의 삶을 얼마나 크게 바꾸는지 본 적이 많다. 난간 하나를 더 튼튼히 설치하는 것, 공사 중인 구간을 제대로 차단하는 것, 소음 방지 시설을 하나 더 세우는 것 등 이런 사소해 보이는 기술적 선택들이 결국은 사람들의 안전을 지키고 신뢰를 형성한다. 도시를 이루는 수많은 기술의 결정이 모여 '사람이 살 만한 곳'을 만드는 것이다.

앞으로의 건설은 더욱 첨단화될 것이다. 인공지능, 로봇, 스마트 건설 기술이 현장에 들어오면서 효율성은 높아지고 위험은 줄어들 것이다. 하지만 그 과정에서 우리가 잊지 말아야 할 것은 기술의 목적이 사람에게 있다는 사실이다. 기술이 사람을 대신하는 것이 아니라 사람을 지켜주고 돕는 역할을 해야만 진정한 의미가 있다.

결국 기술과 안전은 사람을 위한 두 축이다. 안전 없는 기술은 공허하고, 기술 없는 안전은 한계가 있다. 이 두 가지가 함께 갈 때 우리는 진정으로 인간 중심의 도시를 만들어갈 수 있다. 그 속에서 건설의 사회적 책임은 더 확실히 드러나고, 우리 사회의 지속 가능한 미래도 함께 세워질 것이다.

ESG

안전 수칙,
작은 실천이 만드는 큰 변화

현장의 안전, 모두의 기본권

건설 현장은 늘 위험과 맞닿아 있다. 하루에도 수많은 작업자가 크레인 아래를 오가고, 높은 곳에서 철근을 다루며, 무거운 자재를 옮긴다. 작은 실수 하나가 큰 사고로 이어질 수 있고, 방심은 곧 생명을 위협한다. 그래서 안전은 선택이 아니라 반드시 지켜야 할 기본 조건이다.

나는 그동안 현장을 다니면서 "안전은 비용이 아니라 생명이다"라는 말을 뼈저리게 느껴왔다. 하지만 현실은 늘 이상과 달랐다. 공사 기간을 맞추려다 안전 절차를 줄이거나 비용을 아끼려다 장비를 최소한으로 쓰는 경우가 많았다. 그럴 때마다 사고는 빠짐없이 찾아왔다. 그 피해는 고스란히 작업자와 그 가족이 감당해야 했다. 그래서 안전은 누구에게도 양보할 수 없는 작업자의 기본권이다.

안전은 개인 혼자만 지킬 수 있는 것이 아니다. 안전모를 쓰고 안전줄을 매는 것만으로는 부족하다. 현장의 관리자, 회사, 발주처 모두가 같은 마음으로 안전을 최우선에 두어야 사고를 막을 수 있다. 실제로 안전 교육을 자주 하고, 현장의 의견을 반영하는 건설 현장은 사고가 적었다. 반대로 형식적으로 안전 교육만 하고 실제 관리가 부실한 현장은 크고 작은 사고가 끊이지 않았다.

현장의 안전을 지키는 일은 법만을 지키는 차원이 아니다. 그것은 사회가 마땅히 보장해야 할 권리이다. 사람이 일하다가 다치지 않고 가족의 품으로 안전하게 돌아가는 것은 가장 기본적인 권리이다. 이 권리가 무시되는 사회는 결코 지속할 수 없다.

건설은 ESG 사회 분야의 가치를 가장 직접적으로 보여주는 산업이다. 안전을 소홀히 하는 건설은 오래 가지 못한다. 반대로 안전을 지키는 건설은 신뢰를 얻고, 지역과 함께 성장한다. 결국 현장의 안전을 보장하는 것이야말로 기업의 지속성과 사회의 건강함을 동시에 지키는 길이다.

안전은 비용이 아니라 투자이다. 그리고 무엇보다 안전은 선택이 아니라 '기본권'이다. 우리가 이 사실을 잊지 않을 때 비로소 건설 현장은 작업자와 시민 모두가 믿을 수 있는 공간이 될 것이다.

작은 주의가 막는 큰 사고

현장에서 일하다 보면 큰 사고는 늘 사소한 부주의에서 시작된다는 것을 절실히 느낀다. 안전모를 잠깐 벗어두는 것, 더워서 장갑을 벗고 철근을 만지는 것, 안전줄을 귀찮다고 안 매는 것, 신호수를 기다리지 않고 장비를 움직이는 것 등 이런 행동들은 그 순간에는 대수롭지 않게 보이지만 실제로는 큰 사고의 출발점이 된다. 그 한 번의 방심이 동료의 생명을 앗아가고, 한 가정을 무너뜨리기도 한다.

그동안 접했던 사고 소식을 떠올리면 마음이 무거워진다. 대부분은 결코 피할 수 없는 불가피한 일이 아니었다. 조금만 더 주의를 기울였더라면, 서로 확인하고 지적해 주었더라면 막을 수 있었던 사고들이 잦았다. 그래서 안전은 특별한 것이 아니라 결국 작은 주의와 습관에서 비롯된다.

문제는 현장 분위기이다. 때때로 "빨리 끝내자"라는 말이 안전보다 앞설 때가 있다. 공기를 맞추기 위해, 비용을 줄이기 위해 안전 절차를 생략하기도 한다. 하지만 이런 태도는 반드시 사고로 이어진다. 한순간의 효율을 위해 생명을 잃는다면 그것이야말로 가장 큰 손해이다. 안전은 결코 효율의 반대가 아니라 오히려 효율을 지켜주는 기본이다. 다친 작업자가 생기면 공정은 멈추고, 신뢰는 무너지며, 기업도 사회도 큰 대가를 치르게 된다.

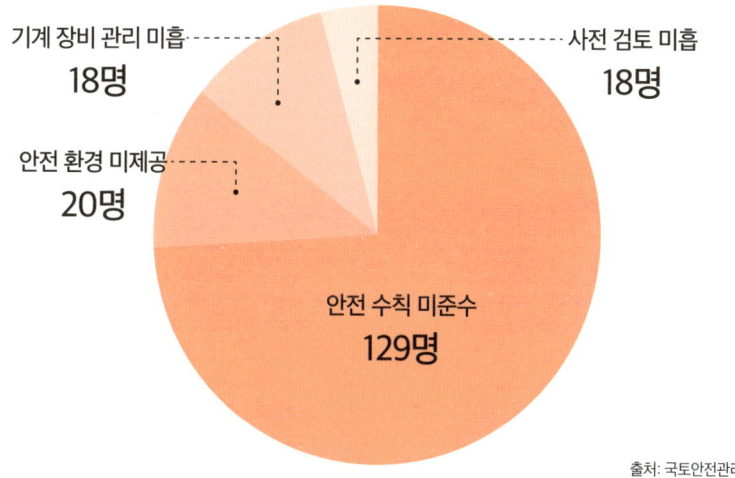

<2024 건설 현장 사망 원인>

- 기계 장비 관리 미흡: 18명
- 사전 검토 미흡: 18명
- 안전 환경 미제공: 20명
- 안전 수칙 미준수: 129명

출처: 국토안전관리원

작은 주의는 개인의 문제가 아니라 현장 전체의 문화이기도 하다. 누군가 안전 장비를 착용하지 않았는데도 그냥 넘어가는 분위기라면, 그 무심함이 결국 모두의 위험으로 이어진다. 반대로 동료의 잘못된 행동을 지적하고, 서로 확인해 주는 문화가 있는 현장은 확실히 사고가 적다. 안전을 챙기는 목소리가 자연스럽게 오가는 곳은 분위기 자체가 다르다. 그 안에서는 귀찮다가 아니라 '당연하다'라는 인식이 자리 잡는다.

안전은 개인의 습관이면서 동시에 조직의 책임이다. 관리자와 회사가 안전에 대한 원칙을 분명히 세우고, 이를 철저히 지켜야만 사고를 막을 수 있다. 안전 교육을 형식적으로만 하는 곳과 실제로 반영하는 곳은 결과가 확연히 다르다. 무엇보다도 안전을 소홀히 해도 괜찮다는 잘못된 신호를 현장에서 보내서는 안 된다.

안전은 거창한 구호가 아니다. 매일매일 현장에서 지켜지는 작은 습관이고, 그 습관이 모여 큰 사고를 막는다. 이는 한 사람의 생명을 지키고, 그 가족의 삶을 지켜주는 힘이 된다.

건설 현장에서 일하는 모든 사람은 하루 일을 마치고 무사히 집으로 돌아갈 권리가 있다. 이 당연한 권리를 지켜주는 것이 바로 '작은 주의'이고, 그것이 곧 생명의 존엄을 지키는 길이다.

안전 문화 정착을 위한 교육과 참여

안전은 한두 번의 교육이나 규칙만으로 지켜지지 않는다. 안전을 생활 속에서 당연한 습관으로 만드는 것이 중요하다. 현장에서 아무리 안전 수칙을 강조해도 실제로 몸에 배지 않으면 사고는 반복된다. 그래서 교육과 참여를 통한 안전 문화가 필요하다.

　우리나라에서도 과거에는 '안전 교육'이라고 하면 단순히 형식적으로 동영상을 틀어주거나 서류에 사인받는 정도였던 적이 있었다. 하지만 이런 방식으로는 사람들의 행동을 바꿀 수 없다. 최근에는 현장 맞춤형 체험 교육, 사고 사례를 공유하는 방식 등 실제 상황을 체감할 수 있는 교육이 늘어나고 있다. 예를 들어 가상현실(VR)을 활용해 고소작업이나 장비 사고 상황을 미리 경험해보게 하는 훈련은 현장 근로자들에게 큰 도움이 되고 있다. 직접 겪어보지 않고는 깨닫기 어려운 위험을 교육 속에서 체험하게 되므로 작은 주의의 중요성을 몸으로 알게 되는 것이다.

　해외에서도 안전 문화 정착을 위한 다양한 노력이 있다. 영국은 "Safety First"라는 구호를 표어로만 쓰는 것이 아니라 학교와 지역사회에서부터 안전 습관을 교육한다. 어릴 때부터 차량 안전띠를 매는 것, 건널목을 건널 때 신호를 지키는 것처럼 일상의 행동이 곧 안전 문화가 되는 셈이다. 일본 역시 '무재해 운동'을 꾸준히 이어오고 있는데, 단순히 기업 차원의 캠페인이 아니라 전 사회적으로 참여하는 분위기를 만들어가고 있다. 그래서 작업장뿐 아니라 생활 속에서도 '안전은 기본'이라는 인식이 뿌리내렸다.

　우리나라에서도 최근 들어 '참여형 안전'이 점점 강조되고 있다. 관리자만 지시하는 방식이 아니라 근로자 스스로 위험 요인을 발견하고 개선 의견을 내는 제도를 도입하는 현장이 늘고 있다. 예를 들어 작업 전 회의를 열어 위험한 부분을 미리 공유하거나 누구든지 위험하다고 판단되면 작업을 멈출 수 있도록 권한을 주는 방식이다. 이러한 참여가 활성화될수록 현장은 더욱 안전해지고, 작업자들의 책임감과 자부심도 커진다.

ESG

신뢰받는 기업, 존중받는 일터

공정한 보상이 만드는 건강한 관계

일터에서 중요한 문제 중 하나는 결국 '내가 일한 만큼 정당한 대가를 받았는가'이다. 이것은 단순히 월급봉투나 숫자의 문제가 아니라 사람의 존엄과 직결된 문제이다. 현장에서 땀 흘리며 하루를 보낸 사람은 자신이 기울인 노력과 책임 그리고 때로는 위험을 감수한 만큼의 정당한 대가를 기대한다. 그런데 그 대가가 제때 주어지지 않거나 불공정하게 차별된다면 그 속에서 신뢰와 존중은 쉽게 무너진다.

건설 현장에서 일하다 보면 임금 지급이 조금만 늦어져도 불안과 불만이 빠르게 퍼지는 것을 체감할 수 있다. 사람들은 단순히 돈이 늦어진 것 때문에 불안한 것이 아니다. '내 수고가 가볍게 여겨지고 있는 것은 아닐까?'라는 의심이 생기기 때문이다. 반대로 정당한 대금이 제때 지급되면, 비록 일이 힘들어도 '그래도 약속은 지켜진다'라는 믿음이 생긴다. 이 차이가 현장의 분위기를 좌우하고, 기업과 사람 사이의 관계를 결정한다.

공정한 대가 지급은 단지 근로자 개인의 문제가 아니라 기업 전체의 신뢰와 직결된다. 기업이 아무리 좋은 비전과 전략을 내세워도 임금이나 하도급 대금 지급이 늦어지면 모든 노력이 무너진다. 사람들은 기업을 평가할 때 복잡한 지표보다도 '약속을 지키고, 땀의 대가를 존중하는가'를 먼저 본다. 한번 무너진 신뢰는 회복하기 어렵기 때문에 공정한 대가 지급은 기업의 중요한 자산이 된다.

실제로 우리나라에서도 공정한 대가 지급을 제도화하기 위한 다양한 노력이 이루어지고 있다. 삼성물산과 현대건설 같은 대형 건설사들은 '전자 하도급 시스템'을 도입했다. 원청이 아래 도급 업체에 대금을 제때 지급했는지를 발주처와 정부가 함께 확인할 수 있도록 만든 제도이다. 이런 시스템이 작동하면서 아래 도급 업체와 근로자들이 불필요하게 불안해하는 일이 줄었고, 임금 체납 문제도 완화되었다. 이 과정에서 기업의 평판은 올라가고, 협력사와의 관계도 안정되었다.

LG화학이나 포스코 같은 기업들도 '상생 결제 시스템'을 운영하고 있다. 협력사가 납품 대금을 어음으로 받는 대신 바로 현금화할 수 있도록 보장하는 제도이다. 과거에는 중소 협력사가 어음을 현금화하기 위해 은행에 이자를 내야 했는데, 이런 부담을 줄여주면서 협력사의 자금 사정이 한결 나아졌다. 협력사가 안정되니 원청 기업도 장기적으로 이익을 보게 된다. 결국 공정한 대금 지급은 기업과 협력사 모두에게 도움이 되는 상생의 길임을 보여주는 사례이다.

하지만 반대의 사례도 적지 않다. 여전히 건설업을 비롯한 여러 산업에서 임금과 대금 체납 문제는 심각하다. 국토교통부 발표에 따르면, 2023년에도 건설업계에서 수천억 원 규모의 체납이 발생했다. 일을 끝냈는데도 제때 대금을 받지 못하면 협력업체와 일하는 사람들은 큰 어려움에 빠진다. 생활비가 막혀 가정이 흔들리면서 불신이 깊어진다. 원청 기업의 신뢰는 땅에 떨어지고, 결국 사회 전체에 부정적인 인식이 확산한다.

나는 지금도 현장에서 하도급 업체 대표가 대금을 받지 못해 직원들의 월급을 제때 주지 못하고, 그 직원들이 회사 앞에서 시위하던 장면을 기억한다. 그 갈등은 단순히 돈 문제가 아니라 신뢰의 붕괴였다. 결국 원청 기업도 사회적 비난을 받았고, 프로젝트 자체가 흔들렸다. 제때 대금을 지급했더라면 아무 일도 없었을 문제였기에 더욱 안타까웠다.

공정한 대가 지급은 기업과 사회 전체의 건강한 관계를 지탱하는 핵심이다. 구성원은 정당한 대가가 지급될 때 비로소 자신이 존중받고 있다고 느낀다. 협력업체는 "이 기업은 약속을 지킨다"라는 믿음을 갖게 된다. 사회적 평판 또한 공정한 기업으로 자리매김하게 된다. 신뢰의 고리가 단단해질수록 기업은 위기에도 흔들리지 않는다. 반대로 화려한 기술과 외형을 갖추어도 땀의 대가를 제대로 지키지 않으면 결국 무너진다.

공정한 대가 지급은 단순한 거래가 아니라 존중의 표현이다. 노동은 단순히 시간을 파는 것이 아니라 사람의 생명력과 삶의 일부를 쏟아내는 일이다. 따라서 그 대가를 제때 정당하게 지급하는 것은 곧 그 사람의 삶과 존엄을 인정하는 것이다.

"일하는 사람은 땀으로 답하고, 기업은 정당한 대가로 화답한다."

이 말은 가장 기본적이면서도 가장 지키기 어려운 원칙이다. 그러나 이 원칙이 지켜질 때 비로소 신뢰받는 기업과 존중받는 일터가 만들어진다. 앞으로 우리 사회는 대금 체납이나 불공정 지급 문제로 더 이상 고통

받지 않아야 한다. 제도적인 장치와 기업의 의식 변화가 함께 이루어져야 하며, 정당한 대가를 제때 지급하는 문화가 확립되어야 한다. 그렇게 될 때 일하는 사람들은 자신의 존엄을 지키고, 기업은 신뢰를 얻으며, 사회 전체는 더 건강하고 오래 갈 방향으로 나아갈 수 있다.

함께 만드는 우리의 약속

일터에서 가장 소중한 것은 결국 사람이다. 현장이 아무리 크고 기업이 아무리 많은 이익을 내더라도 그 속에서 일하는 사람들이 존중받지 못한다면 그 일터는 오래 가지 못한다. 그렇다면 존중받는 일터는 어떻게 만들어질까? 그것은 바로 '우리 자신의 약속'에서 시작된다.

많은 사람이 안전과 존중을 회사가 보장해주기를 기대한다. 물론 기업은 반드시 그 책임을 져야 한다. 그러나 그것만으로는 충분하지 않다. 우리가 서로를 지켜주겠다는 약속, 내가 한 행동이 동료에게도 영향을 준다는 자각이 없다면 진정한 변화는 어렵다. 안전모를 쓰는 일, 장비를 점검하는 일, 정해진 절차를 따르는 일은 단순히 규정을 지키는 것이 아니라 '나 스스로와 한 약속'이고, 동시에 '동료와 한 약속'이다.

이 약속은 거창하지 않다. 회의실에서 큰 목소리로 다짐하는 것이 아니라 매일 반복되는 행동 속에서 확인된다. 귀찮아도 안전모를 착용하는 것, 시간이 조금 걸려도 위험을 점검하는 것, 동료가 실수하려 할 때 조용히 알려주는 것. 이런 작은 행동들이 결국은 '우리의 약속'을 지켜간다.

니는 종종 해외 사례에서 배울 점을 찾곤 한다. 일본에서는 '무재해 운동'이 오랜 시간 이어져 내려오고 있다. 그 핵심은 기업의 규정만이 아니라 일하는 사람들 스스로가 서로에게 다짐하는 문화였다. "나는 다치지 않겠다"가 아니라 "우리는 함께 무사히 집으로 돌아가겠다"라는 약속이었다. 이런 문화가 정착하면서 안전 캠페인을 넘어 사회 전체가 안전을 생활 습관으로 받아들이게 되었다.

우리나라에서도 조금씩 변화가 보인다. 최근 많은 현장에서는 작업 전 짧은 회의를 하면서 오늘의 위험 요소를 서로 확인한다. 예전 같으면 관리자만 이야기하고 끝냈겠지만, 이제는 작업자들 자신도 의견을 내고 "이 부분은 위험하니 조심하자"라고 직접 말한다. 이 과정 자체가 서로에 대한 약속이고, 참여를 통해 안전과 존중의 문화를 키워가는 좋은 사례이다.

약속은 안전에만 머물지 않는다. 공정한 대가를 당당히 요구하는 것도 스스로와의 약속이고, 동료의 권리를 존중하는 것도 서로 간의 약속이다. 내가 조금 불편하더라도 다른 사람의 목소리를 듣는 것, 회식 자리에서 후배를 배려하는 것, 협력업체를 동등하게 존중하는 것 모두가 결국 같은 맥락이다. 작은 존중이 쌓여서 '존중받는 일터'라는 큰 문화를 만든다.

함께 만드는 약속은 "우리는 일을 하되 서로를 해치지 않는다. 우리는 경쟁하되 존중을 잃지 않는다. 우리는 각자의 땀을 소중히 여긴다"라는 다짐이다. 이 약속이 지켜질 때 현장은 돈을 버는 공간을 넘어 서로의 삶을 지탱하는 터전이 된다. 이런 약속이야말로 기업의 규정보다 더 강한 힘을 가진다. 기업의 제도는 외부에서 주어진 규칙이지만, 우리의 약속은 마음속에서 나온 다짐이기 때문이다. 결국 일터를 존중과 신뢰의 공간으로 만드는 것은 우리 자신이다.

앞으로 우리가 만들어야 할 것은 거창한 선언문이 아니라 작지만 꾸준한 약속의 문화이다. 그 문화 속에서 사람은 존중받고 기업은 신뢰받으면서 사회는 더 건강해질 것이다.

구성원의 목소리가 키우는 사회적 신뢰

건설 현장은 수많은 사람이 모여 하나의 목표를 향해 나아가는 곳이다. 발주처, 대기업, 중견기업, 협력업체, 현장 기술자와 기능 인력, 안전을 관리하는 관리자, 현장 사무를 담당하는 직원까지 모두가 각자의 역할을 맡아 함께 움직인다. 이들의 목소리가 모이고 존중받아야 비로소 건설은 신뢰받는 산업이 되고 사회와도 건강한 관계를 이어 갈 수 있다.

과거에는 현장에서 '목소리'가 잘 반영되지 않는 경우가 많았다. 위에서 내려온 지시가 곧 절대적인 기준이었고, 일선에서 느끼는 불편이나 위험, 개선 의견은 종종 무시되거나 묻히곤 했다. "괜히 문제 제기하면 불이익이 올 수 있다"라는 분위기 속에서는 누구도 쉽게 의견을 내지 못했다. 그러나 이런 방식으로는 오래갈 현장을 만들 수 없다. 실제로 작은 위험 신호가 무시되면서 큰 사고로 이어지는 경우도 적지 않았다.

최근 들어 건설업계에도 조금씩 변화가 나타나고 있다. 대기업과 중견기업이 현장 소통 채널을 강화하고, 협력사 직원이나 기능인력의 목소리를 들을 수 있는 제도를 마련하고 있다. 예를 들어 공정회의나 조회에서 단순한 지시가 아니라 "어제 불편했던 점은 무엇인가요?", "위험해 보이는 부분이 있나요?"와 같은 질문이 오가는 경우가 많아졌다. 사소한 의견처럼 들릴 수 있어도 그 속에서 중요한 안전 문제나 품질 관리의 실마리가 발견되기도 한다.

해외 사례에서도 이 점은 강조된다. 영국의 건설 현장에서는 '스톱 워크(Stop Work)' 제도가 운용되고 있다. 누구든지 위험 요소를 발견하면 작업을 멈출 권리가 있으며, 그 권리를 행사해도 불이익을 받지 않는다. 현장의 모든 구성원이 안전과 품질의 주체로 인정받는 것이다. 일본의 '무재해 운동' 또한 비슷한 철학을 가지고 있다. 현장의 작은 목소리를 존중하고 공유하는 문화가 사회 전체의 안전 수준을 높이는 데 이바지했다.

우리 사회도 더 나아가야 한다. 건설 현장은 규모가 크고 복잡하여서 더욱 다양한 목소리가 필요하다. 대기업의 본사에서 만든 규정도 중요하지만, 실제 철근과 콘크리트를 다루는 사람의 경험에서 나오는 의견은 현실적이고 소중하다. 관리자나 협력업체 직원의 목소리 역시 현장의 효율성과 안전을 동시에 지켜주는 핵심 자산이 된다.

모든 구성원의 목소리를 존중하는 문화는 기업과 사회가 신뢰를 쌓는 출발점이다. 투명한 소통이 보장될 때 현장은 불필요한 갈등을 줄이고 더 건강하게 운영된다. 목소리가 무시되는 일터에서는 불신이 쌓이지만, 목소리가 존중되는 일터에서는 신뢰가 자란다. 이 신뢰가 쌓이면 기업은 사회적으로도 인정받고, 지역사회와도 긍정적인 관계를 유지할 수 있다.

'구성원의 목소리'라는 말은 단순히 의견 수렴 절차를 뜻하는 것이 아니다. 그것은 곧 서로의 경험을 존중하고, 위험 신호를 소중히 여기며, 더 나은 방향을 함께 찾아가겠다는 다짐이다. 작은 의견이 모여 큰 안전을 지키고, 작은 불편의 제보가 쾌적한 환경을 만들며, 작은 제안이 기업의 혁신으로 이어진다.

건설 현장은 거대한 구조물을 세우는 곳이지만, 그 기초를 이루는 것은 결국 사람이다. 그 사람들이 낸 목소리가 존중받을 때 비로소 신뢰받는 기업, 존중받는 일터 그리고 지속 가능한 사회가 함께 세워질 것이다.

ESG

지역과 함께 짓는 건전한 사회, ESG의 나아갈 길

지역사회와 공존하는 건설

건설은 언제나 지역사회와 맞닿아 있다. 한 현장에서 새로운 아파트 단지나 시설이 들어서면 단순히 건물이 세워지는 것에서 끝나지 않는다. 그 주변의 교통이 달라지고, 상권이 변하며, 주민들의 일상도 바뀐다. 그래서 건설은 늘 지역 주민들의 눈과 목소리 속에서 진행될 수밖에 없다. 공사로 인한 불편을 최소화하는 것만으로는 충분하지 않다. 오히려 그 과정을 함께 나누고, 완공 이후의 기쁨을 지역과 같이 나누는 일이 중요하다.

공사가 마무리되고 입주가 시작될 때, 회사가 지역 주민과 함께 축하 행사를 열어 음악회를 진행하거나 마을 주민들을 초청해 새로 지어진 단지를 둘러보는 경우가 있다. 단순히 기업의 성과 발표 자리가 아니라 함께 고생을 감내해 준 주민들과 기쁨을 나누는 자리이므로 분위기가 다르다. 불편을 이해해 준 이웃들에게 감사의 마음을 전하는 순간이기도 하다. 이런 행사는 지역과 함께 걸어온 시간에 대한 보답이자 새로운 관계의 출발점이 된다.

사회 공헌 활동도 건설 현장이 지역과 공존하는 중요한 방식이다. 일부 현장에서는 공사 기간 동안 인근 학교의 낡은 담장을 수리해 주거나 주민센터와 협력해 노후된 시설을 보수하는 일을 맡기도 한다. 명절 때에는 현장 직원들이 자발적으로 모금해 쌀이나 생활용품을 기부하는 예도 있다. 이런 작은 나눔은 지역 주민들에게 "공사 현장이 우리와 무관한 곳이 아니라 함께 살아가는 이웃이다"라는 인식을 심어준다.

일부 현장에서는 학생들을 초청해 '현장 안전 체험행사'을 열기도 한다. 안전모를 직접 써 보고, 건설 장비를 가까이에서 보며 아이들이 미래의 직업을 꿈꿀 수 있도록 돕는 자리이다. 아이들의 눈빛에서 호기심과 설렘을 읽을 수 있고, 그 현장은 단순히 공사장이 아니라 지역 아이들에게 꿈을 심어주는 공간이 된다.

물론 건설 과정에서 불편이 아예 없을 수는 없다. 소음, 먼지, 교통 불편 같은 문제는 피하기 어렵다. 바로 이런 이유로 지역과 공존하려는 더 큰 노력이 필요하다. 공사 차량 동선을 최소화하고, 방음벽과 세륜시설을 철저히 갖추는 것, 주민 의견을 수시로 듣는 창구를 마련하는 것이 그 예이다. 작은 민원에도 성실히 답할 때 주민들은 "우리 목소리를 존중한다"라는 신뢰를 쌓는다.

지역사회와 공존한다는 것은 건물을 짓는 기술을 넘어 관계의 기술이 필요하다는 의미이다. 건설회사가 주민을 단순히 이해관계자로 보는 것이 아니라 함께 살아가는 이웃으로 바라볼 때 그 공존은 현실이 된다. 축하 행사에서 나누는 웃음, 사회 공헌에서 드러나는 나눔, 생활 속 불편을 줄이려는 배려가 모여서 지역과 기업 사이에 신뢰라는 다리를 놓는다.

앞으로의 건설은 단지 지역에 구조물을 남기는 데서 그치지 않고 지역사회와 관계를 남기는 건설이어야 한다. 건설이 끝난 후에도 "그 현장은 우리와 함께했다"라는 기억이 남는다면, 그것이야말로 가장 큰 성과일 것이다.

친환경 기술과 효율적인 자원 활용

건설 현장에서 국산 자재는 새것이 최고라는 신념이 여전히 강하다. 하지만 효율적인 자원 활용이 강조되는 시대에는 단지 저렴함만을 내세우기보다 환경에 영향을 덜 주면서 성능도 갖춘 기술이 더 주목받고 있다. 이런 맥락에서 국내 기술과 자재의 가치가 더욱 빛난다.

국내에서는 정부가 G-SEED(Green Standard for Energy and Environmental Design) 인증을 통해 친환경 건설자재 사용을 촉진하고 있다. 환경표지 인증이나 우수 재활용제품(GR) 인증을 받은 자재들은 공공공사 설계에 반영되도록 법과 제도로 마련되어 있다. 이는 재활용성과 에너지 및 자원 절약 효과를 동시에 고려한 제품들에 인증이 주어지며 건설 현장에서의 활용을 권장한다.

예를 들어 대림산업은 정부 연구기관과 협력해 무방습(low-energy), 친환경 DRY 패널과 흡음층, 단열재 등의 친환경 자재를 개발하고 있다. 이는 저렴함을 넘어 국내 기술로 에너지 효율과 성능을 갖춘 자재를 생산해 공급한다는 점에서 의미가 크다.

Energy Dream Building처럼 제로 에너지 빌딩(ZEB) 또는 플러스 에너지 빌딩(PEB)을 국내 최초로 구현한 사례도 있다. 이 건축물은 자체 에너지 생산이 소비를 초과해 '작은 발전소'라고 불린다. 국내 설계와 기술로 이룬 성과라는 점에서 친환경 기술의 자립성을 보여준다.

세종시의 목조 건축 프로젝트들도 주목할 만하다. 나무를 주요 구조재로 활용하면서 탄소 배출을 줄이고, 재생 가능 자원을 건축에 적극적으로 도입한 선도적인 시도이다.

최근 정부 정책도 녹색 건축과 효율적 자원 사용을 지원하는 방향으로 바뀌고 있다. 제로 에너지 건물에 대한 인증 의무가 확대되고 있으며, 공공 건축물부터 이를 적용하도록 법과 제도가 점차 강화되고 있다.

ESG가 여는 건전한 사회적 연대

연대라는 말은 함께 있다는 뜻을 넘어 서로 다른 사람들이 하나의 목표를 향해 힘을 모을 때 생겨난다. ESG가 사회에 던지는 가장 큰 메시지는 바로 이 연대의 가치이다. 환경을 지키는 일도, 안전한 일터를 만드는 일도, 지역과 공존하는 일도 어느 한쪽의 노력만으로는 완성될 수 없다. 기업, 시민, 지역사회, 행정 그리고 다음 세대까지 모두가 함께 움직여야만 가능한 일이다.

특히 건설은 사회적 연대가 가장 선명하게 드러나는 현장이다. 한 건물이 세워지기까지 대기업과 협력업체, 현장 근로자, 설계자, 행정기관, 지역 주민이 서로 얽혀 있다. 누군가의 목소리가 배제되면 갈등이 생기고, 누군가의 안전이 무시되면 사고가 난다. 반대로 모든 이해관계자의 목소리를 존중하고 참여를 보장하면 건설은 사회가 신뢰하는 산업으로 자리매김할 수 있다.

연대는 또한 세대를 이어주는 약속이기도 하다. 지금 짓는 건물과 도시는 당장 우리만을 위한 것이 아니라 아이들이 살아갈 터전이 되고, 노인들이 여생을 보내는 공간이 된다. 친환경 자재와 무장애 설계, 안전한 시공은 모두 다음 세대를 위한 연대의 실천이다. 오늘만 잘 되면 된다는 생각보다 내일을 살아갈 사람들과 ESG가 강조하는 연대는 결국 서로 다른 존재들이 손을 맞잡는 것이다.

연대는 계층과 지역을 잇는 다리이기도 하다. 도심의 대규모 개발이 변두리의 삶을 외면해서는 안 되며, 대기업의 이익이 협력사와 근로자의 희생 위에 세워져서도 안 된다. ESG는 '누구도 소외되지 않는 성장'을 강조한다. 기업이 이익을 낼 때 그 성과가 협력사와 지역사회에도 흘러가고, 안전과 존중이 보장될 때 사회 전체가 건강해진다.

기업과 시민, 현재와 미래, 도심과 지역, 나아가 국경을 넘어 지구촌까지 이 연결고리 속에서 건설은 연대를 실현하는 무대가 된다. 우리가 지금 지키는 작은 약속과 배려가 쌓여 더 넓고 단단한 사회적 연대를 만드는 씨앗이 될 것이다.

건설은 단순히 건물을 짓는 산업이 아니라 사회(S)의 가치를 실현하는 살아 있는 무대이다. 우리가 세운 구조물은 세월이 지나면 낡아 허물어질 수 있지만, 그 속에서 지켜낸 안전과 존중, 함께한 경험은 사회의 기억으로 남는다.

ESG의 사회(S)는 구호가 아니라 사람을 존중하고 공동체를 단단히 하는 약속이다. 안전한 현장은 한 개인의 생명만이 아니라 가족의 미래를 지키는 길이며, 공정한 대가 지급은 신뢰의 씨앗이 된다. 또한 지역과 공존하는 건설은 불편을 줄이는 차원을 넘어 함께 살아가는 사회적 연대를 만드는 과정이다.

앞으로 건설은 속도와 규모가 아니라 어떤 사회적 가치를 남겼는가로 평가받을 것이다. 우리가 세우는 도시와 마을이 더 안전하고, 더 공정하며, 더 따뜻한 관계를 품을 때 비로소 사회(S)의 의미는 현실이 된다.

건설이 남기는 것은 단순한 구조물이 아니라 그 안에서 살아가는 사람들의 기억과 신뢰이다. 지금 우리가 선택하는 작은 실천과 원칙이 모여 내일의 세대가 더 존엄하게 살아갈 수 있는 기반이 된다. 그것이 바로 ESG가 열어가는 사회적 연대의 길이며, 건설이 지닌 가장 큰 책임이자 희망이다.

CHAPTER 08

환경 그리고 노무
_ 사람 중심의
경영과 사회적 책임

성시웅

공인노무사
대전고등법원 조정위원

2000년부터 25년간 현장에서 노동 문제를 다뤄온 공인노무사로서 산업재해, 해고, 직장내 성희롱, 직장 내 괴롭힘 등 노동자들이 직면한 실질적 이슈를 최전선에서 해결해왔다.

지난 사반세기 동안 노무 이슈는 시대와 함께 변화해왔다. 생존이 절박했던 시대, 장시간 근로가 만연했던 시대, 저임금 문제가 대두되던 시대, 성평등이 화두가 된 시대, 감정노동이 주목받기 시작한 시대를 거쳐 이제는 직장내 갈등이 가장 중요한 이슈로 떠오른 시대를 맞이하고 있다.

저자는 이 모든 시대를 관통하며 쌓아온 경험을 바탕으로, 현 시대의 가장 큰 화두인 직장 내 갈등을 중심에 두고 이 책을 집필했다. 저자가 강조하는 것은 '인지'다. 문제를 인지하면 방어할 수 있다는 믿음으로 독자들이 직장 내 갈등의 본질을 이해하고 현명하게 대응할 수 있도록 돕고자 한다.

ESG

노무, 지속 가능한 경영의 핵심

기업의 지속 가능성은 더 이상 환경 문제나 기술 혁신만으로 평가되지 않는다. 노동자의 권리와 복지가 존중되는가, 안전한 일터가 보장되는가, 성평등과 다양성이 확보되는가가 기업의 사회적 책임을 판가름하는 핵심 기준이 되고 있다. 특히 산업재해, 차별, 장시간 노동은 단순히 노동 문제가 아니라 기업의 지속가능성을 위협하는 구조적 위험 요인이다. 일터에서의 갈등과 불평등은 곧 생산성과 경쟁력의 손실로 이어지며, 이는 기업 전체의 지속가능성을 약화시킨다.

    노무 경영을 ESG의 사회 분야 핵심으로 삼는 이유는 명확하다. 사람 중심의 경영은 직원들의 몰입과 창의성을 높이고, 기업이 사회적 신뢰를 얻는 토대가 된다. 구글, 나이키, 스타벅스 같은 글로벌 기업뿐만 아니라 한국의 현대중공업, LG화학, 카카오 등도 다양한 노무 경영 혁신을 통해 지속가능성을 강화하고 있다. 결국 노무를 중시하는 기업 문화가 확산될 때 ESG 경영은 실제 성과로 이어진다.

노무 경영의 정의와 사회적 책임

노무 경영은 기업이 직원과 이해관계자의 권리와 복지를 존중하며, 안전하고 공정한 노동환경을 보장하는 일련의 경영 활동을 의미한다. 이는 단지 인사 관리 차원이 아니라 ESG 경영의 사회 분야를 구성하는 핵심 요소이다. 국제노동기구(ILO)의 협약, 한국의 근로기준법과 남녀고용평등법, 직장 내 괴롭힘 금지법 등은 노무 경영의 기본 틀을 제공한다. 노무 경영은 결국 기업이 사회적 책임을 다하기 위해 반드시 지켜야 할 최소한의 조건이자 지속가능성을 확보하기 위한 전략적 선택이다.

노무 경영의 기본 목표는 사람 중심의 경영이다. 직원이 존중받는 환경에서 일할 때 기업은 더 높은 몰입과 창의성을 얻는다. 반대로 불공정한 대우, 과도한 업무, 차별적 관행은 구성원의 신뢰를 무너뜨리고 생산성을 저하시킨다. 따라서 노무 경영은 비용이 아니라 기업 성과와 직결되는 투자라 할 수 있다. 노동권 보장은 기업의 장기적 성장과 사회적 신뢰 확보의 기반이 된다.

실제 글로벌 기업들은 노무 경영을 ESG 전략의 핵심에 두고 있다. 구글은 다양성과 포용성을 확대하며 여성과 소수 인종의 고용 비율을 꾸준히 높이고 있다. 스타벅스는 대학 학비 지원과 같은 복지 정책을 통해 직원 만족도를 강화했다. 나이키는 공급망에서 아동 노동을 근절하기 위해 협력사 감사를 강화했다. 이와 같은 사례는 노무 경영이 내부 직원 관리뿐만 아니라 기업 전체의 공급망과 사회적 관계망에 확장된다는 사실을 보여준다.

한국 기업들 역시 점차 노무 경영을 ESG 전략에 포함시키고 있다. 현대중공업은 안전 교육을 강화해 산업재해율을 낮추었고, LG화학은 직장 내 괴롭힘 방지 교육을 전사적으로 확대했다. 카카오는 과중한 업무로 비판받은 이후 유연근무제와 정신 건강 지원을 도입했다. 이러한 변화는 한국 기업이 사회적 책임을 다하면서 동시에 지속가능성을 확보하기 위한 방향 전환임을 의미한다.

그러나 노무 경영이 항상 긍정적인 성과만 가져오는 것은 아니다. 일부 기업은 단기적인 성과에만 집중해 직원의 권리를 희생시키기도 한다. 장시간 노동, 저임금 구조, 성희롱과 괴롭힘의 방치는 기업의 지속가능성을 위협하는 가장 큰 장애물이다. 노무 경영이 제도적 장치로만 존재하고 실제 현장에서 지켜지지 않는다면, 이는 오히려 사회적 불신을 증폭시키는 결과로 이어진다.

특히 한국의 현실은 여러 과제를 안고 있다. 2025년 현재 비정규직 비율은 여전히 36% 수준으로 정규직과의 임금 격차가 크다. 직장 내 괴롭힘 신고는 증가했지만 예방과 처벌은 여전히 미흡하다. 세대 간 가치관의 차이도 심각하다. 워라밸과 다양성을 중시하는 MZ 세대와 기존 경영층의 사고방식은 충돌을 일으키며 조직 내 갈등을 심화시키고 있다.

이러한 문제에도 불구하고 노무 경영은 기업이 회피할 수 없는 과제이다. ESG 평가 기준에서도 사회적 책임 항목의 비중이 점차 확대되고 있으며, 투자자와 소비자 역시 윤리적 기업을 선호한다. 즉 노무 경영은 기업의 평판 관리뿐만 아니라 투자 유치와 시장 경쟁력 확보에도 직결된다. 노동자의 권리와 복지를 외면하는 기업은 장기적으로 사회적 신뢰를 잃고 도태될 수밖에 없다.

결국 노무 경영의 정의와 사회적 책임은 단순한 규범적 요구가 아니라 기업과 사회가 함께 지속 가능한 미래를 만들어가기 위한 필수 조건이다. 안전한 근무 환경, 공정한 대우, 다양성과 포용성은 이제 기업의 선택이 아니라 의무이다. 사람을 존중하는 경영이야말로 ESG 사회 분야의 출발점이며, 그 기반 위에서만 진정한 지속가능성이 가능하다.

글로벌 및 한국 기업의 노무 사례

노무 경영의 실천은 각국의 사회적 맥락과 산업적 특성에 따라 다르게 나타난다. 그러나 공통적으로 강조되는 핵심은 노동자의 권리를 존중하고, 안전과 복지를 우선하며, 다양성과 포용을 확대하는 것이다.

글로벌 기업들은 ESG 평가에서 높은 점수를 받기 위해 노무 분야에서 다양한 혁신을 추진하고 있으며, 한국 기업들도 점차 이에 동참하고 있다. 이는 노무 경영이 제도적 요구뿐만 아니라 기업의 생존과 경쟁력 확보에 직접적으로 연결되어 있음을 보여준다.

구글은 다양성과 포용성을 최우선 과제로 삼고 있다. 2024년 기준 여성과 소수 인종 직원 비율을 꾸준히 확대했으며, 유급 육아휴직을 24주까지 제공해 가족 친화적인 근무 환경을 조성했다. 나이키는 공급망에서 아동 노동 근절을 목표로 협력사 감사를 강화해 왔다. 2025년에는 협력사 노동자의 80% 이상이 최저임금 이상의 임금을 보장받도록 관리 체계를 구축했다. 스타벅스는 직원 복지 향상을 위해 무료 대학 학비 지원 프로그램을 운영하여 직원 만족도 조사에서 상위권을 기록하고 있다. 이처럼 글로벌 선도 기업들은 노무 경영을 비용이 아닌 브랜드 가치와 직결된 핵심 전략으로 인식하고 있다.

한국 기업들도 점차 이러한 흐름에 맞추어 변화를 시도하고 있다. 현대중공업은 산업재해를 줄이기 위해 노사 협력하에 안전 교육을 강화하여

2025년에는 재해율이 2020년 대비 30% 감소했다. LG화학은 직장 내 괴롭힘 방지 교육을 모든 직원에게 의무화했으며, 여성 리더십 프로그램을 운영해 여성 임원 비율을 점진적으로 확대했다. 카카오는 과도한 업무량 논란 이후 유연근무제와 정신 건강 지원 프로그램을 도입해 노무 경영을 개선했다. 이처럼 한국 기업들은 사회적 비판을 계기로 제도와 문화를 바꾸면서 ESG 사회 분야의 과제를 적극적으로 받아들이고 있다.

이러한 사례들은 기업이 노무 경영을 통해 사회적 신뢰를 구축하고 장기적 경쟁력을 확보할 수 있음을 보여준다. 그러나 동시에 한계도 존재한다. 일부 기업은 홍보용으로만 제도를 도입하거나 실제 운영에서 효과가 미비한 경우가 있다. 또한 대기업과 달리 중소기업은 자본과 인력이 부족해 동일한 수준의 노무 정책을 실행하기 어렵다. 따라서 사례를 단순히 모방하는 것이 아니라 각 기업의 상황에 맞는 맞춤형 전략이 필요하다.

노무 경영에서 중요한 것은 지속성과 진정성이다. 단기적 성과를 위한 보여주기식 제도가 아니라 직원의 삶의 질을 실질적으로 개선하는 정책이 마련되어야 한다. 글로벌 기업들의 경험은 좋은 참고자료가 되지만, 한국의 노동 환경과 법적 제도에 맞게 조정해야 한다. 예컨대 한국은 여전히 장시간 노동과 비정규직 문제라는 특수한 과제를 안고 있기 때문에 이에 적합한 정책과 사례가 뒷받침되어야 한다.

글로벌 및 한국 기업의 노무 사례는 ESG 사회 분야의 방향성을 보여주는 나침반이다. 다양성, 공정성, 포용성을 확대하는 경영 전략은 기업의 평판을 강화할 뿐 아니라 내부 구성원의 만족도와 몰입도를 높인다. 나아가 이러한 변화는 사회 전체의 노동 문화와 가치관에도 영향을 미친다. 노무 경영의 실천이 축적될수록 ESG는 선언적 구호가 아니라 사회적 변화를 견인하는 실질적 동력이 된다.

노무 경영의 도전 과제와 미래 방향

노무 경영은 기업의 지속가능성을 강화하는 중요 요소이지만 실제 현장에서는 여전히 많은 도전 과제가 존재한다. 첫째는 직장 내 괴롭힘과 성희롱 문제이다. 한국은 2019년 직장 내 괴롭힘 금지법을 시행했지만, 신고 건수는 늘어나면서도 실질적 처벌과 예방 조치는 여전히 부족하다. 성희롱과 괴롭힘은 단순한 갈등이 아니라 인권 침해이자 조직의 생산성을 무너뜨리는 심각한 요인이다. 이를 해결하지 못한다면 ESG 사회 분야의 목표는 공허한 구호로 남을 수밖에 없다.

둘째는 비정규직 문제이다. 2025년 현재 한국의 비정규직 비율은 약 36%로, 정규직과의 임금 격차는 최대 40%에 달한다. 복지와 고용 안정성의 차별은 노무 경영의 지속가능성을 약화시키는 핵심 요인이다. 기업이 비용 절감을 위해 비정규직에 의존할수록 사회적 불평등은 심화되고, 장기적으로는 기업 이미지와 신뢰에도 부정적 영향을 미친다. 따라서 고용 형태의 격차를 줄이고, 정규직 전환과 포용적 인사 정책을 확대하는 것이 필수적이다.

셋째는 세대 갈등의 문제이다. MZ 세대 직원은 워라밸과 다양성을 중시하지만, 기존 세대의 경영 방식은 여전히 성과 중심적이고 위계적인 구조에 머무르고 있다. 이 차이는 조직 내 갈등을 심화시키고, 인재 이탈을 가속화할 수 있다. 따라서 노무 경영은 제도적 변화에 머물지 않고, 세대 간 소통과 상호 존중을 촉진하는 문화적 전환을 요구한다.

이러한 과제들을 해결하기 위해서는 기업 내부의 노력뿐 아니라 제도 및 정책적 지원이 필요하다. 정부는 2050 탄소중립 선언과 함께 ESG 경영 가이드라인을 마련했지만, 중소기업은 여전히 자원 부족으로 ESG 노무 정책을 실천하기 어렵다. 따라서 중소기업을 위한 세제 혜택, 맞춤형 컨설팅, 교육 프로그램 지원이 강화되어야 한다. 또한 노동 관련 국제 표준(SA8000, ISO 45001 등)을 적극적으로 도입해 국내 기업의 경쟁력을 높이는 것도 중요한 방향이다.

소비자와 투자자의 인식 변화도 노무 경영의 미래를 결정짓는 중요한 요소이다. 최근 소비자들은 제품의 품질이나 가격만이 아니라 해당 기업이 노동자를 어떻게 대우하는지에도 주목한다. 투자자 역시 ESG 지표에서 사회 분야의 평가를 강화하며 윤리적 기업에 자본을 집중하고 있다. 이는 기업이 노무 경영을 소홀히 하면 시장에서 도태될 수 있음을 의미한다.

미래의 노무 경영은 기술 발전과도 맞물려 있다. 원격 근무, AI 기반 관리 시스템, 디지털 감시 문제는 새로운 과제를 던지고 있다. 기업은 효율성을 이유로 노동자의 권리를 침해하지 않도록 주의해야 하며, 동시에 디지털 환경에 맞는 새로운 근로 기준을 마련해야 한다. 이는 ESG 사회 분야의 노무 과제를 21세기적 맥락에서 재해석해야 한다는 것을 보여준다.

결국 노무 경영의 도전 과제는 개별 기업이 풀어야 할 문제가 아니라 사회 전체가 함께 해결해야 할 과제이다. 정부, 기업, 노동자, 소비자가 함께 책임을 나눠야 한다. 갈등 없는 일터, 공정한 고용, 세대 간 신뢰 구축은 기업의 생존 전략이자 사회적 지속가능성을 위한 필수 조건이다.

앞으로의 노무 경영은 제도와 문화를 넘어 사회적 합의를 통해 더 포용적이고 인간 중심적인 방향으로 나아가야 한다.

ESG

갈등 없는 일터, 성희롱과 괴롭힘 예방

직장 내 성희롱과 괴롭힘은 인권 침해는 물론 조직의 신뢰와 성과를 붕괴시키는 치명적 요인이다. 성희롱이 반복되는 조직은 안전하지 않으며, 괴롭힘이 만연한 일터는 건강하지 않다. 피해자는 존엄을 침해당하고, 기업은 갈등 관리에 막대한 비용을 소모하게 된다. 결국 성희롱과 괴롭힘은 지속 가능한 경영을 가로막는 '보이지 않는 비용'이자 사회적 책임의 부재를 드러내는 신호다.

이제 기업은 법적 의무를 넘어 예방 중심의 조직문화를 구축해야 한다. 성인지 감수성과 피해자 보호 감수성을 높이고, 공정하고 투명한 대응 절차를 마련하는 것이 필수적이다.

한국의 다양한 산업 현장에서 드러난 사례들은 문제의 심각성을 잘 보여준다. ESG의 사회 분야에서 '노무'는 단순한 복지 정책이 아니라 성희롱과 괴롭힘 없는 건강한 일터를 만드는 구조적 혁신을 의미한다.

직장 내 성희롱 사례와 대응

직장 내 성희롱은 인권 침해이자 조직 운영을 위협하는 심각한 갈등 요인이다. 성희롱은 피해자의 존엄을 해칠 뿐 아니라 조직의 신뢰와 생산성에도 치명적인 영향을 미친다. ESG의 사회 분야에서 노무 경영을 논할 때 성희롱 문제는 더 이상 주변적 이슈가 아니라 반드시 해결해야 할 핵심 과제이다. 실제 사례들은 성희롱이 어떻게 개인과 조직에 비용을 발생시키는지 잘 보여준다.

한 IT 기업 회식 자리에서 상사가 부하 여직원의 어깨를 주무르는 등 원치 않는 신체 접촉을 반복했다. 피해자가 거부 의사를 밝혔음에도 가해자는 아무렇지 않게 무시했고, 결국 법적 처벌을 받았다. 또 다른 제조업체에서는 팀장이 회의 중 "여직원은 예뻐야 일 잘한다"라는 발언을 지속적으로 하였고, 피해자는 2차 피해를 우려해 퇴사로까지 이어졌다. 이처럼 성희롱은 단순한 언행 문제가 아니라 피해자의 직장 생활과 경력을 송두리째 흔드는 결과를 낳는다.

동성 간 성희롱 사례도 발생하고 있다. 공기업 직원이 동료로부터 성적인 농담과 신체 관련 발언을 반복적으로 들었으나 조사 지연으로 제대로 보호받지 못했다. 한 서비스업체에서는 고객이 직원에게 외모와 관련된 부적절한 발언과 연락처 요구를 하였으나 회사가 책임을 회피하는 일이 있었다. 성희롱은 상사와 부하 직원 관계뿐 아니라 고객과 직원, 동료와 동료 사이에서도 다양하게 발생한다는 점에서 복잡하고 다차원적인 문제임을 보여준다.

더 심각한 사례로 장기간 지속적 메시지와 데이트 요구가 이어진 사건이 있었다. 금융사에서 한 상사가 부하 직원에게 6개월간 성적인 메시지를 보내고 교제를 강요하다가 법적 처벌과 해고 처분을 받았다. 또 다른 중소기업에서는 승진을 미끼로 부적절한 관계를 제안한 상사가 해고되었지만, 피해자는 조직 내 소문으로 결국 회사를 떠나야 했다. 이처럼 성희롱은 개인적 차원에서 끝나지 않고 조직 전체의 문화와 신뢰를 붕괴시킨다.

직장 내 성희롱은 단지 개인의 일탈이 아니라 제도적 허점에서 비롯된다. 신고가 이루어져도 조직은 종종 가해자를 보호하거나 문제를 축소하려 하고, 피해자는 2차 피해를 우려해 침묵하거나 퇴사를 선택한다. 제도가 존재하더라도 실효성이 부족하면 성희롱은 은폐되거나 반복된다. 따라서 기업은 제도적 장치뿐만 아니라 조직문화 차원의 근본적 변화를 만들어야 한다.

<성희롱의 종류>

출처: 성평등가족부

대응 방안으로는 먼저 예방 교육이 필수적이다. 전 직원 대상의 정기적인 성희롱 예방 교육은 기본이다. 그러나 형식적 교육이 아니라 실제 사례를 중심으로 내용을 구성해 직원들이 자신의 언행을 성찰하도록 해야 한다. 피해자 보호 장치 강화도 필요하다. 내부 신고 절차의 익명성을 보장하고, 피해자가 불이익을 받지 않도록 2차 피해 방지 조치를 마련해야 한다.

또한 가해자에 대한 엄정한 처벌이 동반되어야 한다. 일부 기업은 사건 발생 후 가해자에게 단순히 교육 이수나 경고 처분을 내리는 데 그친다. 그러나 이런 미온적 대응은 오히려 조직 내 불신을 키운다. 성희롱이 발생했을 때 신속하고 단호한 조치를 취하는 것이야말로 기업이 사회적 책임을 다하는 길이다.

더 나아가 기업은 성인지 감수성을 조직문화 전반에 내재화해야 한다. 단순히 성희롱 사건을 처리하는 데 그치지 않고, 직원 간 존중과 배려를 촉진하는 문화를 조성해야 한다. 특히 관리자는 언행과 리더십에서 모범을 보여야 하며, 공정성과 존중이 일터의 기본 규범으로 자리 잡을 수 있도록 책임을 다해야 한다.

궁극적으로 성희롱 없는 일터는 ESG 사회 분야의 핵심 목표와 직결된다. 기업은 노동자의 권리를 보장하고, 안전한 근무 환경을 만드는 책임을 다해야 한다.

성희롱은 갈등이자 비용이며, 지속 가능한 경영을 방해하는 요인이다. 따라서 철저한 예방과 적극적인 대응을 통해 갈등 없는 일터를 만드는 것이 곧 ESG 노무 경영의 실천이 된다.

직장 내 괴롭힘 사례와 제도적 과제

직장 내 괴롭힘은 인간관계 갈등은 물론 기업의 지속가능성을 위협하는 심각한 문제이다. 언어폭력, 따돌림, 과도한 업무 지시 등 다양한 형태로 나타나는 괴롭힘은 노동자의 정신적·신체적 건강을 해치고, 조직의 신뢰를 무너뜨린다.

ESG 사회 분야의 핵심 가치가 인권과 포용성이라면, 직장 내 괴롭힘은 이를 정면으로 위배하는 행위이다. 따라서 괴롭힘 문제를 해결하는 것은 기업의 사회적 책임이자 생존 전략이다.

실제 사례를 살펴보면 문제의 심각성이 드러난다. 한 IT 기업에서는 팀장이 회의 중 신입사원에게 반복적으로 폭언을 하며 "회사 그만두라"라고 강요했다. 피해자는 우울증을 겪고 결국 퇴사했으며, 조직은 고용노동부의 조사에서 경고 조치를 받았다. 또 다른 제조업체에서는 상사가 부하 직원을 프로젝트와 회의에서 배제해 업무에서 고립시키는 괴롭힘을 자행했다. 조사 결과 근로기준법 위반으로 인정되어 정직 처분이 내려졌지만, 피해자는 이미 깊은 상처를 입고 회사를 떠나야 했다.

과도한 업무 부여 역시 흔한 괴롭힘 유형이다. 한 중소기업 직원은 퇴사한 동료의 업무까지 떠맡으며 매일 야근을 강요받았다. 항의했지만 상사는 "너 아니면 누가 하냐"라며 압박했고, 결국 노동부 조사에서 괴롭힘으로 인정되었다. 한 유통업체에서는 특정 대학 출신이 아니라는 이유로 동료들에게 따돌림을 당하고, 사내 메신저 채팅방에서 배제된 사례도 있었다. 이는 단순한 인간관계 문제가 아니라 조직 구조 속에 뿌리내린 차별과 배제의 문화임을 보여준다.

더 심각한 경우도 있다. 한 금융사에서는 상사가 실적 미달을 이유로 반복적으로 퇴사를 강요했으며, 결국 피해자는 회사를 떠나야 했다. 또한 중소기업에서는 상사가 직원에게 커피 심부름이나 개인 물품 구매 같은 사적 일을 강요했고, 거부 시 평가에서 불이익을 주었다. 심지어 어떤 자동차 부품업체에서는 폭행과 욕설이 수차례 발생해 가해자가 징역형을 선고받았다. 이런 극단적 사례는 괴롭힘이 불만 차원이 아니라 범죄로까지 발전할 수 있음을 보여준다.

괴롭힘 제도의 역이용 사례도 존재한다. MZ 세대 직원이 정당한 업무 지적을 괴롭힘으로 신고해 상사를 압박한 경우가 있었다. 조사 결과 허위 신고로 드러났지만, 이 과정에서 상사는 심리적 압박을 견뎌야 했다. 이는 제도가 공정하게 작동하지 않으면 오히려 조직 내 신뢰를 해치는 결과를 낳을 수 있음을 시사한다. 따라서 괴롭힘 문제는 피해자 보호와 동시에 제도의 남용 방지라는 균형 잡힌 접근이 필요하다.

현행 제도에도 한계가 있다. 우리나라는 2019년 직장 내 괴롭힘 금지법을 시행했으나 실질적인 예방과 처벌은 여전히 미흡하다. 신고 후에도 피해자가 2차 피해를 입는 경우가 많고, 기업 내부에서 사건을 축소하거나 은폐하는 사례도 반복된다. 중소기업은 법적 제도를 운영할 인적 자원과 재정적 자원이 부족해 괴롭힘 문제를 제대로 다루기 어렵다. 제도가 존재하더라도 실행력이 뒷받침되지 않으면 유명무실한 장치에 불과하다.

이에 대한 대응 방안으로 첫째, 예방 중심의 교육이 강화되어야 한다. 단순한 법 조항 전달이 아니라 실제 사례를 통해 직원들이 괴롭힘의 심각성을 인식하도록 해야 한다. 둘째, 독립적이고 공정한 조사 기구가 필요하다. 기업 내부의 이해관계로 인해 사건이 축소되는 것을 막기 위해 외부 전문가나 공공기관이 개입할 수 있는 구조가 마련되어야 한다. 셋째, 피해자 보호와 2차 피해 방지 장치가 강화되어야 한다. 신고 후 불이익이

발생하지 않도록 제도적 안전망을 보장해야 한다. 마지막으로, 조직문화 차원의 변화가 필수적이다.

괴롭힘은 법과 제도만으로 근절되지 않는다. 상호 존중과 배려가 일터의 기본 규범으로 자리 잡을 때 비로소 예방이 가능하다. 관리자는 모범을 보여야 하고, 동료들은 피해자와 연대할 수 있어야 한다. ESG 사회 분야의 목표가 인권과 포용이라면, 갈등 없는 일터를 만드는 것은 선택이 아니라 필수이다.

직장 내 괴롭힘 문제는 결국 기업의 지속가능성과 직결된다. 괴롭힘은 비용이자 갈등이며, 조직을 병들게 하는 요인이다. 이를 줄이기 위한 연구와 제도, 문화적 전환이 동시에 필요하다.

직장 내 괴롭힘 없는 노무 경영은 ESG의 사회 분야를 실현하는 기본적인 출발점이자 기업과 사회 모두의 지속 가능한 미래를 위한 조건이다.

갈등 예방과 조직문화 혁신 전략

직장 내 성희롱과 괴롭힘은 단순한 개인적 사건이 아니라 조직 전체의 건강성과 지속가능성을 해치는 구조적 문제이다. 기업이 이를 예방하지 못하면 인권 침해와 법적 리스크뿐 아니라 조직 신뢰와 생산성 저하라는 막대한 비용을 감수해야 한다. 따라서 갈등을 줄이고 예방하는 것은 노무 경영의 핵심 과제이다. 문제를 사후적으로 처리하는 방식에서 벗어나 조직문화 차원에서 갈등을 원천적으로 줄이는 전략이 필요하다.

첫째, 교육과 인식 제고가 중요하다. 단순히 법적 의무를 이행하기 위한 형식적 교육이 아니라 실제 사례를 기반으로 직원들이 자신의 언행을 점검하고 성찰할 수 있는 프로그램이 마련되어야 한다. 성인지 감수성, 피해자 보호 감수성, 다양성 존중 교육은 조직문화에 내재화될 때 비로소 효과를 발휘한다. 반복적이고 체계적인 교육은 갈등 예방의 가장 기초적인 장치이다.

둘째, 투명하고 공정한 제도적 장치가 필요하다. 직장 내 성희롱이나 괴롭힘이 발생했을 때 피해자가 안심하고 신고할 수 있는 환경을 조성해야 한다. 익명성이 보장된 신고 채널, 외부 전문가의 개입, 독립적인 조사기구는 사건의 은폐와 축소를 방지한다. 가해자에 대한 신속하고 엄정한 처벌은 조직 전체에 경각심을 주며, 피해자에 대한 2차 피해 방지 장치는 신뢰 회복의 출발점이 된다.

셋째, 리더십의 역할이 결정적이다. 조직의 관리자가 모범을 보이지 않는다면 갈등 예방은 불가능하다. 상사는 언행과 의사결정에서 공정성을 보여야 하고, 존중과 배려를 실천하는 리더십을 통해 조직문화의 기준을 제시해야 한다. 경영진이 명확한 메시지를 전달하고 이를 행동으로 실천하면 직원들은 안전하게 의견을 내고 문제를 제기할 수 있다.

넷째, 갈등 해결을 위한 소통 구조가 마련되어야 한다. 정기적인 타운홀 미팅, 익명 설문조사, 독립적인 상담 창구는 직원들이 문제를 공유하고 해결책을 모색하는 기회를 제공한다. 소통 채널이 열려 있으면 작은 불만과 갈등은 확대되기 전에 조정될 수 있다. 이는 예방 차원의 갈등 관리이자 조직 내 신뢰를 강화하는 장치가 된다.

다섯째, 포용성과 다양성을 존중하는 문화가 필요하다. 성별, 세대, 고용 형태에 따른 차별을 없애고, 모든 직원이 존중받는 환경을 만드는 것이 갈등 예방의 근본적인 토대이다. 차별과 배제가 줄어들수록 괴롭힘과 성희롱이 발생할 여지는 줄어든다. 다양성을 존중하는 문화는 혁신을 촉진하며, ESG 사회 분야의 가치와도 직결된다.

여섯째, 정부와 사회적 지원이 뒷받침되어야 한다. 중소기업은 자원 부족으로 갈등 예방 시스템을 갖추기 어려운 경우가 많다. 따라서 정부의 컨설팅, 세제 혜택, 교육 지원 프로그램이 확대되어야 한다. 또한 노동 관련 국제 표준을 도입하고, 업계 차원의 자율 규제와 협력이 강화될 때 제도적 효과가 높아질 수 있다.

갈등 예방은 단순히 사고를 줄이는 수준에서 끝나지 않는다. 조직의 신뢰가 높아지고, 직원들이 안전하게 일할 수 있는 환경이 마련될 때 생산성과 창의성은 높아진다. 반대로 갈등이 방치되면 인재 유출, 법적 소송, 평판 악화라는 치명적 비용이 발생한다. 갈등 예방은 곧 기업의 비용 절감이자 경쟁력 강화 전략이다.

결국 조직문화 혁신은 노무 경영의 최종 목표라 할 수 있다. 예방적 제도, 교육, 리더십, 포용적 가치가 어우러져야 갈등 없는 일터가 가능하다. 성희롱과 괴롭힘 없는 건강한 직장은 ESG 사회 분야의 핵심 성과이자 기업의 지속가능성을 확보하는 가장 중요한 조건이다. 갈등 예방과 조직문화 혁신은 지속 가능한 미래를 위한 필수 전략이다.

ESG

ESG와 노무의 통합적 실천 과제

ESG 경영은 환경과 사회 그리고 지배구조가 각각 따로 작동하는 것이 아니라 상호작용을 통해 시너지를 발휘할 때 의미가 있다. 그중 사회 분야의 핵심인 노무는 환경과도 깊게 연결된다. 친환경 공정의 도입은 작업 환경을 개선해 직원의 건강과 안전을 보장하고, 공정한 노무 경영은 직원들의 참여와 혁신을 이끌어 환경 목표 달성을 앞당긴다. ESG의 세 축은 결국 사람을 중심으로 만나게 된다.

한국 기업의 다양한 사례는 이러한 통합적 접근이 필요함을 보여준다. SK그룹, 포스코 등은 탄소중립 전략과 함께 노사 협력, 안전 교육, 지역사회 고용 창출을 동시에 추진하고 있다. 정부 역시 ESG 가이드라인과 노동법 제도를 통해 이를 뒷받침하고 있다. 그러나 중소기업의 자원 부족, 측정 지표의 한계, 소비자 인식의 부족은 여전히 과제로 남아 있다. 앞으로 ESG와 노무의 통합은 단지 경영 트렌드가 아니라 기업과 사회의 지속 가능한 미래를 위한 필수 경로가 될 것이다.

환경과 노무의 시너지

환경과 노무는 독립된 주제가 아니라 서로 긴밀히 연결되어 시너지를 창출한다. 친환경 공정을 도입하면 직원들의 작업 환경이 개선되어 안전과 건강이 향상된다. 또한 직원 복지와 교육이 강화되면 친환경 혁신을 수용하는 역량이 높아져 ESG 목표 달성 속도가 빨라진다. 즉 환경과 노무는 기업의 지속가능성을 함께 뒷받침하는 두 축이며, 이들이 결합할 때 ESG 경영은 구호가 아닌 실질적 성과로 이어진다.

대표적인 사례로 현대자동차를 들 수 있다. 현대차는 전기차와 수소차 같은 친환경 모빌리티를 확대하면서 생산 과정에서 직원 교육과 안전관리를 강화하였다. 그 결과 탄소 배출을 줄이는 동시에 산업재해 발생률도 감소하는 효과를 얻었다. 이는 환경 목표와 노무 목표가 상호 보완적일 수 있음을 보여준다. 친환경 생산과 안전한 작업장은 별개의 목표가 아니라 동시에 달성될 수 있는 경영 전략이다.

SK그룹의 사례도 주목할 만하다. SK이노베이션은 배터리 재활용 공정을 도입해 환경적 목표를 실현함과 동시에 지역 고용을 창출했다. 이는 환경 혁신과 사회적 가치 창출을 동시에 달성한 대표적 사례이다. ESG에 통합적으로 접근할 때 환경적 책임과 노무적 책임은 서로 보완하며 시너지를 만든다.

포스코 역시 환경과 노무의 통합적 전략을 추진하고 있다. 포스코는 2050년 탄소중립을 목표로 삼는 동시에 직원 안전 교육과 지역사회 협력 프로그램을 강화하였다. 탄소 배출 감축만이 아니라 노사 협력과 사회적 신뢰를 강화하는 방식으로 ESG 경영을 확장하고 있다. 이러한 접근은 환경과 노무를 분리된 과제가 아닌 상호작용하는 가치로 인식했을 때 가능한 성과이다.

환경과 노무의 시너지는 대기업의 전유물이 아니다. 중소기업에서도 친환경 공정을 도입하면서 직원들의 안전과 복지를 함께 개선하는 사례가 점차 늘어나고 있다. 예컨대 태양광 발전을 도입한 중소 제조업체는 에너지 비용을 줄이는 동시에 작업장 환경을 개선하여 직원 만족도를 높였다. 이는 친환경적 혁신이 곧 직원 친화적 혁신이 될 수 있음을 보여준다.

그러나 모든 사례가 성공적인 것은 아니다. 일부 기업은 친환경을 강조하면서도 노무 관리에는 소홀해 '그린워싱'과 '워라밸 무시'라는 이중적 비판을 받는다. 환경과 노무는 분리될 수 없는 가치이며, 균형을 맞추지 못하면 오히려 사회적 불신을 초래한다. 따라서 ESG 경영에서 환경과 노무를 함께 고려하는 시각이 필요하다.

환경과 노무가 결합할 때 기업은 두 가지 성과를 동시에 얻을 수 있다. 내부적으로는 직원들이 안전하고 존중받는 환경에서 일하며 생산성과 창의성을 높인다. 외부적으로는 사회적 신뢰와 시장 경쟁력을 강화한다.

결국 환경과 노무의 시너지는 ESG 경영의 핵심 성과이며, 지속가능성을 실현하는 가장 효과적인 경로이다.

정책적·제도적 지원 방향

환경과 노무를 통합한 ESG 경영은 기업 내부의 노력만으로는 한계가 있다. 특히 자본과 인력이 부족한 중소기업은 독자적으로 ESG를 실천하기 어렵다. 따라서 정부와 제도의 지원이 뒷받침되어야 하며, 국제적 기준을 반영한 정책적 방향성이 필요하다. 정책적 지원이 있을 때 기업은 환경과 노무를 균형 있게 발전시킬 수 있다.

한국 정부는 2021년 '2050 탄소중립'을 선언하고, 2023년 ESG 경영 가이드라인을 발표하였다. 이를 통해 기업들이 환경과 사회 분야를 아우르는 경영 전략을 수립하도록 유도하였다. 특히 직장 내 괴롭힘 예방 교육을 의무화하고, 남녀고용평등법을 강화하는 등 노무 중심의 정책도 병행되었다. 이러한 제도는 기업이 경제적 성과뿐 아니라 사회적 책임을 다하도록 만드는 최소한의 장치이다.

또한 정부는 탄소 배출권 거래제를 시행하며 기업이 환경적 책임을 다하도록 유도하고 있다. 동시에 직장 내 성희롱과 괴롭힘 예방 교육과 같은 노무 분야 제도를 강화하였다. 환경과 노무를 동시에 고려하는 정책은 기업의 ESG 전략을 촉진하고, 사회적 신뢰를 높이는 역할을 한다. 제도적 압력 없이는 기업이 자발적으로 ESG를 실천하기 어렵다는 점에서 정부의 정책은 강력한 동인이 된다.

국제 표준도 중요한 역할을 한다. ISO 14001은 환경 경영 시스템을, SA8000은 노동 조건을 규정하며, 이는 한국 기업이 글로벌 시장에서 신뢰를 얻는 기준이 된다. 다국적 기업과 거래하기 위해서는 이와 같은 국제 인증을 충족해야 하므로 기업은 자연스럽게 환경과 노무를 동시에 개선하게 된다. 국제 표준은 ESG 경영의 보편적 언어이자 글로벌 무대에서 경쟁력을 확보하는 수단이다.

그러나 정책과 제도가 존재하더라도 현장 적용에는 여전히 어려움이 따른다. 대기업은 자체적인 ESG 부서를 두고 전략을 수립할 수 있지만, 중소기업은 인적·재정적 자원이 부족해 제도의 혜택을 온전히 누리기 어렵다. 따라서 중소기업에 특화된 맞춤형 컨설팅, 세제 혜택, 교육 지원이 반드시 필요하다. 이는 한국의 ESG 경영이 대기업 중심으로만 흐르지 않도록 하는 최소한의 안전망이 된다.

정책적 지원이 단기적 규제에 그쳐서는 안 된다. 기업이 환경과 노무를 장기적 관점에서 투자할 수 있도록 유도해야 한다. 예를 들어 재생에너지 설비나 직원 복지 프로그램에 대한 세제 혜택은 기업의 지속가능성을 강화하는 실질적 유인이 된다. 또한 정책은 일회성 지원을 넘어 기업이 스스로 ESG 성과를 측정하고 보고할 수 있는 구조적 기반을 제공해야 한다.

더 나아가 사회 전체의 인식 제고도 필요하다. 정부는 소비자와 투자자에게 ESG의 가치를 알리고 기업의 성과를 투명하게 공개하는 플랫폼을 마련해야 한다. 기업의 성과가 사회적으로 공유되면 환경과 노무에 대한 압력과 유인은 동시에 작동한다. 이는 시장과 사회가 함께 기업의 지속가능성을 견인하는 구조를 만드는 것이다.

결국 정책적·제도적 지원은 ESG 경영의 촉매제 역할을 한다. 정부의 규제와 인센티브, 국제 표준의 보편적 기준, 사회적 인식의 확대가 결합될 때 기업은 환경과 노무를 통합적으로 실천할 수 있다. 이는 국가와 사회의 지속 가능한 미래를 위한 공동 과제이다.

지속 가능한 노무 경영을 위한 제언

노무 경영은 기업의 사회적 책임을 실현하는 핵심 축이지만 여전히 많은 과제를 안고 있다. 중소기업의 자원 부족, 소비자 인식의 한계, 제도의 미흡함은 노무 경영을 확산하는 데 걸림돌이 되고 있다. 따라서 지속 가능한 노무 경영을 위해서는 기업 내부의 노력뿐 아니라 정부와 사회 전체의 협력이 필요하다. 실질적인 제언은 세 가지 방향에서 제시될 수 있다.

첫째, 중소기업을 위한 지원 강화가 필요하다. 대기업은 자본과 인력을 활용해 ESG 전략을 세울 수 있지만, 중소기업은 초기 비용과 전문 인력이 부족하다. ESG 보고서 작성, 직원 복지 프로그램 운영, 친환경 설비 도입은 중소기업에게 큰 부담이 된다. 따라서 정부와 지방자치단체는 맞춤형 컨설팅, 세제 혜택, 금융 지원 프로그램을 마련해야 한다. 중소기업이 ESG를 실천할 수 있을 때 사회 전반의 지속가능성이 강화된다.

둘째, 교육과 인식 제고가 필수적이다. 한국 소비자의 ESG 인식은 2025년 기준 약 60% 수준으로 선진국의 80%에 비해 낮다. 기업은 소비자와 직원 모두를 대상으로 ESG 교육 프로그램을 활성화해야 한다. 직원에게는 성희롱과 괴롭힘 예방 교육 및 다양성 존중 교육을 제공하고, 소비자에게는 윤리적 소비의 가치를 알릴 필요가 있다. ESG의 사회적 성과는 교육과 인식 확산 없이는 결코 뿌리내릴 수 없다.

셋째, 데이터 기반의 통합 관리가 요구된다. 현재 많은 기업이 환경과 노무 데이터를 별도로 관리하면서 성과를 정량적으로 측정하는 데 어려움을 겪고 있다. 이를 해결하기 위해 환경과 노무를 통합 관리할 수 있는 디지털 플랫폼을 구축해야 한다. 이 플랫폼은 기업의 ESG 성과를 표준화된 지표로 기록하고, 외부에 투명하게 공개할 수 있는 기반이 된다. 투명성과 정량적 데이터는 사회적 신뢰를 강화하는 핵심 수단이다.

장기적인 관점에서 노무 경영은 복지는 물론 조직문화 혁신으로 확장되어야 한다. 직원들이 존중받고 안전하게 일할 수 있는 환경은 기업의 생산성과 직결된다. 따라서 기업은 갈등 예방, 세대 간 소통, 다양성과 포용성을 촉진하는 문화를 일상적인 규범으로 만들어야 한다. 문화적 변화야말로 지속 가능한 노무 경영의 근본적 토대이다.

지속 가능한 노무 경영을 위한 제언은 단순한 이상론이 아니다. 이는 기업이 사회적 신뢰를 얻고 장기적 경쟁력을 확보하기 위한 실질적 전략이다. 정부의 제도적 지원, 기업의 자발적 노력, 사회적 인식 변화가 함께 이루어질 때 ESG 사회 분야는 진정한 성과를 낼 수 있다.

지속 가능한 노무 경영은 결국 인권을 존중하고, 갈등을 줄이며, 직원과 사회 모두를 이롭게 하는 구조적 변화이다. 이는 기업의 선택이 아니라 필수이며, ESG의 사회적 가치를 실현하는 최종 목표라 할 수 있다.

앞으로의 기업은 환경이나 지배구조만이 아니라 노무를 중심에 두고 사회적 책임을 다할 때 비로소 지속 가능한 미래를 열 수 있다.

CHAPTER 09

세 가지 약속, 하나의 미래
_ 헌혈·건강한 언론·사회 공헌

이선우

한국ESG경영인증원 이사장 / 한국환경과학회 홍보이사
시사코리아저널 저널리스트 / Artima Group 총괄 대표이사

에너지, 환경, ESG 경영 등 다양한 분야에서 30여 년에 걸쳐 경력을 쌓아온 전문가로, 지속 가능한 미래를 위한 실천적 리더십을 발휘하고 있다. 충남대학교, KAIST AIB(Advanced Innovative Business) 과정과 대전대에서 공부하였다.

25년간 원자력 에너지 분야에서 근무하며 대한민국 에너지 산업의 중심에서 정책과 기술 현장을 아우르는 실무 역량을 발휘했고, 이후 미세먼지·초미세먼지 및 IoT 센서 기반 벤처기업에서 실무 경험을 쌓으며 활동 영역을 확장하였다.

이러한 현장 경험을 바탕으로 6인의 공동 설립자들과 함께 한국ESG경영인증원과 한국이에스지경영인증원을 창립하여 ESG경영전문지도사 자격 제도를 운영하면서 기업 ESG 경영 컨설팅, 공공기관 및 대학 ESG 강의 등 다양한 교육 및 실천 활동을 전개하고 있다.

ESG

새로운 시대, 우리가 직면한 질문들

예전에 충남대 헌혈의 집 대기석에서 한 학생이 내 옆자리에 앉았다. 주사를 처음 맞아 본다며 떨리는 목소리로 "많이 아픈가요?"라고 묻던 모습이 아직도 선명하다. 그 순간 헌혈이라는 행위가 단순히 피를 나누는 일이 아니라 누군가의 삶을 붙잡아 주는 연결임을 다시금 깨달았다. 이 작은 장면은 우리가 살아가는 시대의 더 큰 질문과 맞닿아 있다. 우리의 일상은 서로 보이지 않는 끈으로 이어져 있으며, 그 끈이 흔들릴 때마다 사회 전체가 영향을 받는다.

우리는 같은 시대를 살아가고 있다. 숨 쉬는 공기와 마시는 물, 함께 쓰는 자원과 정보 그리고 서로에 대한 신뢰까지 우리의 삶은 보이지 않는 연결망 위에 있다. 그러나 그 연결은 언제나 안전하지는 않다. 기후위기, 사회적 불평등, 신뢰의 붕괴는 오늘의 우리에게 책임 있는 선택을 요구한다.

이 글은 "지속 가능한 사회를 위해 우리는 무엇을 할 수 있는가?"라는 질문에서 출발한다. 거대한 제도와 정책도 중요하지만, 일상에서 지킬 수 있는 작은 약속이 변화를 시작하는 씨앗이라고 믿는다. 그 작은 약속의 사례로 헌혈, 건강한 언론, 사회 공헌을 함께 이야기하고자 한다.

인류 공동체가 마주한 새로운 과제

인류의 역사는 언제나 새로운 도전과 함께 출발해 왔다. 수렵과 채집에서 농경으로, 다시 농경에서 산업사회로, 그리고 오늘날의 정보화 사회에 이르기까지 인간은 끊임없는 변화를 경험하며 삶의 양식을 바꾸어 왔다. 그 과정에서 우리는 이전 세대가 누리지 못했던 풍요와 편리함을 얻었지만, 동시에 이전에는 상상하지 못했던 새로운 문제와 불평등 또한 감당해야 했다.

오늘 우리가 직면한 과제는 매우 복합적이다. 기후위기, 팬데믹, 불평등, 정보 과잉과 신뢰 붕괴는 특정 세대나 지역의 문제가 아니라 인류 공동의 문제이다. 기술과 제도만으로는 충분하지 않기에 "우리가 어떤 책임을 함께 나눌 것인가?"라는 물음을 던져야 한다. 개인의 선택과 사회의 구조가 맞물릴 때 비로소 변화는 현실이 된다.

이러한 문제들은 단순히 기술의 발전이나 제도의 개선만으로 쉽게 해결되지 않는다. 따라서 더 근본적인 차원에서 "우리가 어떤 책임을 함께 나누어야 하는가?"라는 물음을 제기하게 만든다. 그 책임은 개인에게만 지워지는 짐이 아니라 사회 전체가 공유해야 할 약속이다. 작은 선택과 일상의 행동이 모여 공동체를 지탱하는 힘이 되듯, 사회 제도와 문화가 개인의 실천을 북돋우고 지켜줄 때 변화는 하나의 약속처럼 우리 앞에 모습을 드러낸다.

개인과 사회가 함께 지켜야 할 책임의 길

책임은 개인의 의무로만 끝나지 않는다. 한 개인의 작은 선택이 공동체 전체에 영향을 미치고, 사회의 제도와 문화는 다시 개인의 행동을 뒷받침한다. 헌혈을 결심하게 만드는 용기는 개인에게서 나오지만, 이를 지속하게 만드는 힘은 캠페인과 제도, 공동체의 분위기에서 나온다. 개인과 사회가 서로를 지지할 때 책임은 일상이 된다.

예를 들어 한 개인의 헌혈 참여는 생명을 살리는 직접적인 결과로 이어진다. 그러나 헌혈을 결심하게 만드는 배경에는 사회의 캠페인, 제도의 지원, 공동체의 문화적 분위기가 있다. 개인의 행동과 사회의 역할이 맞물려야만 선한 결과가 오래 유지될 수 있다.

오늘날 우리가 직면한 위기들은 어느 한쪽의 노력만으로는 해결하기 어렵다. 기후위기도 개인이 에너지를 절약하고 친환경 소비를 선택하는 노력이 필요하지만, 동시에 사회 전체의 제도적 변화, 국가 정책, 기업의 책임 있는 실천이 따라야 한다. 언론의 신뢰 또한 기자 개인의 양심만으로는 부족하다. 언론사 구조와 사회의 미디어 환경이 건강해야만 개인의 양심이 살아 움직일 수 있는 것이다.

책임을 나눈다는 것은 단순히 부담을 덜어내는 것이 아니다. 오히려 서로의 가능성을 확장하는 일이다. 개인은 사회의 지원 속에서 더 큰 책임을 실천할 수 있고, 사회는 개인의 작은 실천을 모아 더 큰 변화를 만들어 낼 수 있다. 이 둘이 함께할 때 우리는 지속 가능한 길을 걸을 수 있는 것이다.

나는 이 지점을 특히 중요하게 생각한다. 책임은 결코 추상적인 구호에 머물러서는 안 된다고 믿는다. 그것은 우리의 일상 속 작은 선택에서 시작됨과 동시에 사회가 그 선택을 확산시킬 수 있는 토대를 마련해야 한다. 결국 개인과 사회가 서로를 지탱하는 구조 속에서만 책임은 현실이 되고 미래를 여는 힘이 된다.

이 글이 시작하는 질문과 여정

이 글은 거창한 해답을 내놓으려는 것이 아니다. 오히려 독자 여러분과 함께 질문을 나누고 길을 함께 걸어가고 싶다는 마음으로 글을 시작했다. 우리가 살아가는 시대는 너무나 빠르게 변하고, 때로는 그 속도가 인간의 성찰을 앞지르기도 한다. 그래서 지금 우리에게 필요한 것은 단순한 지식이나 정보가 아니라 "어떻게 살아가야 할까?"라는 근본적인 물음이다.

이 글이 던지는 질문은 크게 세 가지로 요약할 수 있다.

첫째, 개인으로서 우리는 어떤 책임을 감당할 수 있는가?
둘째, 사회는 그 책임을 어떻게 나누고 지켜낼 수 있는가?
셋째, 우리는 미래 세대에 무엇을 남길 것인가?

이 질문에 대한 모색이 곧 우리의 여정이다. 이 질문들은 추상적이면서도 동시에 매우 구체적이다. 우리가 매일 맞닥뜨리는 뉴스, 우리가 내리는 작은 결정, 우리가 속한 공동체의 분위기 속에서 끊임없이 되살아나는 물음이기 때문이다.

따라서 이 글의 여정은 특정한 분야의 문제만을 다루지 않는다. 헌혈, 건강한 언론, 사회 공헌이라는 세 가지 주제를 통해 개인과 사회가 어떤 방식으로 책임을 공유하고 미래를 만들어갈 수 있는지를 살펴보고자 한다. 각각의 주제는 서로 다른 영역처럼 보이지만, 사실은 모두 책임과 참여라는 하나의 키워드로 이어진다.

앞으로 펼쳐질 장들에서 우리는 작은 실천이 어떻게 생명을 살리고, 신뢰를 세우며, 공동체를 단단하게 하는지를 살펴보게 될 것이다. 이 여정의 끝에서 독자 여러분이 얻게 될 것은 완벽한 해답이 아니라 아마도 더 많은 질문일 것이다. 그러나 그 질문이야말로 우리가 책임 있는 미래를 열어 가는 가장 소중한 출발점이라고 믿는다.

ESG

헌혈,
생명을 이어 가는 작은 실천

헌혈의 역사와 그 속에 담긴 의미

'헌혈'이라는 단어는 오늘날 우리에게 매우 익숙하다. 거리 곳곳에서 헌혈 차량을 볼 수 있고, 학교나 직장에서 단체로 참여하는 모습도 흔히 볼 수 있다. 그러나 불과 한 세기 전만 해도 타인의 피를 나눈다는 생각은 쉽지 않은 발상이었다. 혈액은 생명의 본질이자 신비로 여겨져 왔고, 이를 나누는 행위는 두려움과 경외의 대상이었기 때문이다.

헌혈의 역사는 의학의 발전과 더불어 조금씩 길을 열어 왔다. 인류가 본격적으로 안전한 수혈을 시작할 수 있었던 것은 20세기 초 혈액형이 발견되면서부터이다. 1901년 오스트리아의 의사 카를 란트슈타이너(Karl Landsteiner)가 ABO 혈액형을 밝혀내면서 수혈의 안정성이 크게 향상되었고, 인류가 생명을 직접 나눌 수 있는 새로운 길이 열렸다.

이후 두 차례의 세계대전은 헌혈 문화 확산의 결정적 계기가 되었다.

전쟁터에서 피를 잃은 병사들을 살리기 위해 수혈이 절실했기 때문이다. 전쟁의 비극 속에서 시작된 헌혈은 시간이 흐르면서 평화로운 사회 속에서도 중요한 역할을 맡게 되었다. 사고나 수술, 만성 질환 치료 과정에서 혈액은 여전히 대체할 수 없는 자원이었고, 헌혈은 누군가의 생명을 지켜주는 가장 직접적이고 확실한 방법이 되었다.

헌혈의 의미는 의학적 차원에 머물지 않는다. 그것은 공동체 의식과 연대의 상징이기도 하다. 헌혈은 눈앞의 이익을 위해 하는 행동이 아니라 누군가를 살리기 위해 자신의 일부를 내어주는 행위이다. 그렇기에 헌혈은 인간이 지닌 이타심을 선명하게 드러내는 실천이라 할 수 있다.

오늘날 헌혈은 의료 체계의 중요한 기반이자 사회적 신뢰의 지표이다. 병원에서 수혈이 원활히 이루어진다는 사실은 사회 전체가 서로를 위하는 마음을 유지하고 있다는 증거이다. 한 사람의 용기가 또 다른 생명을 살리고, 그 생명이 다시 공동체를 이어 간다고 믿는다.

헌혈의 역사를 돌아보는 일은 곧 인간이 어떻게 서로를 살려왔는지를 되새기는 일이기도 하다. 피 한 방울이 모여 생명을 살리고, 작은 실천이 모여 사회를 지탱해 왔다는 사실은 우리에게 중요한 메시지를 준다. 헌혈은 생명을 잇는 작은 실천이자 책임 있는 공동체를 이루는 가장 단순하고도 확실한 방법이다.

헌혈에 나선 사람들의 이야기와 감동의 순간

헌혈에 나선 사람들의 이야기는 언제나 우리 사회에 깊은 울림을 준다. 나 역시 그 길을 걸어온 사람으로서 헌혈이 의료 행위나 일시적 나눔에 그치지 않고 삶의 중요한 일부가 되었음을 느끼고 있다.

　나는 지금까지 150회의 헌혈을 이어왔다. 가장 큰 보람은 주변 지인들이 내 권유로 헌혈을 함께 이어 간 순간이었다. 그 작은 결심이 곧 새로운 생명을 살리는 출발점이 되었음을 직접 목격하였기 때문이다. 특히 2023년 대전 세종·충남혈액원으로부터 우수 헌혈자 공로상을 받았을 때 헌혈은 개인의 성취를 넘어 사회적 가치로 확장된다는 사실을 깊이 실감했다. 그 상은 단순한 표창장이 아니라 더 많은 생명을 살리고, 더 넓은 사회적 책임을 이어 가야 한다는 약속이자 다짐이었다.

<2024년 국민 헌혈률>

2024년 국민 헌혈률	5.58%	
	총인구	총헌혈건수
	51,217,221명	2,855,540건

헌혈가능인구 대비 국민 헌혈률	3.27%	
	헌혈가능인구	헌혈자 실인원수
	38,674,973명	1,264,525명

출처: 혈액관리본부

　무엇보다 감동하였던 순간은 내가 속한 한국ESG경영인증원의 동료들이 하나둘 헌혈에 동참하는 모습을 볼 때였다. 처음에는 망설이던 분들이 내 설명과 권유를 통해 용기를 내어 헌혈을 실천하는 모습을 보면서 그들의 작은 선택이 새로운 생명을 살리는 출발점이 된다는 사실에 크게 감명

받았다. 이는 헌혈이 개인의 선행을 넘어 사회적 연대와 공동체적 책임으로 이어질 수 있음을 보여주는 좋은 사례였다.

이러한 경험은 국내외의 다양한 감동적인 사례와도 맞닿아 있다. 제주도에 거주하는 진성협 씨는 43년간 765회의 헌혈을 이어 오며 '헌혈왕'으로 불리고 있다. 그의 삶은 헌혈이 특별한 이벤트가 아니라 일상에서 꾸준히 실천할 수 있는 나눔임을 보여준다.

해외 사례 또한 깊은 울림을 준다. 해외 자료를 찾던 중 호주의 제임스 해리슨이라는 분이 '황금 팔을 가진 남자'로 불리며 60여 년간 1,173회의 헌혈을 이어 왔다는 기사를 접했다. 그의 혈액 속 희귀 항체는 태아의 용혈봉 치료제 개발에 활용되어 수백만 명의 아기 생명을 구하는 데 이바지했으며, 그 공로로 호주 정부로부터 훈장을 받았다.

또한 인도 수랏의 기르 다리 파리하르는 교통사고로 한쪽 다리를 잃고도 헌혈을 멈추지 않았다. 그는 매년 세 차례 이상의 헌혈을 이어 가는 동시에 약 150명의 헌혈 참여자를 이끌며 나눔의 선순환을 만들어냈다. 신체적 한계조차 나눔의 의지를 막을 수 없음을 보여준 그의 이야기는 많은 이들에게 감동을 주고 있다.

이처럼 국내외에서 이어지는 다양한 사례는 한결같이 헌혈이 개인의 선택을 넘어 사회적 연대, 신뢰 그리고 지속하는 공동체의 힘이라는 사실을 증명한다. 이는 ESG의 사회 영역이 지향하는 가치와 정확히 맞닿아 있다. 사회적 약자를 배려하고, 공동체적 책임을 다하며, 지속 가능한 신뢰 자본을 축적하는 과정이 바로 헌혈이라는 작은 실천을 통해 이루어지는 것이다.

나는 앞으로도 꾸준히 헌혈의 길을 걸으며 이 나눔의 가치를 더 많은 이들과 나누고 싶다. 더 나아가 우리 사회 모든 구성원이 작은 실천을 통해 선한 영향력을 확산시켜 나간다면, ESG가 지향하는 따뜻하고 미래지향적인 공동체는 결코 먼 미래가 아니라 우리가 함께 만들어가는 현재의 모습이 될 것이라고 확신한다.

헌혈 문화를 오래 이어 가기 위한 노력

헌혈 문화를 오래도록 이어 가기 위한 노력은 다양하게 이루어지고 있다. 공공기관의 정기적인 헌혈 참여 프로그램은 사회적 책임을 실천하는 대표적인 사례로 자리 잡았다. 각 기관은 직원들이 자발적으로 참여할 수 있도록 정기 헌혈 행사를 마련하고 있으며, 이는 조직 차원의 나눔 문화 확산과 사회적 신뢰 구축에 크게 기여하고 있다.

군 장병들의 단체 헌혈 참여는 국가 차원에서 혈액 수급의 안정성을 뒷받침하는 든든한 기반이 되고 있다. 특히 방학이나 휴가철 등 헌혈자가 줄어드는 시기마다 중요한 역할을 해왔다.

학교와 대학의 헌혈 캠페인은 젊은 세대가 처음으로 헌혈을 접하고 나눔의 가치를 배우는 장이 되고 있다. 청소년과 대학생들이 자발적으로 헌혈에 참여하고 이를 SNS를 통해 공유하는 과정은 세대 간 헌혈 문화를 자연스럽게 잇는 촉매제가 된다.

기업과 지역사회 단체 역시 임직원 헌혈 행사, 지역 축제와 연계한 헌혈 캠페인을 적극적으로 운영하며 헌혈을 '사회적 책임 활동'으로 공식화하고 있다. 대한적십자사 혈액관리본부의 '레드커넥트 앱'을 통한 전자문진과 헌혈 예약제 도입은 헌혈 참여를 더욱 편리하게 만들었다. 헌혈의 집은 접근성을 높여 누구나 일상에서 쉽게 헌혈할 수 있도록 돕고 있으며,

헌혈 기부권 제도는 혈액 나눔을 사회적 기부 문화와 연결하는 성과를 거두고 있다.

해외에서도 헌혈 문화가 오래 이어질 수 있도록 다양한 시스템을 운영하고 있다. 유럽 여러 국가에서는 헌혈자에게 혈액 검사 결과를 무료로 제공해 헌혈이 기부를 넘어 자신의 건강을 점검하는 기회로 인식하도록 하고 있다. 영국과 독일에서는 헌혈자에게 문자 메시지로 자기 혈액이 어느 병원으로 전달되었는지를 알려주는 서비스를 운영하여 헌혈자들이 "내 혈액이 실제로 누군가의 생명을 살렸다"라는 보람을 직접 느낄 수 있도록 한다. 이러한 피드백 제도는 헌혈 참여를 장려하는 중요한 동기가 된다.

이러한 다양한 노력은 헌혈을 개인적 선행이 아닌 사회 전체가 함께 지켜내야 할 공동체적 가치로 자리매김하게 한다. 공공기관, 군, 학교, 기업, 지역사회의 협력과 더불어 해외의 피드백 제도를 참고하여 우리 사회도 헌혈자들이 "나의 작은 실천이 실제 생명을 구했다"라는 확신과 감동을 경험할 수 있도록 해야 한다. 이것이 헌혈 문화의 지속성과 사회적 신뢰, 공동체적 연대성을 강화하는 힘이 될 것이다.

ESG

신뢰가 흔들리는 시대, 언론의 역할

언론이 본래 해야 하는 일

언론은 동서양을 막론하고 민심을 드러내고, 권력을 감시하며, 사회적 합의를 이끄는 공적 책임을 수행해 왔다. 우리나라에서는 1883년 〈한성순보〉와 1896년 〈독립신문〉을 기점으로 국민 계몽과 민권 신장을 위한 언론의 길이 열렸다.

오늘날 언론은 신문, 방송, 인터넷, SNS 등으로 확장되며 실시간 보도와 사회 문제 제기를 통해 영향력을 넓혀 왔다. 그러나 상업주의와 정치적 편향성으로 인한 신뢰 위기도 깊어지고 있다.

이러한 현실에서 우리가 직면한 근본적 물음은 "언론이 본래 해야 하는 일은 무엇인가?"이다. 언론의 사명은 단순히 정보 전달에 머물지 않는다. 언론은 사실을 투명하게 보도하고, 권력의 남용을 견제하며, 다양한 목소리가 모여 공론장을 형성하도록 돕는 일을 본연의 책무로 삼아야 한다.

이것이 민주주의 사회가 올바르게 작동하기 위한 기본 토대이며, 언론이 존재해야 하는 이유이다.

ESG의 관점에서 언론은 사회(Social) 영역에서 핵심적 역할을 맡고 있다. 언론은 환경(E) 영역에서 기후위기와 에너지 전환 같은 시대적 과제를 정확하고 균형 있게 보도하여 공공의 이해를 돕는다. 사회(S) 영역에서는 소수자와 약자의 목소리를 대변하며 불평등과 갈등을 드러내 사회적 연대를 확장해야 한다. 지배구조(G) 영역에서는 편집권의 독립성과 운영의 투명성을 확보해 외부 압력이나 상업적 이해관계로부터 자유로워야 한다. 그래야만 진정한 공공성을 지킬 수 있다.

언론이 본연의 자리를 지킬 때 그것은 단순한 뉴스 전달자가 아니라 사회 전체가 기댈 수 있는 신뢰의 버팀목이 된다. 이는 ESG가 추구하는 핵심 가치와도 맞닿아 있다. 공익을 앞세운 보도와 책임 있는 목소리는 민주주의를 지켜내는 힘이자 더 나은 사회로 나아가는 동력이다. 그렇기에 지금 언론은 분명한 과제 앞에 서 있다.

언론이 제자리를 되찾고, 그 사명을 ESG적 책임과 엮어 공동체의 신뢰와 연대를 다시 세워야 한다. 이것은 피할 수 없는 숙제이며, 반드시 지켜야 할 시대의 약속이다.

거짓 뉴스가 남기는 상처와 사회적 불신

언론은 보도, 권력 감시, 공론장 형성이라는 책무를 지닌다. 그러나 상업주의와 정치적 편향성은 그 신뢰를 위협하고 있다. "백신은 위험하다", "마스크는 필요 없다"와 같은 근거 없는 소문은 짧은 시간 안에 전 세계로 퍼져 나갔다. 일부 시민은 접종을 거부하거나 방역지침을 따르지 않았고, 이는 실제 감염 확산으로 이어졌다. 결과적으로 의료 체계는 흔들렸고, 정부와 보건 당국에 대한 신뢰는 크게 무너졌다. 시민들 사이에서는 '무엇이 진실인가'를 두고 갈등이 커졌으며, 서로를 의심하는 분위기가 퍼졌다. 단순한 정보 왜곡이 아니라 공중보건과 사회 신뢰를 동시에 무너뜨린 사건이었다.

이처럼 거짓 뉴스는 단순히 사실을 왜곡하는 데 그치지 않고 개인과 사회 전체에 깊은 상처를 남긴다. 불안과 혼란이 증폭되면서 공동체적 연대는 약화하고, 사회적 신뢰 자본은 급격히 무너진다. 신뢰가 무너진 사회에서는 협력 대신 불신이 자리 잡고, 사회 발전을 위한 합의와 협력의 기반은 약화될 수밖에 없다.

ESG의 사회 영역 관점에서 보면 거짓 뉴스에 대응하는 일은 사회적 책임의 핵심 과제이다. 언론은 진실 검증 제도를 강화해 검증된 사실을 신속히 알리고, 확인되지 않은 정보는 단호히 걸러내야 한다. 교육 현장과 시민사회는 '미디어 리터러시(미디어를 비판적으로 이해하고 올바르게 활용하며 창의적으로 생산할 수 있는 능력)'를 확산시켜 시민이 스스로 정보의 진위를 분별하는 힘을 길러야 한다. 주요 유통 경로인 온라인 플랫폼 기업도 사회적 책임을 다해 허위 정보의 확산을 막고, 공정하고 투명한 정보 환경을 조성해야 한다.

무엇보다 중요한 것은 사회 전체가 연대와 협력으로 대응하는 것이다. 언론과 정부, 기업과 시민이 각자의 위치에서 신뢰 회복을 위한 노력을 합치면, 우리는 거짓 뉴스가 남긴 상처를 치유하고 다시 신뢰의 사회를 세울 수 있다.

미래 세대를 위한 언론의 책임 있는 역할

언론은 단지 오늘의 뉴스를 전달하는 기관이 아니다. 오늘의 보도가 내일의 기록이 되고, 시간이 흐르면 기록은 역사가 된다. 그렇기에 언론인의 작은 선택 하나, 기사 한 줄과 사진 한 장은 미래 세대의 사회 인식을 바꾸어 놓을 수 있다. 이 사실을 떠올릴 때마다 언론이 결코 가벼운 존재일 수 없음을 절실히 느낀다. 이유는 간단하다. 언론은 현재를 비추되, 결국은 미래를 책임져야 하는 자리이기 때문이다.

특히 언론은 사회적 약자의 목소리를 외면해서는 안 된다. 차별과 불평등이 드리운 그늘을 드러내고, 기후위기와 같은 전 지구적 과제를 정확히 보도하는 나침반이 되어야 한다. 내부적으로는 편집권의 독립성과 운영의 투명성을 지켜내어 외부 압력이나 상업적 이해관계에서 벗어나야 한다. 이 독립성이야말로 언론이 자신을 지탱하는 마지막 자존심이라고 믿는다.

언론의 책무는 단순히 정보를 전달하는 데 그치지 않는다. 진실을 전하고, 연대를 확장하며, 책임 있는 태도로 공익을 지켜내는 데 있다. 언론이 이 본분을 다할 때 다음 세대는 언론을 신뢰할 수 있고, 사회 전체는 흔들림 없는 신뢰의 토대를 쌓아갈 수 있다. 언론이 이러한 길을 잃지 않는 것이 오늘날 반드시 감당해야 할 가장 중요한 책무이며, 우리가 미래 세대에 물려주어야 할 소중한 약속이다.

ESG

사회 공헌,
나눔을 이어 가는 공동체

기업·시민사회·개인이 함께 만드는 참여의 장

사회 공헌은 기업, 시민사회, 개인이 함께 만들어가는 참여의 장이다. 포스코의 교육 지원, SK의 사회적 기업 육성처럼 기업은 사회적 책임을 넘어 ESG 경영을 통해 변화를 이끌고 신뢰를 얻는다. 개인 역시 작은 나눔과 봉사를 통해 사회적 선순환을 일으키는 중요한 연결 고리가 된다.

ESG의 사회(Social) 영역에서 보면, 기업의 사회 공헌은 기부나 후원을 넘어 이해관계자와 함께 지속 가능한 변화를 만들어가는 과정이어야 한다. 지역사회를 위한 환경 개선, 취약계층을 위한 교육과 복지 지원, 미래세대를 위한 장기적 투자까지 사회적 가치 창출은 기업의 장기적 성장을 위한 토대가 된다.

시민사회와 개인의 참여 또한 중요한 축을 이룬다. 자원봉사, 기부, 생활 속 나눔 실천은 사회 곳곳에서 작은 불씨가 되어 더 큰 변화를 일으킨다. 학교와 지역 단체, 온라인 커뮤니티 등 다양한 공간에서 모인 참여는 사회 문제를 공동의 과제로 바라보게 하고, 서로 다른 목소리를 하나의 공감으로 이어준다.

이처럼 기업과 시민사회 그리고 개인이 함께 만들어가는 참여의 장은 나눔 활동을 넘어 사회 전체의 신뢰를 회복하고 연대를 강화하는 힘이 된다. 사회 공헌은 거창한 것이 아니라 각자의 자리에서 작은 실천을 이어가는 과정에서 빛을 발한다. 그 속에서 우리는 '함께 살아가는 사회'라는 공동체의 본질을 다시 확인할 수 있다.

사회 공헌이 남긴 빛과 그림자

오늘날 사회 공헌은 기업, 시민사회, 개인에게 더 이상 선택이 아닌 책임으로 자리 잡았다. 기업은 재무적 성과와 함께 사회적 가치를 창출해야 신뢰를 얻을 수 있음을 인식하고 있다. 시민사회와 개인은 나눔과 연대를 통해 공동체를 더 건강하게 만드는 데 이바지한다.

이러한 움직임은 교육, 복지, 환경, 문화, 행정 등 다양한 영역에서 우리 사회의 긍정적 변화를 이끌어 왔다. 기업의 장학 사업은 청소년에게 배움의 기회를 제공했고, 시민단체의 환경 운동은 지역 생태계를 지켜냈으며, 개인의 자발적 기부와 봉사는 공동체의 안전망을 강화하는 중요한 힘이 되었다.

이처럼 사회 공헌이 남긴 빛은 공동체 신뢰를 높이고, 나눔 문화를 확산시키며, 더불어 살아가는 사회라는 가치를 현실 속에서 확인하게 한다.

그러나 그 이면에는 그림자도 존재한다. 일부 기업의 사회 공헌은 장기적 책임보다는 단기적 이미지 개선이나 마케팅 수단으로 활용되기도 한다. 보여주기식 기부, 홍보 효과에만 집중한 프로젝트는 사회 문제의 근본적 해결과는 거리가 멀다. 또한 특정 이해관계자만을 대상으로 한 편향적 공헌 활동은 오히려 사회적 불평등을 심화시킬 수 있다. 시민사회 내부에서도 활동의 지속가능성이 부족하거나 단발성 이벤트에 그치는 경우가 많다. 이런 한계는 사회 공헌이 진정성을 잃으면 신뢰를 해칠 수 있다는 것을 보여준다.

ESG의 사회 영역 관점에서 보면, 사회 공헌은 단순한 '빛과 그림자'의 대비를 넘어 어떻게 진정성 있고 지속 가능한 방식으로 운영되느냐가 핵심 과제이다.

기업은 사회 공헌을 경영 전략의 부수적인 활동이 아니라 본질적 가치로 통합해야 한다. 시민사회와 개인의 참여도 일회성 실천을 넘어 생활 속 습관과 제도적 뒷받침으로 확장되어야 한다. ESG가 강조하는 공정성, 투명성, 연대의 가치가 사회 공헌에 내재될 때 우리는 빛을 넓히고 그림자를 줄여 나갈 수 있다.

사회 공헌이 남긴 빛과 그림자는 우리에게 중요한 질문을 던진다.

"우리는 어떤 방식으로 나눔을 실천하며, 그 실천을 얼마나 책임 있게 이어 가고 있는가?"

이 물음에 답하는 과정에서 사회 공헌은 이벤트를 넘어 공동체 신뢰를 재건하는 힘이 되고, 미래 세대가 살아갈 사회를 더 따뜻하고 공정하게 만드는 토대가 될 것이다.

책임 있는 참여가 열어 가는 공동체의 미래

오늘날 사회는 개인의 선의나 기업의 일시적 지원만으로는 변화하기 어렵다. 사회적 불평등, 기후위기, 공동체 붕괴와 같은 복합적 문제는 책임 있는 참여를 통해서만 해소될 수 있다.

책임 있는 참여란 단순히 행사에 동참하거나 일시적으로 기부하는 차원을 넘어 자신의 역할과 영향력을 인식하고 지속 가능한 변화를 위해 꾸준히 행동하는 태도를 뜻한다.

기업의 책임 있는 참여는 '사회적 책임경영'으로 구체화한다. 단순한 기부보다는 ESG 원칙을 경영 전반에 통합하고, 이해관계자와의 신뢰를 기반으로 장기적 사회 가치를 창출하는 것이 필요하다. 환경을 고려한 생산과 유통, 인권 존중, 지역사회와의 협력은 기업을 경제 주체가 아니라 사회적 주체로 자리매김하게 한다.

시민사회와 개인에게도 책임 있는 참여는 중요하다. 봉사, 기부, 생활 속 친환경 실천은 작은 행동처럼 보이지만, 그것이 누적될 때 사회 전체에 큰 파급력을 낳는다. 더 나아가 교육, 토론, 지역 모임을 통한 깊이 있는 참여는 공동체의 문제를 함께 고민하고 해결하는 장을 마련한다. 이러한 참여는 단순히 도움을 주는 것을 넘어 함께 살아가는 사회라는 인식을 강화한다.

ESG의 사회 영역 관점에서 책임 있는 참여는 공동체의 미래를 열어 가는 핵심 동력이다. 참여가 형식에 그치지 않고 투명성과 공정성을 기반으로 실천될 때 사회적 신뢰 자본은 더욱 단단해지고 공동체는 위기를 극복할 힘을 갖게 된다.

기업과 시민사회 그리고 개인이 함께 어깨를 맞대는 참여는 사회적 연대를 강화하는 길이며, 지속 가능한 미래를 만드는 실질적 토대가 된다.

책임 있는 참여가 만들어내는 미래는 단순히 '더 나은 사회'가 아니다. 그것은 신뢰와 연대, 지속성과 공정성이 중심이 된 공동체의 재탄생이다. 우리가 각자의 자리에서 책임 있는 참여를 이어 갈 때 공동체는 빛나는 미래를 향해 나아갈 수 있다.

ESG

앞으로 함께 걸어갈 길

헌혈·언론·사회 공헌을 잇는 하나의 고리

위 세 가지는 서로 다른 듯 보이지만 결국 하나의 고리로 연결되어 있다. 작은 실천은 사회적 신뢰를 만들고, 그 신뢰는 공동체적 연대로 확장된다. 헌혈은 생명을 살리는 작은 실천을 통해 신뢰와 나눔을 쌓아 올린다. 언론은 진실 보도와 공론장의 역할을 통해 사회적 신뢰를 지탱하고, 사회 공헌은 나눔과 연대를 통해 공동체적 책임을 구체적인 행동으로 옮긴다.

세 영역은 분리된 섬이 아니라 상호 촉진되는 연결 구조이다. 한 축이 성과를 내면 다른 축의 신뢰와 참여도 함께 커지고, 반대로 한 축이 흔들리면 전체 균형이 무너진다. 헌혈이 공동체적 나눔의 출발점이라면, 언론은 그 가치를 사회적으로 확산시키는 메신저이고, 사회 공헌은 이를 생활 속에서 제도화하고 지속시키는 장치라 할 수 있다.

ESG의 사회 영역 관점에서 보면 세 영역은 모두 공정성과 투명성 그리고 연대라는 공통 가치를 중심에 두고 있다. 헌혈은 공정한 의료 자원을 배분할 수 있게 하고, 언론은 투명한 정보 제공으로 시민 참여를 촉진하며, 사회 공헌은 연대를 행동으로 실천한다. 결국 헌혈, 언론, 사회 공헌을 잇는 고리는 ESG가 지향하는 사회적 가치 그 자체이며, 우리가 함께 만들어갈 미래의 핵심 토대이다.

앞으로 우리가 걸어가야 할 길을 위해 이 고리를 더욱 단단히 연결해야 한다. 개인의 작은 참여가 모여 사회적 신뢰를 만들고, 그 신뢰가 언론과 사회 공헌을 통해 확산하며, 다시 공동체 전체의 연대로 이어지는 선순환 구조를 이루는 것, 그것이야말로 우리가 함께 바라봐야 할 미래이다.

더 나은 사회를 위한 작은 제안

더 나은 사회는 거창한 구호나 거대한 제도 변화만으로 이루어지지 않는다. 오히려 일상의 작은 실천들이 모여 큰 변화를 만든다.

헌혈의 경우에는 정기적인 참여를 통해 혈액 부족으로 생명을 잃는 일이 없도록 돕는 것에서 시작될 수 있다. 헌혈 경험을 주위 사람과 나누고 다른 이들이 참여하도록 권유하는 것 또한 소중한 실천이다.

언론에 대해서도 우리의 역할이 있다. 단순히 소비자로 머무르지 않고, 신뢰할 수 있는 언론을 지지하며, 사실에 근거한 정보만을 공유하는 습관을 갖는 것만으로도 거짓 뉴스의 확산을 줄일 수 있다. 비판적 시각을 가지고 뉴스를 접하면서도 언론이 제 역할을 하도록 감시하고 응원하는 태도도 필요하다.

사회 공헌 역시 특별한 사람들만이 하는 일이 아니다. 기업은 경영의 한 부분으로 사회적 책임을 통합해야 하고, 시민사회는 자원봉사와 기부, 생활 속 친환경 실천으로 공동체에 이바지할 수 있다. 개인의 작고 꾸준한 참여는 기업과 사회 전반에 책임 있는 변화를 촉구하는 힘이 된다.

ESG 사회 영역의 관점에서 보면, 이러한 작은 제안들은 단순한 선행이 아니라 사회적 신뢰를 쌓고 지속 가능한 공동체를 만드는 핵심 과정이다. 결국 우리가 실천할 수 있는 작은 행동 하나하나가 모여 더 나은 사회를 향한 큰 발걸음을 이끈다. 중요한 것은 '작아서 의미 없을 것'이라는 생각을 버리고, 각자의 자리에서 할 수 있는 일을 꾸준히 이어 가는 일이다.

더 나은 사회는 먼 미래의 이상이 아니라 지금 우리가 만들어가는 현재의 실천 속에 있다. 우리의 작은 선택과 행동이 내일의 공동체를 바꿀 수 있다는 믿음을 가지고 함께 그 길을 걸어가야 한다.

우리가 함께 그리고 싶은 미래

우리가 함께 그리고 싶은 미래는 단순히 풍요롭거나 편리한 사회가 아니다. 그것은 서로의 생명을 존중하고, 신뢰와 연대가 일상에 살아 숨 쉬는 사회이다. 헌혈을 통해 생명을 이어 가는 작은 실천이 당연한 문화로 자리 잡고, 언론이 진실과 공익을 우선하면서 사회적 신뢰의 토대를 지켜내며, 사회 공헌이 기업과 시민사회, 개인의 책임 있는 참여로 확산하는 사회야말로 우리가 꿈꾸는 미래의 모습이다.

그 미래에서는 나눔이 특별한 행위가 아니라 삶의 습관이 되고, 언론의 보도가 단순한 뉴스가 아니라 공동체적 지혜로 기능하며, 사회 공헌이 보여주기식 이벤트가 아니라 사회 변화를 지속해서 이끄는 원동력이 된다.

공동체는 갈등보다는 협력으로, 불신보다는 신뢰로 나아갈 수 있다.

ESG 사회 영역의 가치는 바로 이러한 미래를 열어 가는 이정표이다. 공정성과 투명성, 연대와 포용은 단지 원칙이 아니라 우리가 함께 그려야 할 삶의 방식이다. 각자가 자신의 자리에서 작은 책임을 다하면 그 힘은 모여 사회를 바꾸고 미래 세대가 더 나은 세상에서 살아갈 수 있는 토대를 마련한다.

우리가 바라보는 미래는 거창한 이상이 아니다. 그것은 이미 오늘 우리의 선택 속에서 싹트고 있다. 개인의 작은 선의, 기업의 책임 있는 행동, 언론의 성실한 보도가 어우러질 때 사회는 조금씩 달라진다. 그 변화가 이어져 하나의 공동체를 만들어낸다.

미래는 저절로 완성되지 않는다. 미래는 우리가 함께 그려 나가고, 함께 책임져야 할 작품이다.

우리는 모두 같은 시대를 살아가면서 같은 공기와 물, 같은 신뢰를 나누고 있다. 헌혈은 생명을 잇는 약속이고, 언론은 진실을 지켜내는 책임이며, 사회 공헌은 연대를 실천하는 행동이다. 이 세 가지는 서로 다른 듯 보이지만, 결국 하나의 가치로 이어진 우리의 책무이다.

나는 이 글을 통해 독자 여러분께 전하고 싶다.

"지금부터라도 작은 실천을 시작해 주세요. 오늘의 한 걸음이 내일의 희망을 만듭니다."

헌혈은 생명을 살리고, 진실한 언론을 지지하는 일은 신뢰를 세우며, 나눔의 참여는 공동체를 지켜낸다.

나는 이 책의 저자로서 먼저 이 약속을 내 삶에서 실천하겠다고 다짐한다. 그리고 독자 여러분께도 부탁드린다. 오늘의 작은 선택이 곧 사회를 바꾸는 힘임을 기억해 주길 바란다.

지금 우리가 내딛는 작은 걸음이 내일의 공동체를 지켜낼 것이다. 그 길에 여러분의 따뜻한 동행을 기대한다.

CHAPTER 10

이웃과 나눈 한걸음
_ 함께라서 가능한 꿈

유재열

한국기계전기전자시험연구원(KTC) 부원장 / 한국계량측정협회 이사 / 한국ESG경영인증원 전문위원
기계산업인적자원개발위원회(ISC) 위원장 / 천안과학산업진흥원 ESG경영위원회 전문위원
한국세라믹학회 산학연 부회장

동국대 철학과 졸업, 연세대 대학원에서 일반행정 석사 학위를 취득, 현재 ESG 분야의 전문성을 발휘하고 있다. 산업통상자원부에서 26년 넘게 에너지, 산업, 무역, 지역경제, 기획조정 등 다양한 분야에서 공직 생활을 수행하였으며, 재정경제부 물가안정유공 표창, 국무총리 표창, 대통령 표창 등을 수상한 바 있다.

미래 세대는 건강한 지구와 공존하는 사회를 누릴 권리가 있다. 저자는 환경과 사회, 투명경영을 아우르는 ESG 가치에 깊은 관심을 가지고, 오염과 위기의 시대에 실천과 책임을 삶 속에서 실천하고자 한다.

ESG

사라지는 이웃과 사회적 고립

국내 기업들이 해마다 사회 공헌 활동에 지출하는 금액이 수조 원에 달할 만큼 사회 공헌은 양적으로 활발히 이루어지고 있다. 그럼에도 '사회 공헌'이라는 말에 대한 인식은 아직도 엇갈려 있다. 때로는 지나치게 무거운 책임처럼 여겨지기도 하고, 반대로 너무 가벼운 일로 치부되기도 한다.

일부는 사회 공헌을 단순한 선행이나 일회성 기부 또는 기업 이미지를 포장하는 수단 정도로 여긴다. 심지어 어떤 기업 관계자는 "돈을 쏟아부어도 효과가 없다"라며 사회 공헌을 비용 부담으로 여기기도 한다. 또 일부 비영리단체는 기업의 사회 공헌을 '진정성 없는 마케팅과 홍보 수단'이라고 비판한다. 이처럼 왜곡되거나 무관심한 시각이 팽배한 현실은 사회 공헌의 본래 가치를 퇴색시키고 있다.

사회 공헌은 결코 보여주기식 선행이나 기업이 손해를 감수해야 하는 활동이 아니라 이웃과 지역사회의 삶을 풍요롭게 만드는 의미 있는 일이다. 나는 이러한 사회 공헌의 참된 가치를 널리 알리고 싶다는 사명감으로 이 글을 집필하게 되었다.

특히 일상 속에서 주변의 고립된 이웃에게 손을 내미는 작은 실천이 때로는 거액의 기부보다 더 큰 변화를 가져올 수 있다고 믿는다. 사회적 고립이 심화하는 시대를 맞아 공동체의 의미를 되살리고 함께 살아가는 상생의 가치를 확산시켜야 한다는 필요성을 절감했다.

뒤에 이어질 내용에는 이러한 생각을 현실로 만들어낸 다양한 실천 사례들을 담았다. 멀리 있는 유명한 사례뿐만 아니라 우리 주변에서 쉽게 찾아볼 수 있는 따뜻한 이야기까지 국내외의 다양한 지역사회 공헌 사례를 폭넓게 소개했다. 아울러 거창하지 않아도 마음만 먹으면 누구나 실천할 수 있는 이웃 돌봄 아이디어와 더 나은 공동체를 위한 정책 제언도 쉽고 흥미롭게 풀어냈다.

나는 어려운 이론을 나열하기보다 현장의 생생한 사례와 경험을 통해 사회 공헌의 진정한 의미를 전달하고자 노력했다. 이러한 노력으로 전문 지식이 없는 독자라도 편안하게 읽을 수 있는 따뜻한 내용을 담을 수 있었다. 독자 여러분께서 이 글을 읽는 동안 사회 공헌의 가치를 자연스럽게 느끼고, 자신의 삶을 돌아보는 작은 계기를 얻길 바란다.

나는 이웃과 함께 내딛는 작은 걸음들이 모이면 큰 힘이 된다고 믿는다. 혼자서는 넘지 못할 벽도 함께하면 넘을 수 있고, 함께할 때 비로소 실현 가능한 꿈은 현실이 될 수 있다. 이러한 믿음을 독자 여러분과 나누고자 한다.

우리의 작은 나눔들이 모이면 지역사회를 바꾸고, 나아가 우리 모두의 내일을 밝히는 큰 빛이 되리라 확신한다. 부디 이 글이 그 빛을 밝히는 여정에 작은 촛불 같은 역할을 하기를 진심으로 바란다.

개인주의 확산에 따른 단절된 이웃 관계

오늘날 우리 주변의 '이웃'은 얼마나 가까이 느껴질까? 바쁜 도시 생활 속에서 옆집에 누가 사는지도 모른 채 지내는 경우가 많다. 2022년 트렌드모니터의 이웃 및 동네 관련 인식조사에 따르면, 자신의 옆집에 누가 사는지 아는 사람은 절반 정도(55.9%)에 불과하며, 이마저도 3년 전보다 줄어든 수치다. 더욱이 이웃과 인사 이상의 교류를 나누지 않는 사람은 2019년 77.6%에서 2022년에는 82.7%로 늘어났다. 이는 과거에 비해 이웃 간 문화가 한층 삭막해졌음을 보여준다.

많은 사람이 굳이 이웃과 교류하지 않아도 불편함이 없다거나 서로 어색하다는 이유를 들며 이웃 관계에 무관심한데, 이러한 개인화된 생활방식은 지역 공동체의 단절을 심화시키고 있다.

공동체 부재가 초래한 사회적 고립

이웃 간 교류 감소와 함께 우리 사회에는 1인 가구의 급증과 고령화가 진행되면서 사회적 고립 문제가 부각되고 있다.

2024년 보건복지부의 고독사 사망자 실태조사에 따르면, 독거 가구 비율이 40%에 육박할 정도로 혼자 사는 사람이 크게 늘었고, 여기에 빠르게 증가하는 고령화까지 더해져 고독사 위험이 이제 남의 일이 아닌 시대가 되었다.

실제로 주변과 단절된 채 홀로 생을 마감하는 고독사 사건은 매년 증가하고 있다. 2023년 우리나라에서 고독사로 숨진 사람은 3,661명에 달했으며, 최근 5년간 연평균 5.6%씩 꾸준히 늘어나는 추세다. 과거에는 고독사가 주로 고령층의 문제로 여겨졌지만, 이제는 50~60대 중장년 남성이 전체 고독사의 절반을 차지할 정도로 많아졌고, 20~30대 청년층에서도 적지 않다. 비록 20대의 고독사 비중은 1%대로 낮지만, 그중 절반 이상이 자살로 생을 마감한 사례여서 세대를 막론하고 사회적 고립의 위험이 존재함을 보여준다.

<고독사 사망자 및 전체 사망자 수>

(단위: 명)

구분	2017년	2018년	2019년	2020년	2021년	2022년	2023년
고독사 사망자 수	2,412	3,048	2,949	3,279	3,378	3,559	3,661
전체 사망자 수*	285,534	298,820	295,110	304,948	317,680	372,939	352,511

* 각 연도 사망 통계 기준

출처: 통계청

<전년 대비 증감률 및 연평균 증가율>

(단위: 명, %)

구분	2017년	2018년	2019년	2020년	2021년	2022년	2023년	'17~'21* 연평균 증가율	'19~'23 연평균 증가율
고독사 사망자 수	2,412	3,048	2,949	3,279	3,378	3,559	3,661	8.8	5.6
전년 대비 증감률	-	26.4	△3.3	11.2	3.0	5.4	2.9		

*최초 고독사 실태조사 기간(2017~2021)

출처 : 보건복지부, 2024 고독사 사망자 실태조사

아래 그림은 WHO의 자료로 전 세계적으로 약 6명 중 1명이 외로움을 겪고 있음을 보여주는 인포그래픽이다. 외로움과 사회적 단절은 전 연령대에서 나타나며, 특히 청소년 등 젊은 층과 일부 저소득 국가에서 더욱 높은 비율을 보인다. 사회적 고립 문제는 이제 특정 국가나 계층만의 문제가 아닌 글로벌 보건 과제로 인식되고 있다.

<WHO 사회적 연결위원회 세계 보고서>

출처: WHO, 2025년 6월

이제 사회적 고립과 외로움은 전 세계적으로도 '보이지 않는 팬데믹'이라 불릴 만큼 심각한 상황이다. 세계보건기구(WHO)는 전 세계 인구의 약 16%가 만성적인 외로움을 느끼고 있다고 보고하면서 이를 개인의 정신건강은 물론 신체 건강에까지 영향을 주는 중대한 공중보건 문제로 지목했다. 한 연구에 따르면, 사회적 고립은 치매 발병 위험을 50%가량 높이고, 심장병 위험은 29%, 뇌졸중 위험은 32% 증가시키는 등 건강에 미치는 부정적 영향이 뚜렷하다.

WHO 위원회 보고서는 외로움으로 인한 조기 사망이 연간 87만 명, 시간당 100명꼴에 이를 정도로 치명적이라는 분석을 내놓았다. 영국 정부 역시 성인 다섯 명 중 한 명은 항상 또는 자주 외롭다고 밝히고, 외로움이 비만이나 흡연만큼 건강에 해롭다고 경고했다. 이러한 문제의 심각성을 깨달은 영국은 2018년 세계 최초로 '고독 담당 장관(Minister for Loneliness)'을 임명하고 정부 차원의 대응 전략을 추진하기도 했다.

약해진 사회 안전망

지역사회에서 이웃과의 관계가 사라지고 고립이 만연하면 개인뿐 아니라 사회 전체에 비용과 부담을 초래한다. 한국에서는 2022년 기준으로 은둔·고립형 외톨이 청년이 전국적으로 약 61만 명(고립청년 비율 4.5%)으로 추정되고 있다. 한 재단법인은 청년의 고립으로 인한 사회적 비용이 2019년 고립 청년 비율 3.1%로 감안하면 연간 7조 5천억 원에 달하며, 7%대로 증가하면 연간 약 16조 9천억 원의 사회적 비용이 발생한다는 연구결과를 발표한 바도 있다. 경제활동을 하지 않거나 사회 참여가 부족해 발생하는 생산성 손실, 복지 급여 지출, 건강 악화로 인한 의료비 등이 그 비용에 포함된다.

사회적 고립 문제를 방치하면 공동체의 돌봄 기능이 약화되어 돌발 상황 시 대처가 어려워지고, 세대 간 단절이나 지역 내 불신이 깊어지는 등 사회적 자본(social capital)이 급속히 붕괴될 수 있다. 이는 범죄 예방력 약화, 재난 시 대응력 저하 등 지역사회의 안전망에 구멍을 만든다. 실제로 이웃과의 유대가 강한 지역은 재난 시 사망률이 낮았다는 연구가 있을 정도로 평소에 맺어둔 사회적 연결망은 위기 상황에서 시민의 생명을 지키는 데도 중요한 역할을 한다. 반대로 공동체가 해체되면 평상시에는 알아채지 못한 위험이 커지고, 결국 그 피해와 비용은 고스란히 사회 전체가 나누어 부담해야 한다.

<서울시 고립·은둔 청년 규모 추정 결과>

	비율	추산 인원
고립·은둔 전체	4.5%	126,829명 ~ 129,852명
고립	3.3%	93,820명 ~ 96,056명
은둔	1.2%	33,000명 ~ 33,796명

출처: 서울특별시, 서울시 고립·은둔 청년 실태조사 결과 보고서

요컨대 '관계의 단절'이 가속화되는 현재의 지역사회 위기는 개인의 외로움을 넘어 공동체의 위기다. 사라져가는 이웃 간 정(情)과 사회적 고립의 문제는 삶의 질 저하와 복지 비용 증가, 지역 공동체의 기능 상실로 이어진다. 이제는 이러한 문제를 개개인이 알아서 견디는 사적 어려움이 아니라 모두가 함께 해결해야 할 사회적 과제로 인식할 때다.

다음 장에서는 왜 우리가 지역사회 속에서 함께 살아가는 공동체를 회복해야 하는지 지역사회 공헌의 가치와 필요성에 대해 살펴본다.

ESG

함께 살아가는 공동체의 의미

앞서 살펴본 지역 공동체의 위기를 극복하기 위해서는 다시 '함께 살아가는' 문화를 복원하고자 하는 노력이 필요하다. 이는 곧 지역사회에 대한 공헌과 참여의 가치를 재발견하는 일이다. 과연 왜 우리는 지역사회 공헌에 주목해야 할까? 함께하는 공동체가 개인과 사회에 주는 긍정적인 힘은 어떤 것일까? 이번 장에서는 지역사회 공헌의 의미와 그 필요성을 평이한 언어로 풀어보고자 한다.

지역사회 공헌이란 개인, 기업, 단체 등 다양한 주체가 자신이 속한 지역 공동체를 위해 시간이나 자원, 재능을 나누는 활동을 말한다. 이러한 공헌 활동은 작은 봉사나 기부에서부터 지역 문제 해결을 위한 적극적 참여에 이르기까지 형태가 다양하지만, 그 근본에는 '함께 잘 살기'라는 공동체 정신이 깔려 있다. 사람이 사회적 존재라는 말처럼 이웃과 어울려 살아갈 때 비로소 개인의 행복과 안전도 지속 가능해진다. 지역사회 공헌의 가치는 한마디로 '더불어 살아가는 삶'의 가치라고 할 수 있다.

개인의 삶의 질과 행복감 향상

이웃과 교류하고 공동체에 참여하는 과정에서 심리적 안정감과 소속감이 커진다. 정기적으로 자원봉사나 주민 모임에 참여하는 사람은 우울감이나 불안감이 낮고 삶의 만족도와 행복감이 높다는 연구도 많다.

실제로 미국의 한 연구에서는 봉사활동을 하는 사람이 하지 않는 사람보다 우울증과 불안이 적고, 자존감과 삶의 만족도가 높았다고 보고한다. 이는 이웃과 얼굴을 맞대고 소통하며 누군가에게 도움이 되는 행위 자체가 개인에게 정신적 보상이 되기 때문이다.

또한 봉사를 통해 새로운 사람들과 관계를 맺고 사회적 지지망을 형성하면 외로움이 감소하고 스트레스도 줄어드는 효과가 있다. 함께 어울릴 수 있는 공동체가 있다는 사실만으로도 사람들은 더 큰 안정과 행복을 느끼게 된다.

지역사회의 문제 해결과 지속가능성

개인의 선의와 기업과 단체의 사회 공헌이 모이면 혼자서는 풀기 힘든 사회문제에 대한 해결책을 만들어낼 수 있다. 예를 들어 지역의 빈곤 아동에게 끼니를 지원하거나 방과 후 돌봄을 제공하는 일, 홀로 사는 노인의 안부를 정기적으로 확인하는 일 등은 지역 주민과 기업, 비영리단체가 힘을 합쳐 복지의 사각지대를 메우는 효과를 낸다. 이는 공동체 구성원의 기본적인 삶의 질을 보장하고, 사회 안전망을 강화하는 데 기여한다.

한 걸음 더 나아가 지역 경제를 활성화하는 데에도 상생 활동이 중요하다. 주민들이 지역 상점을 애용하거나 기업이 지역 인력을 우선 채용하고 창업을 지원하면 일자리 창출과 경제 선순환이 이루어진다. 교육, 환경, 치안 등 분야에서도 마찬가지로, 지역사회 구성원의 자발적 참여와 협력이 뒷받침될 때 지속 가능한 개선이 가능하다. 이런 맥락에서 지역사회 공헌은 단순히 착한 일이 아니라 우리 공동체의 지속가능성을 높이는 투자라고 볼 수 있다.

사회적 신뢰와 연결망 구축

이웃 간에 얼굴을 익히고 신뢰가 형성되면 서로 돕고 위기를 함께 이겨내는 힘이 커진다. 가까운 이웃이 서로 안면도 없고 믿지 못한다면 긴급한 상황에서 도움을 요청하기도 어렵다. 하지만 평소에 쌓아온 이웃 간 유대감은 재난이나 위기 발생 시 서로를 지탱해주는 든든한 버팀목이 된다. 실제로 1995년 미국 시카고 폭염 당시 이웃 관계가 좋았던 지역은 고립된 지역보다 사망률이 훨씬 낮았다는 보고가 있다. 이는 사회적 자본의 존재가 곧 생존의 가능성과 직결될 수 있음을 보여준다.

지역사회의 범죄 예방 역시 주민들의 네트워크로 강화될 수 있다. 서로 알고 지내는 이웃이 많은 동네일수록 범죄가 일어났을 때 적극 제보하거나 서로 지켜주는 문화가 형성되어 범죄율을 낮추는 효과가 나타난다. 즉 공동체의 신뢰와 협력이라는 무형의 자산은 안전하고 건강한 지역사회를 만드는 기반이 된다.

기업의 예를 들면 단순히 이윤만 추구하는 것보다 지역사회와 상생하는 기업이 더 큰 지속 가능한 성장을 이루는 경향이 있다. 지역주민에게 사랑받고 신뢰받는 기업은 브랜드 이미지가 좋아지고, 임직원들의 자부심과 애사심도 높아져 장기적으로 경쟁력이 강화된다. 이는 기업이 '지역사회의 일원'으로서 책임을 다할 때 돌아오는 보상이라 할 수 있다.

개인도 마찬가지로 공동체 활동에 참여함으로써 자아존중감이 향상되고 삶의 목적의식을 찾게 된다. 예컨대 은퇴한 후 지역 봉사에 몰두한 사람들이 "새로운 인생 2막을 살게 됐다"라고 입을 모으는 것은 남을 돕는 활동이 본인의 삶을 풍요롭게 채워주었기 때문이다. 이처럼 나눔과 공헌의 선순환은 공동체 전체와 더불어 개인 자신에게도 이익이 된다.

이러한 이유로 지역사회 공헌은 사회 통합과 공동체 회복의 열쇠로 여겨진다. 각자가 조금씩 내어놓은 시간과 노력이 모이면 고립 대신 연결, 무관심 대신 돌봄이 살아나는 따뜻한 동네를 만들 수 있다. 결국 '함께라서 가능한 꿈'은 거창한 구호가 아니라 내 주변의 작은 공동체부터 서로 손잡는 실천에서 시작된다.

다음 장에서는 국내외에서 실제로 다양한 주체들이 지역사회 공헌과 상생을 위해 어떠한 노력과 시도를 하고 있는지 구체적인 사례들을 살펴본다.

ESG

다양한 주체가 만들어가는 상생의 현장

지역사회 공헌과 상생의 가치는 추상적인 이상이 아니라 현실에서 수많은 사람과 조직의 노력으로 구현되고 있다.

   이 장에서는 기업, 시민단체(비영리단체), 지역 주민 등 다양한 주체들이 국내외에서 실천하고 있는 흥미로운 사례들을 살펴본다. 이러한 사례들은 각기 방식은 다르지만 공통적으로 지역과 이웃을 위한 한 걸음을 내딛었고, 그 결과 함께라서 가능한 긍정적 변화를 만들어냈다는 점에서 큰 의미가 있다.

기업의 지역사회 공헌 사례

기업은 지역사회에 미치는 영향력이 큰 주체인 만큼 적극적인 사회 공헌을 통해 지역과의 상생을 도모하는 사례가 많다.

국내 사례로는 삼성웰스토리의 '아동 영양지원 사업'을 들 수 있다. 삼성웰스토리는 급식·식품기업의 전문성을 살려 저소득층 아이들의 건강한 식생활을 돕는 프로그램을 운영해왔다. 예를 들어 지역아동센터 등을 이용하는 소외 계층 어린이들에게 급식비와 영양 개선비를 지원하여 균형 잡힌 식사를 제공하고, 조리사와 영양사 직원들이 재능기부 형태로 참여하는 요리 교실도 열었다. 열악한 환경 때문에 평소 고기나 과일을 충분히 먹지 못하던 아이들이 이러한 지원을 통해 영양가 있는 식사를 하게 되었고, 음식 만들기 체험을 통해 건강한 식습관 교육과 멘토링까지 받을 수 있었다. 이는 기업이 업(業)의 특성을 살려 지역 아동의 성장에 기여한 좋은 예로 평가받는다.

또 다른 국내 기업 사례로 포스코(POSCO)의 '스틸 빌리지(Steel Village)' 프로젝트를 들 수 있다. 철강기업인 포스코는 자사 철강 재료와 건축 기술을 활용하여 취약 지역에 주택, 다리, 공중시설 등을 지어주는 글로벌 사회공헌 활동을 펼쳤다. 2014년부터 베트남의 빈곤촌에 강철로 만든 집 104채와 다리 여러 개를 지어 주민들의 주거환경을 개선했고, 태국의 학교에는 강철 돔 구조물을 세워 아이들이 안전하게 야외활동을 할 수 있도록 도왔다. 또한 인도네시아 오지에는 공중화장실, 소각장, 식수대 등을 설치하는 계획을 진행하는 등 개발도상국 지역사회를 위한 인프라 지원을 계속하고 있다. 포스코의 이러한 프로젝트는 유엔(UN)으로부터 우수 사회공헌 사례로 선정되며 국제적으로도 인정을 받았다. 세계적 수준의 기술과 자원을 가진 기업이 이를 사회 문제 해결에 활용하여 지속 가능한 발전에 기여한 선도적 모델이라는 평가다.

해외 기업들도 'Community Engagement(커뮤니티 참여)'라는 이름으로 지역사회와 함께하는 경영을 펼치고 있다. 예를 들어 글로벌 IT기업

시스코(Cisco)는 지난 25년간 전 세계 180여 개국에서 무려 1만 개 이상의 IT 교육 아카데미(Networking Academy)를 운영해왔다. 지금까지 1,700만 명 이상의 청년들에게 무료로 양질의 네트워크 기술 교육 기회를 제공했으며, 특히 개발도상국에서 정보기술 인재를 양성하여 일자리 창출과 삶의 질 향상에 크게 이바지했다. 이 프로그램을 통해 교육을 받은 많은 사람이 새로운 직업을 얻고 빈곤에서 벗어났는데, 이는 기업의 사회 공헌이 개인의 자립과 지역의 발전으로 이어진 사례라 할 수 있다. 동시에 시스코 입장에서도 다양한 국가에서 네트워크 전문 인력을 확보하여 사업 기반을 넓히는 효과를 거두었으니, 지역사회와 기업이 윈윈(win-win)을 달성한 셈이다.

또 다른 흥미로운 사례로 영국의 유통기업 테스코(Tesco)를 들 수 있다. 테스코는 과거 미국 시장에 진출할 때 대도시 빈민가에 신선식품을 파는 슈퍼마켓을 여는 전략을 택했다. 당시 빈곤 지역에는 패스트푸드점만 넘쳐나고 신선한 채소나 과일을 살 수 있는 마트가 전무한 '음식 사막(food desert)' 상태였다. 테스코는 이러한 동네에 과감히 점포를 내고 질 좋은 신선식품을 저렴하게 공급함으로써 지역 주민들의 건강한 식생활을 지원했다. 사람들은 가까운 곳에서 채소와 과일을 살 수 있게 되자 식단이 개선되고 생활이 활력을 띠게 되었다. 지역사회에서는 테스코의 매장을 두고 '음식 사막의 오아시스'라는 찬사가 나왔고, 신선한 먹거리가 폭력과 범죄를 줄이는 효과까지 가져왔다. 기업 입장에서는 새로운 시장에서 사회 문제 해결을 통해 사업 기회를 창출하였고, 지역 입장에서는 오랫동안 방치된 문제를 기업의 참여로 개선한 상생 사례인 것이다.

이러한 기업들의 사례는 사회 공헌이 단순한 선행이 아니라 기업과 지역사회 모두에 이익이 되는 투자임을 보여준다. 과거에는 기업의 사회 공헌이 일회성 기부나 이미지 제고에 그치는 경우가 많았지만, 이제는 지역의 지속 가능한 발전과 문제 해결에 직접 나서는 전략적 사회 공헌이 대두되고 있다. 기업이 지역사회의 한 구성원(기업시민)으로서 지역과 공존을 모색할 때 지역도 기업도 함께 성장할 수 있다는 인식이 확산되는 것이다.

지역 문제 해결을 위한 파트너십 사례

비영리 시민단체(NGO)와 지방정부, 기업 등이 파트너십을 맺어 지역 문제를 해결하는 사례도 다양하다. 이러한 협력모델에서는 각 주체가 가진 장점과 자원을 결합해 시너지를 내는 것이 특징이다.

국내 사례로 한국농어촌공사와 비영리재단이 협력한 '농어촌 집 고쳐주기 사업'을 들 수 있다. 한국농어촌공사는 공기업으로서 농어촌 지역의 개발과 복지를 담당하고 있는데, 민간재단인 다솜둥지복지재단과 함께 농어촌의 독거노인과 장애인 가정의 낡은 집을 수리해 주는 봉사활동을 꾸준히 펼치고 있다. 농촌에 홀로 사는 어르신 집은 지붕이 새고 단열이 안 되는 등 열악한 경우가 많은데, 정비 인력도 없고 본인이 수리하기도 어려운 실정이다. 이 사업을 통해 공사 직원들과 재단 봉사자들이 직접 마을에 찾아가 지붕을 수선하고 부엌과 화장실을 고치는 등 주거환경을 개선했다. 민관 협력으로 복지의 손길이 닿지 않던 농촌 마을까지 지원한 이 사례는 기관의 전문성, 인력과 민간의 후원, 봉사가 만나 취약계층의 삶의 질을 높인 모범적 협력 모델로 평가받는다.

해외에서도 기업과 시민단체의 협업을 통해 지역을 살리는 프로젝트가 진행되고 있다. 대표적 사례로 미국 금융기업 씨티그룹(Citi Group)

의 'Community Progress Makers' 프로젝트를 들 수 있다. 씨티그룹은 2016년부터 지역사회에 변화를 일으킬 혁신적 프로그램을 공모하여 도시의 주거, 경제, 환경 등 문제를 해결하는 비영리단체 40곳에 자금과 기술 지원을 제공했다. 어떤 단체에는 노후 주택을 개보수하여 저렴한 임대주택 3만 6천 가구를 공급하도록 돕고, 다른 단체에는 청년 4,500명에게 일자리를 알선하는 프로그램에 투자하는 식이다. 또한 지역 소상공인 지원 프로젝트로 2,400여 개의 작은 가게의 역량 강화를 도왔고, 에너지 효율화 사업으로 1억 3,500만 달러 상당의 에너지 비용 절감 효과를 거두기도 했다.

이러한 성과들은 기업의 재정 지원과 시민단체의 현장 전문성이 결합되어 가능했던 것으로, 씨티그룹은 지역사회 체인지메이커(변화주도자)들을 지원함으로써 간접적으로 지역 문제 해결에 큰 역할을 한 셈이다. 특히 주목할 점은 기업이 직접 나서서 문제를 해결하기보다 현지의 시민단체를 조력함으로써 지속적인 변화의 주체를 길러냈다는 부분이다. 이는 지역사회 문제 해결에 있어 민관 협력의 새로운 모델로 꼽히고 있다.

또 다른 협력 사례로 국제 비영리단체 해비타트(Habitat for Humanity)를 들 수 있다. 해비타트는 전 세계에서 열악한 집에 사는 가정을 위해 집을 지어주는 운동을 펼치는 단체로, 한국을 포함해 많은 나라에서 기업, 지방자치단체, 지역 주민들과 파트너십을 맺고 있다. 한국의 한 도시에서는 해비타트와 시청, 지역 건설사가 손잡고 노후 주택 밀집지역을 리모델링하여 살기 좋은 마을로 재생한 바 있다. 기업은 건자재와 기술 인력을 지원하고, 시청은 예산과 행정지원을 제공했으며, 주민들은 직접 인테리어 공사 봉사에 참여하거나 새집 주인으로서 마을 가꾸기에 나섰다. 그 결과 오래된 달동네가 밝고 깨끗한 마을로 탈바꿈했고, 주민들은 집에 대한 자

<한국해비타트 30년 누적 실적>

30년 누적 실적

해외 *2024년 기준
집짓기
16,068 세대

주거 및 시설환경개선
2,987 세대

수혜자
190,606 명

교육 및 역량강화
94,863 명

국내 *2024년 기준
집짓기
1,238 세대

주거 및 시설환경개선
9,281 세대

자원봉사자
390,432 명

출처: 2024 한국해비타트 연차보고서

부심과 이웃 의식도 함께 키울 수 있었다. 이렇듯 여러 주체의 장점을 모아 서로 협력하면 지역사회의 난제를 풀 수 있다는 것을 보여주는 사례다.

주민 주도의 지역공동체 회복 사례

공동체 활성화의 궁극적인 힘은 역시 지역 주민들 자신에게서 나오며, 풀뿌리 주민들이 주도한 움직임이 성공한 사례도 많다. 주민들이 뜻을 모아 마을의 문제를 해결하거나 새로운 커뮤니티 문화를 만든 경우는 세계 곳곳에서 찾아볼 수 있다.

한국에서는 부산 감천문화마을 사례가 흔히 회자된다. 감천동은 한때 달동네로 불리던 낙후 지역이었으나, 주민들이 골목골목 담장을 밝은 색깔로 칠하고 예술 작품을 설치하며 마을 환경을 스스로 가꾸기 시작했다.

여기에 지방자치단체와 예술가들이 힘을 보태 현재는 유명한 관광명소이자 살기 좋은 마을로 변모했다.

  이 과정에서 핵심은 주민들의 자발적 참여였다. 주민들은 마을의 변화를 위해 협의체를 만들고, 마을기업을 설립하여 관광객을 안내하는 해설사가 되거나 특산품을 개발해 판매하는 등 마을 경제 활성화의 주체로도 활약하고 있다. 그 결과 낡은 동네였던 감천마을은 '미술이 흐르는 마을'로 새롭게 태어났고, 주민들은 자긍심과 새로운 소득을 얻는 상생을 이루었다. 이 사례는 외부 지원이 들어오더라도 주민 참여와 의지가 뒷받침될 때 지속적인 공동체 발전이 가능함을 보여준다.

해외에서 배우는 지역공동체 성공 사례

해외에서는 호주의 '멘즈 셰드(Men's Shed)' 운동이 눈에 띈다. 멘즈 셰드란 중장년 남성들이 함께 모여 목공품 등을 만들며 교류하는 커뮤니티 공간을 가리키는데, 2000년대 초 호주에서 시작되어 현재 영국, 캐나다 등지로 퍼져나간 주민 주도 운동이다. 은퇴하거나 실직한 남성들은 여성보다 사회적 관계망이 약해 고립되기 쉽다는 문제의식에서 출발한 이 운동은 지역에 공동 작업장을 마련하고 동네 남성들이 나와서 같이 작업도 하고 수다도 떨 수 있게 장려했다. '집 뒤뜰의 작업창고에 친구들이 다 모여 있는 느낌'이라는 표현처럼 멘즈 셰드에서는 참가자들이 의기투합하여 각자 목공품을 만들고 서로의 삶의 이야기를 나눈다. 취미 공유와 놀이를 통해 동년배 친구들을 만든 이들은 다시 삶의 활력을 찾고 우울감을 크게 줄였다고 한다. 이처럼 주민들이 주체가 되어 '외로움을 깨는 장(場)'을 만든 멘즈 셰드 운동은 정부나 전문가가 미처 채우지 못한 틈새를 주민 스스로 보완한 성공적인 사례로 평가받고 있다.

또 다른 주민 주도 사례로 미국의 지역 화폐(Local Currency) 및 타임뱅크(Time Bank) 운동을 들 수 있다. 미국 이타카 지역에서는 주민들이 '이타카 아워(Ithaca Hour)'라는 자체 화폐를 만들어 지역 상점과 서비스에 사용했다. 이는 돈이 지역 안에서 순환하게 하여 지역경제를 살리고, 주민들 사이에 호혜의식을 높인 실험으로 유명하다. 타임뱅크는 개인이 봉사한 시간을 은행에 저축해두었다가 필요할 때 이웃의 도움을 시간 단위로 인출하는 제도인데, 이를 도입한 지역들에서는 이웃 간에 재능을 교환하며 서로를 돕는 문화가 자리 잡았다. 예를 들어 아이 돌봐준 2시간을 저축해두었다가 나중에 다른 이웃에게 2시간 동안 집수리를 받는 식이다. 이 제도는 화폐 없이도 돌아가는 공동체의 협력망을 구축함으로써 주민들 사이 유대감과 신뢰를 높여주었다. 모두 주민들이 창의적인 아이디어로 공동체 문제를 해결하려 한 시도로서, 비록 규모는 크지 않아도 공동체의 자생력과 혁신성을 보여주는 사례이다.

이상의 사례들은 지역사회 공헌과 상생이 현실에서 구현될 때 어떤 변화를 만드는지를 잘 보여준다. 기업은 자신의 전문자원을 활용해 지역과 동반 성장할 수 있고, 시민단체와 공공기관은 협력하여 사회 안전망의 빈틈을 메울 해법을 내놓을 수 있으며, 주민들은 스스로 연결망을 짜서 삶의 질을 개선하고 공동체를 재건할 수 있다. 이처럼 각자의 자리에서 시작된 작은 노력들이 모이면 이웃과 함께하는 큰 꿈을 실현할 수 있다.

다음 장에서는 이러한 사례들을 바탕으로 우리가 앞으로 지속 가능한 지역공동체를 만들기 위해 어떻게 행동하고 어떤 정책을 펼쳐야 할지 구체적인 방안과 제언을 제시한다.

ESG

지속 가능한 지역공동체를 위하여

지역사회 공헌의 필요성과 다양한 사례를 살펴본 지금, 남은 과제는 '어떻게 이러한 움직임을 확대하고 지속 가능한 공동체를 만들 것인가'이다.

이 장에서는 실천적인 방안과 정책적 제언들을 정리하여 제시하고자 한다. 한걸음 내딛는 마음으로 우리 주변에서부터 시작할 수 있는 일들 그리고 제도적으로 뒷받침되어야 할 사항들을 함께 살펴보자.

개인과 지역 주민 차원의 실천 방안

① 작은 인사와 교류부터 시작하기

공동체 회복은 거창한 일보다 내 주변 이웃에게 관심을 갖고 말을 건네는 사소한 행동에서 출발한다. 매일 마주치는 옆집 이웃에게 밝게 인사하고 안부를 묻는 것은 고립을 깨는 첫 단추다. 앞서 언급했듯 한국인들의

82.7%가 이웃과 인사 이상은 나누지 않는 것이 현실이지만, 이를 70%, 60%로 낮추는 것만으로도 동네 분위기는 크게 달라질 수 있다.

내 주변에 혼자 지내시는 노인이나 어려움을 겪는 이웃이 있는지 살펴보고 가끔 문을 두드려 안부를 여쭈거나 필요한 것을 챙겨드리는 일도 중요하다. 이러한 작은 교류가 쌓이면 이웃 간 신뢰와 정(情)이 되살아나게 된다.

② 자원봉사와 주민 모임에 참여하기

지역사회를 위한 자원봉사 활동에 한 사람 한 사람이 적극 참여할 때 공동체의 온기가 퍼져나간다. 반찬 배달 봉사, 방과 후 공부방 봉사, 마을 청소나 가꾸기 등 내 관심사에 맞는 활동을 찾아 정기적으로 해보자. 봉사는 받는 사람뿐 아니라 하는 사람의 정신 건강과 행복에도 긍정적인 영향을 끼친다. 또한 주민 모임이나 동호회에 얼굴을 내밀어 이웃들과 친분을 쌓는 것도 좋다.

아파트 입주민 모임, 골목 축제 준비위원회, 반상회 등이 예전보다 줄어들었지만 스스로 관심 분야의 모임을 만들어볼 수도 있다. 독서 모임, 육아 품앗이, 텃밭 가꾸기 모임 등 작은 모임들이 활성화될수록 동네에는 서로 알고 돕는 사람들이 많아져서 어려운 이웃이 생겨도 금세 발견하고 보살필 수 있는 촉촉한 연결망이 형성된다.

③ 디지털 이웃 활용하기

최근에는 스마트폰 앱이나 온라인 커뮤니티를 통해 이웃과 교류하는 새로운 방식도 주목받고 있다. 예컨대 당근마켓의 '동네 생활' 게시판이나 네이버 카페의 지역 맘카페 등에는 이웃들이 정보를 나누고 도움을 주고

받는 활발한 소통이 이루어진다. 필요한 물건을 무료로 나누는 나눔 이벤트나 우리 동네 맛집, 병원 정보를 공유하는 글이 올라오면서 온라인에서 느슨한 이웃 관계가 만들어지기도 한다. 물론 과도한 온라인 소통은 대면 관계를 줄이는 역효과가 있을 수 있으므로 어디까지나 이웃 간 만남을 이어주는 보조 수단으로 현명하게 활용하는 것이 좋다.

예를 들어 동네 앱에서 알게 된 이웃들과 실제 만나서 산책 모임을 갖고, 필요할 때 온라인 커뮤니티를 통해 도움을 요청하고 지원을 받는 방식으로 디지털 기술을 공동체 연결에 활용할 수 있다.

④ 이웃 갈등 관리와 배려

공동주택에 사는 현대인들에게 층간 소음, 주차 문제 등 이웃 간 갈등은 피하기 힘든 현실이다. 그러나 갈등을 제대로 관리하지 못하면 서로 얼굴을 붉히고 더 멀어지게 되므로 대화를 통한 해결 노력과 배려하는 태도가 필요하다. 내 가족의 편의뿐 아니라 벽 하나 사이에 있는 이웃의 입장을 헤아려보고, 문제가 생기면 감정적으로 대응하기보다는 중립적인 제3자(관리사무소나 지자체 분쟁조정위원회 등)의 도움을 받아 조정하는 것이 바람직하다.

"가까운 이웃이 먼 친척보다 낫다"라는 속담처럼 잘 지내면 서로 이득이고 싸우면 같이 손해라는 인식을 갖고 조금씩 양보하고 이해하는 노력을 할 때 평온한 공동체를 유지할 수 있다.

기업과 단체 차원의 역할과 프로그램

① 지역 밀착형 사회공헌 전략 수립

기업은 CSR(기업의 사회적 책임) 활동을 할 때 단순 기부를 넘어서 자사가 속한 지역사회에 실질적인 도움이 되는 방향을 모색해야 한다. 지역의 필요를 조사하고 이해관계자(주민, 지방자치단체 등)와 대화하여 맞춤형 사회공헌 프로그램을 개발하는 것이 좋다. 앞서 살펴본 삼성웰스토리나 포스코 사례처럼 기업의 업종 특화 역량을 살려 지역에 기여하고, 씨티그룹 사례처럼 재정적 지원과 전문단체 협업 모델을 도입할 수 있다.

예를 들어 통신기업이라면 독거노인 가정에 IoT 기술을 활용한 응급안전알림 서비스를 제공하고, 음식료 기업은 지역 푸드뱅크와 협력하여 결식 아동 지원을 확대하는 식이다. 이러한 지역 밀착형 프로그램은 기업 이미지 제고와 지역 문제 해결이라는 두 마리 토끼를 잡을 수 있다.

② 직원 참여 봉사와 지역 네트워킹

기업과 공공기관, 학교 등 조직 구성원들이 지역사회 봉사에 쉽게 참여할 수 있도록 지원할 필요가 있다. 예를 들어 봉사활동에 유급휴가를 부여하거나 사내 동호회 형태로 지역봉사팀을 운영할 수 있다. 임직원이 자신의 전문성을 살려 멘토링이나 재능기부를 하고, 정기적으로 단체 봉사의 날을 정해 지역 사회복지시설을 돕도록 독려하는 방안도 있다.

이렇게 조직 차원에서 풀뿌리 봉사 참여를 활성화하면, 직원들은 지역과 교감하며 보람을 얻고 조직에 대한 만족도도 높아진다. 나아가 지역의 주민단체, 복지기관들과 네트워크를 형성하여 공동 프로젝트를 추진하면 더 큰 효과를 낼 수 있다. 예컨대 어느 기업이 지방자치단체와 지역 NGO

와 함께 "행복마을 만들기" 캠페인을 전개해 마을 담벼락 벽화를 그리고 골목에 가로등을 설치한 사례처럼 다양한 주체의 협력 네트워크에 기업이 일원으로 참여하면 지역사회 개선에 힘을 보탤 수 있다.

③ 커뮤니티 공간과 인프라 지원

기업 및 지역 단체는 지역주민을 위한 커뮤니티 공간을 조성하거나 개방하는 데도 기여할 수 있다. 예를 들어 은행이나 관공서의 유휴공간을 주민 회의실이나 문화공간으로 개방하거나 노후된 공원을 리모델링하여 주민 휴식처를 제공하는 사업을 생각해볼 수 있다. 영국 정부는 수년 전 사용되지 않는 공간을 커뮤니티 카페나 예술 공간, 정원 등으로 바꾸는 사업에 180만 파운드(약 30억 원)의 기금을 지원했다고 하는데, 이러한 움직임에 기업의 사회 공헌 자금을 활용하는 것도 가능하다.

지역 도서관, 복지관 등의 시설 개선이나 마을버스 증편, 보행로 정비 등 생활 인프라 지원도 기업의 사회공헌 프로젝트로 고려할 만하다. 편리하고 쾌적한 환경은 주민들의 모임과 교류를 촉진시켜 결과적으로 공동체 활성화에 이바지한다. 따라서 기업과 지역 단체는 지역사회 '물적 기반'을 튼튼히 하는 투자에도 관심을 가져야 한다.

④ 취약계층 발굴 및 지원 파트너십

사회 공헌의 대상이 되는 취약계층을 보다 효과적으로 돕기 위해 기업과 단체는 지역의 복지기관, 행정기관과 파트너십을 구축하는 것이 중요하다. 예를 들어 에너지 회사와 지방자치단체가 협약을 맺어 에너지 취약계층 겨울철 난방비 지원, 식품회사는 지역 푸드마켓과 연계하여 생계 곤란 가구 식료품 지원 등을 체계화할 수 있다. 고독사 위험군이나 은둔형 외톨이 청년 등 도움이 필요한 이들을 조기에 찾아내는 일에도 민간 부문의 협력이 필요하다.

우체국 집배원이나 가스 검침원, 편의점주처럼 일상 속에서 주민들을 접하는 민간 인력들이 '이웃 관찰자'가 되어 고립된 이웃을 발견하면 신고하는 시스템을 구축하면 촘촘한 인적 안전망을 마련할 수 있다. 기업과 단체는 이러한 지역사회 보호 체계에 참여하여 교육과 홍보를 지원하고, 발견된 위기가구에 대해 자원 연계를 할 수 있을 것이다.

정부의 정책적 지원과 제도 개선

① 지역사회 통합 돌봄 및 이웃 연결망 구축

정부 차원에서는 고독사 예방과 사회적 고립 해소를 위한 종합대책을 수립하여 추진해야 한다. 실제로 보건복지부는 2023년 최초로 고독사 예방 기본계획(2023~2027년)을 발표하여 2027년까지 고독사 비율을 20% 줄이는 것을 목표로 세웠다. 이를 위해 정부는 사회적 고립 위험군을 조기에 발굴하고 지원하기 위한 인적·물적 안전망을 최대한 동원하겠다고 밝혔다.

구체적인 방안의 하나로 '이웃연결단'과 같은 지역 밀착형 돌봄인력을 각 지자체에 두어 일상 속에서 고립 가구를 찾아내고 정기적으로 안부를 확인하는 정책이 시행되고 있다. 이웃연결단은 관심 있는 주민이나 편의점주, 아파트 관리인 등 주변 사람들로 구성된 자원봉사 조직으로, 주변에 위기의 이웃이 없는지 살피고, 필요시 행정복지센터와 연계하는 역할을 한다. 정부는 이러한 인적 안전망을 활성화하고 표준 매뉴얼을 배포하는 등 지원을 강화하고 있다. 앞으로도 지역사회 통합 돌봄이라는 큰 틀 아래 돌봄 서비스, 보건의료, 복지 지원을 연계하여 고립된 주민이 없도록 촘촘하게 살피는 정책이 지속적으로 추진되어야 한다.

<고독사 예방 및 관리 서비스>

유형	세부 내용
안부 확인	• 인적 자원망을 활용해 대면·비대면 안부 확인 서비스 제공 • 정보통신기술(ICT)을 활용한 안전모니터링 및 긴급상황 시 대응
생활 개선 지원	• 저장강박 등 고독사 위험요인을 줄이기 위해 주거환경 개선 사업 운영 • 외출 유도용 생활쿠폰 지급 등 고립적 일상 벗어나도록 지원
공동체 공간 및 사회적 관계망 프로그램 운영	• 부담 없이 자주 방문해 편안하게 시간을 보내고, 복지·일자리 정보에 쉽게 접근할 수 있는 소규모 공간 조성 • 자조 모임 등 활성화를 지원하여 고독사 위험자의 사회관계망 회복 지원
사후 관리	• 고독사 의심 사례 중 무연고 사망자의 유품 정리 및 특수 청소 지원

출처: 보건복지부 2025년 3월, 고독사 예방 및 관리를 위한 이웃연결단 활동 매뉴얼

② 사회적 처방(Social Prescribing) 도입

의료와 복지를 연계한 혁신적 접근인 사회적 처방을 적극 도입할 필요가 있다. 사회적 처방이란 의사가 환자의 질병을 약으로만 치료하는 것이 아니라, 우울증이나 만성질환을 겪는 환자에게 지역의 모임이나 봉사활동을 '처방'하여 사회적 연결을 돕는 것이다.

예를 들어 우울감을 호소하는 환자에게 합창단 활동을 소개하거나 당뇨관리 교육과 함께 동네 산책모임에 참여시키는 식이다. 영국은 2023년까지 전국 모든 일반의원에서 환자를 지역 커뮤니티 활동에 연계할 수 있도록 이 제도를 도입했고, 그 효과로 환자들의 외로움과 건강 상태 모두 개선되는 결과를 보고했다.

우리나라도 주민센터나 보건소, 정신건강복지센터 등을 통해 의료와 복지, 지역자원을 연계하는 코디네이터를 배치하면 치료가 필요한 분들이 고립되지 않고 지역사회와 연결될 수 있을 것이다. 이는 '치료 후 돌봄 공백'을 메우고 재활을 촉진하는 데도 유용한 접근이다.

③ 지역사회 공헌 인정제 등 인센티브 확대

정부는 민간 부문이 지속적으로 지역사회 공헌에 참여할 수 있도록 인센티브와 인정 제도를 확대할 필요가 있다. 2019년부터 보건복지부와 한국사회복지협의회가 시행 중인 '지역사회공헌 인정제'는 비영리단체와 협업하며 꾸준히 지역공헌 활동을 펼친 기업과 기관을 발굴해 인증하는 제도다. 이 제도를 통해 2024년에는 총 626개의 기업과 기관이 지역사회 공헌 인증을 받았으며, 인증기업에는 각 지방정부에서 포상이나 세제 혜택, 홍보 지원 등을 제공하고 있다. 향후 이러한 인증 기업이 더 사회적으로 우대받고 브랜드 이미지 제고에 실질적 도움이 되도록 공공조달 가산점이나 세액공제 확대 등의 혜택을 검토해야 한다.

또한 우수 봉사자 표창, 기업 CSR 어워드 등 다양한 형태로 선행 사례

<2024년도 지역사회공헌 인정제 승인 현황>

지역사회공헌 인정제 승인 현황

총 626개소의 기업과 기관이 지역사회공헌 활동을 인정받았습니다.

중앙공공기관	지방공공기관	교육기관	의료기관
177 개소	138 개소	6 개소	27 개소

민간기업	사회적기업	협동조합	기타기관
140 개소	21 개소	93 개소	24 개소

출처: 지역사회공헌 인정제 홈페이지-보건복지부, 한국사회복지협의회

를 발굴·시상하여 선의의 경쟁을 유도할 필요도 있다. 청소년들의 자원봉사 학점 인정이나 대학생 서비스러닝 프로그램 확대 등 젊은 층의 공동체 참여를 촉진하는 제도적 지원도 중요하다. 미래 세대가 어릴 때부터 지역사회에 공헌하는 경험을 쌓으면 성인이 되어서도 이웃과 더불어 사는 가치관을 실천할 가능성이 높기 때문이다.

④ 교육 과정에서 공동체 의식 함양

공동체 가치 회복은 교육의 역할도 간과할 수 없다. 초·중등 교육과정에서 시민성 교육의 일환으로 이웃과 공동체의 중요성, 사회적 고립의 위험성 등에 대해 가르칠 필요가 있다. 영국은 이미 초등학교와 중등학교 교과과정에 '관계 교육' 시간을 통해 외로움과 사회적 관계의 가치를 가르치도록 했다. 우리나라도 도덕과 사회 교과나 창의적 체험활동 시간을 활용해 학생들이 지역사회 프로젝트에 참여해보는 기회를 늘릴 수 있다. 예를 들어 학교 단위로 양로원 방문 공연, 마을 환경정화 활동, 또래 상담 활동 등을 진행하도록 지원하면 학생들이 자연스럽게 봉사와 나눔의 의미를 체득할 것이다.

또한 대학생 봉사 학점제를 활성화하고 청년층 대상의 마을활동가 양성 프로그램을 운영하여 젊은 세대가 공동체 활동의 주역이 되도록 해야 한다. 교육을 통해 '함께 사는 삶'에 대한 공감과 역량이 길러질 때 지역공동체의 미래도 더욱 밝아질 것이다.

⑤ 사회적 경제 및 공동체 기업 지원

협동조합, 사회적기업, 마을기업 등 사회적 경제 주체들은 지역공동체 활성화의 중요한 축이다. 이들은 경제활동을 통해 일자리와 서비스를 창출하면서도 공동체의 이익을 우선하기 때문에 궁극적으로 지역 주민들의 삶을 개선하고 공동체에 활력을 불어넣는다. 정부는 이러한 사회적 경제 조직이 성장하고 지속될 수 있도록 정책자금 지원, 경영 컨설팅, 판로 확보 등을 도와야 한다. 특히 마을 주민들이 자발적으로 만든 마을카페, 공동육아 coop, 소비자생활협동조합 등이 많아지고 성공 사례가 쌓이면, 주민들은 지역 내에서 필요한 것을 스스로 해결하는 자립적 공동체를 만들어갈 수 있다.

또한 사회적 경제 조직들은 취약계층 일자리 제공, 지역 서비스 공백 보완 등 공익적 기능을 수행하므로 이들과 행정의 협력 체계를 구축해 효과를 극대화할 필요가 있다. 예컨대 돌봄 분야 사회적기업과 지자체 돌봄센터가 연계하거나, 환경 분야 협동조합이 지자체 재활용 사업을 위탁받는 식의 협업을 활성화하면 윈윈 효과를 거둘 수 있다.

⑥ 외로움 대응 국가 전략 추진

마지막으로 정부는 범부처적인 외로움·고립 대응 국가 전략을 중장기적으로 추진해야 한다. 영국이 2018년 국가 고독 전략을 발표하고 이후 지속적으로 정책을 업데이트하는 것처럼 우리나라도 보건복지부, 행정안전부, 교육부 등 관계 부처가 모두 참여하는 사회적 고립 대책본부를 구성할 수 있다. 이를 통해 정기적인 실태 조사와 연구를 실시하여 근거 기반 정책을 수립하고, 성과를 모니터링하며 보완해나가야 한다. 또한 외로움 지수 개발, 사회적 고립 위험 신호 AI 예측등 과학기술을 활용한 방안도 모색할 만하다.

정부가 이러한 문제를 공공의 의제로 공식 천명하고 지속적인 예산과 인력을 투입하면 비로소 사회 전반의 인식 변화와 대응 체계 구축이 가능해진다. '관계 맺기'는 개인의 성향 문제가 아니라 사회가 함께 투자해야 할 행복 인프라라는 인식하에 모든 세대와 계층을 아우르는 고립 예방 정책 패키지를 추진하는 것이 바람직하다.

우리의 이야기, 여운처럼 남기를

이상에서 제안된 여러 방안은 궁극적으로 하나의 목표로 수렴된다. 그 목표는 다름 아닌 '이웃과 한 걸음 더 가까워지는 사회'를 만드는 일이다. 급속한 사회 구조의 변화와 개인화된 생활양식으로 지역 공동체의 유대가 흔들리고 위기를 맞았지만, 우리에겐 아직 희망이 있다. 의식적인 노력과 세심한 정책 지원이 뒷받침된다면 잃어버린 공동체성은 언제든 되찾을 수 있기 때문이다.

결국 중요한 것은 거창한 구호가 아니라 우리 각자가 자신의 자리에서 실천하는 작은 한 걸음이다. 그 한 걸음을 내딛는 방법은 결코 거창하거나 멀리 있지 않다. 오늘 집 문밖에서 마주치는 이웃에게 다정한 미소를 건네는 일일 수도 있고, 평소 관심은 있었지만 선뜻 나서지 못했던 봉사활동에 용기 내어 참여하는 일일 수도 있다. 또 근처에 새로 이사 온 이웃에게 따뜻한 환영 인사를 건네거나 집에 남은 반찬 한 그릇을 나누는 일처럼 사소해 보이는 행동 하나도 이웃 간 정을 쌓는 소중한 밑거름이 된다. 이렇게 소소한 실천들이 모이면 이웃과 이웃 사이에 닫혀 있던 마음의 문이 하나둘 열리고, 멀게만 느껴지던 이웃의 존재가 점차 가까워지기 시작한다.

이처럼 작은 노력들이 이어져 마침내 서로의 마음에 닿을 때 이웃과 함께 꾸던 공동체의 꿈은 비로소 현실이 된다. 한때 생기가 잦아들었던 동네에 다시 온기가 돌며 지역사회는 새롭게 숨 쉬게 될 것이다. 함께라서 가능한 변화를 믿고 행동으로 옮기는 시민 한 사람 한 사람이 모이면 그 힘은 배가된다. 여기에 이웃 간의 노력들을 응원하고 뒷받침해주는 정책적 지원이 더해진다면 우리는 지속 가능한 지역 공동체의 밝은 미래를 열어 갈 수 있을 것이다.

결국 이웃과 한 걸음 더 가까워지는 그 순간, 모두가 함께 꾸는 꿈이 현실으로 피어나며 우리 사회는 더 따뜻하고 희망찬 곳으로 거듭날 것이라고 믿는다.